权威·前沿·原创

皮书系列为
"十二五""十三五""十四五"时期国家重点出版物出版专项规划项目

B

BLUE BOOK

智 库 成 果 出 版 与 传 播 平 台

区域国别学·北京文库
BEIJING IAS LIBRARY OF PUBLICATIONS

中东欧经济蓝皮书

BLUE BOOK OF CENTRAL AND EASTERN
EUROPEAN ECONOMY

中东欧国家经济发展报告

（2024）

ECONOMIC DEVELOPMENT REPORT OF CENTRAL AND

EASTERN EUROPEAN COUNTRIES (2024)

主　编／余金艳

副主编／陈欢欢

社会科学文献出版社
SOCIAL SCIENCES ACADEMIC PRESS (CHINA)

图书在版编目（CIP）数据

中东欧国家经济发展报告 . 2024 ／ 余金艳主编；陈
欢欢副主编 . -- 北京：社会科学文献出版社，2025.
1. --（中东欧经济蓝皮书）. -- ISBN 978-7-5228
-4610-1

Ⅰ . F15

中国国家版本馆 CIP 数据核字第 202476XQ97 号

中东欧经济蓝皮书
中东欧国家经济发展报告（2024）

主　　编／余金艳
副 主 编／陈欢欢

出 版 人／冀祥德
组稿编辑／仇　扬
责任编辑／郭红婷
责任印制／王京美

出　　版／社会科学文献出版社 · 文化传媒分社（010）59367004
　　　　　地址：北京市北三环中路甲 29 号院华龙大厦　邮编：100029
　　　　　网址：www. ssap. com. cn
发　　行／社会科学文献出版社（010）59367028
印　　装／三河市东方印刷有限公司

规　　格／开　本：787mm×1092mm　1/16
　　　　　印　张：17.5　字　数：260 千字
版　　次／2025 年 1 月第 1 版　2025 年 1 月第 1 次印刷
书　　号／ISBN 978-7-5228-4610-1
定　　价／168.00 元

读者服务电话：4008918866

中东欧国家经济发展报告
编 委 会

主编简介

余金艳 地理学博士，北京第二外国语学院教授、硕士研究生导师，教育部国别和区域研究中心（备案）中东欧研究中心主任，一带一路数据分析与决策支持北京市重点实验室秘书，主要研究领域为世界经济地理、区域发展和信息化，中东欧地区经济发展、"一带一路"投资安全、地缘政治与经济。主持国家自然科学基金青年科学基金项目"疫情冲击下全球跨境电商物流韧性的时空异质性及影响因素研究"、教育部人文社会科学研究青年基金项目"突发公共卫生事件下跨境电商物流韧性的测度及影响机制研究"、北京市属高校教师队伍建设支持计划优秀青年人才项目"疫情冲击下北京城市物流韧性研究"等重大课题，在《地理研究》、《地理学报》、《经济地理》、*Journal of Resources and Ecology* 等权威期刊上发表多篇论文。

陈欢欢 北京第二外国语学院捷克语专业讲师，主要研究方向为捷克、欧洲语言政策与规划。参与国家社科基金青年项目"中东欧国家转型进程中的'国家语言'建构研究"、国家语委"中东欧国家外语管理战略和机制研究"项目、教育部国别和区域研究项目"'一带一路'倡议下中国企业走出去过程中的文化现象研究——以匈牙利、塞尔维亚等国为例"，北京市教育科学规划项目"'一带一路'小语种专业课程设置研究"等。主持《捷克国情》在线课程建设""基于'雨课堂'的捷克语专业混合式教学改革"等项目。译有中捷文对照版《老子》、《捷英汉图解词典》、《聪明的小狐狸》，发表论文数篇。

摘　要

近年来，中东欧地区经济发展迅速，在世界经济格局中的地位和作用日益重要。依托区位优势，在"一带一路"倡议和欧亚经济联盟等跨区域合作框架下，中东欧国家的战略地位日益凸显；凭借较低的劳动力成本和相对较高的技术及教育水平，中东欧地区成为许多跨国公司的制造业和服务业基地，在汽车、电子、信息技术服务和外包服务等领域具备世界级竞争力，并于近年来在科技创新上取得长足进展，成为欧洲乃至全球在部分高科技领域的研发中心。

2022年初乌克兰危机爆发，对欧洲经济复苏进程造成极大冲击，中东欧经济发展呈现出差异化态势。就区域经济发展形势而言，能源危机、通胀率高企、财政赤字飙升是最为显著的负面特征，相关连锁反应强烈打击区域生产和消费，造成贸易逆差扩大和企业外迁，妨碍中东欧经济发展进程。就区域营商环境而言，数字化转型加速、欧洲一体化进程与绿色发展等为相关领域投资与贸易便利化提供契机，但区域营商环境优化仍受到腐败、基础设施建设不足和政治稳定性等问题的制约。从具体国家来看，波兰、捷克劳动力供应紧张，希腊公共债务负担持续加重，匈牙利本币贬值加剧。相关不利态势在一定程度上影响中国与中东欧经济合作；叠加中欧关系调整与中东欧政策差异扩大，使中国与中东欧经济合作面临的环境更为复杂多变。

在种种不利因素影响下，2022年中国与中东欧经贸合作仍持续推进，取得一系列丰硕成果，展现出较强的韧性。特别是中国对匈牙利、波兰的投资流量大幅增长。在互联互通建设方面，2022年匈塞铁路贝尔格莱德—诺维萨德段正式开通运营，黑山南北高速公路优先段、克罗地亚佩列沙茨大桥先后通车，中国企业在中东欧国家签署的工程承包合同额达 93.6 亿美元；中欧班列 2022 年开行 1.6 万列，同比增长 9%，南向通道成功开通；中欧陆海快线建设积极推进，中国与波兰、斯洛文尼亚、克罗地亚等国港口物流合作日益密切。这一系列合作成果均表明，中国与中东欧国家经贸合作潜力巨大，空间广阔。

当前，国际形势风云变幻，合作挑战层出不穷，面对多重挑战，中国和中东欧国家更应坚持务实合作，巩固传统合作基础，持续推进双边投资和贸易往来，深度挖掘绿色经济、数字经济、新兴服务业的发展机遇，携手应对全球经济发展挑战。

关键词： 中东欧地区　宏观经济　劳动力市场　服务业　经贸合作

目 录 ⌐⌐

Ⅰ 总报告

Ⅱ 专题报告

Ⅲ 国别报告

皮书数据库阅读**使用指南**

总 报 告

B.1
2022年中东欧经济发展报告

余金艳　姜懿轩*

摘　要： 2022年，乌克兰危机爆发，成为影响中东欧地区经济形势和经济政策方向的重要因素。本文简要介绍了2022年中东欧地区经济发展的内外部环境，从宏观经济指标、财政、金融、产业发展、外贸外资等多维度详细地阐述了2022年中东欧地区经济发展情况。2022年，中东欧地区经济发展外部面临乌克兰危机带来的能源危机、通胀压力等多重风险，内部存在腐败、政党碎片化、财政赤字恶化等多种问题。中东欧经济发展总体呈现波动上升态势，主要风险来自财政赤字加剧、通胀率高企和货币贬值。但区位优势、产业结构和高素质劳动力为地区未来经济发展提供了支持。中国可在新兴服务贸易、基础设施建设和数字领域等方面深化同中东欧地区的经济合作。

关键词： 中东欧地区　经济发展　产业结构　高素质劳动力

---

* 余金艳，北京第二外国语学院区域国别学院（中国"一带一路"战略研究院）教授，主要研究方向为"一带一路"投资安全；姜懿轩，北京第二外国语学院区域国别学院（中国"一带一路"战略研究院）硕士研究生，主要研究方向为"一带一路"投资安全。

一 经济发展环境与战略

（一）国际发展环境

1. 乌克兰危机影响

2022 年 2 月爆发的乌克兰危机在一定程度上重塑了欧洲地缘政治，对中东欧国家经济发展的外部环境造成巨大影响。

从中东欧国家应对来看，绝大多数国家表现出明显的"亲欧反俄"倾向。加入欧盟的 11 个中东欧国家和西巴尔干一些欧盟候选国在冲突爆发后陆续出台多轮对俄制裁措施，涉及金融部门、能源和交通运输部门、军民两用商品、签证政策、出口管制等。

在地缘政治关系转向的影响下，中东欧地区经济发展也因战争蒙上阴影。第一，能源是中东欧国家与俄罗斯之间最重要的利益载体之一[①]，乌克兰危机及欧盟对俄罗斯的一系列制裁措施使欧洲从俄罗斯进口的天然气近乎枯竭，欧洲陷入能源危机。据国际货币基金组织统计，2022 年 9 月中旬，欧盟自俄罗斯进口的管道天然气同比下降 80%[②]，这导致欧洲国家电力价格和煤炭价格飙升。乌克兰危机造成的能源供给冲击显著作用于中东欧国家生产和消费两端，造成区域生产成本上升与通货膨胀问题。第二，地缘冲突风险和不确定性的增强扰乱大宗商品市场，影响投资者信心和经济稳定，促使中东欧国家收紧金融政策，不利于金融市场稳定。第三，乌克兰危机导致全球供应链中断，影响中东欧原材料和部件的供应；能源供应短缺和大宗商品价格持续上涨增加了生产成本，对中东欧地区产业发展造成不利影响。特别是冲突带来的不确定性和市场萎缩影响一些依赖于俄罗斯

[①] 韩萌、姜峰：《俄乌冲突下中东欧经济政策差异化动因：威胁感知与相互依赖》，《欧洲研究》2023 年第 3 期，第 71 页。

[②] International Monetary Fund, *Regional Economic Outlook*: *Europe*, Washington D. C., October 2022, p. 3.

市场的相关中东欧国家产业和企业的业绩与生存前景。此外，巨额的人道主义援助资金和能源补贴也对政府财政提出一定挑战。多方因素叠加下，中东欧经济发展外部环境的恶化趋势逐渐显现，对中东欧国家经济发展造成严重影响。

2. 与中国合作持续深化

2022年为中国-中东欧国家合作平台建立十周年。十年间，在共建"一带一路"和合作平台建设影响下，双边经济合作取得长足进展，合作关系持续深化。

基础设施建设是双边合作的重要领域之一，中国与中东欧合作以陆上中欧班列建设和海上中欧陆海快线建设为主线，持续推进互联互通建设，打造亚欧大陆桥经济走廊，二者成为共建"一带一路"的重要枢纽。截至2022年，持续推进的基础设施合作项目包括：其一，匈塞铁路建设。匈牙利境内南段于2022年5月开始全线施工，北段项目于2022年1月签署工程总承包合同；塞尔维亚境内的贝尔格莱德—诺维萨德段于2022年3月开通运营，诺维萨德—苏博蒂察段于2021年11月开工。其二，中欧陆海快线稳步运行。中欧陆海快线依托匈塞铁路和比雷埃夫斯港项目，由中国、塞尔维亚、匈牙利、北马其顿四国在2014年宣布共同建设。因疫情影响，中欧陆海快线运营放缓。2022年上半年中欧陆海快线完成运输8.8万个标准箱，同比增长38.3%，发行班列1262列，同比增长26%。2022年9月，比雷埃夫斯港游轮停泊艘次恢复至700艘左右，陆海快线加速恢复运行。其三，佩列沙茨大桥项目顺利完工。该大桥于2022年7月26日顺利建成通车，是克罗地亚重点民生项目和中国与中东欧基础设施合作的重点项目之一，大桥的建成将持续促进克罗地亚经济社会发展和人员往来，对中克关系具有重要意义。

在贸易方面，中国与中东欧贸易合作平稳推进，特别是在中欧班列支持下，在新冠疫情期间双边贸易额逆势上扬，呈现出较强韧性。2021年，中国与中东欧国家贸易总额达8630.6亿元人民币，同比增长23.3%；① 2012~

---

① 《共谱中国—中东欧国家合作新华章（大使随笔）》，《人民日报》2022年4月26日，第3版。

2023年，中国与中东欧国家贸易年均增长8.1%，中国自中东欧国家进口年均增长9.2%，远高于中国同欧盟贸易合作增速，双边贸易合作持续深化。[①]在投资方面，双边直接投资规模持续扩大，投资领域不断拓展。2022年的标志性投资项目为宁德时代投资建设匈牙利时代新能源电池产业基地项目，该项目于2022年9月5日举行启动仪式，计划在2025年前完成代工厂建设工作。项目预算投资金额达73.4亿欧元，将直接创造9000个新就业岗位。此外，中国与中东欧国家在新能源、信息技术、生物制药等领域也逐步展开合作，合作领域进一步扩展。

（二）区域发展环境

1.政治环境

中东欧国家在20世纪90年代剧变后经历了政治体制的根本转变，政治结构日趋成熟，政权交替相对平稳，政治局势总体稳定。但中东欧国家在政治发展过程中仍面临一系列复杂挑战。首先，政党系统的高度碎片化导致政治生态复杂，多党组建联合政府成为常态，政党之间的激烈竞争可能对政策的连贯性和执行效率产生不利影响。其次，国际地缘政治的紧张局势特别是乌克兰危机，导致地区能源供应不稳定和难民问题愈演愈烈，引发了民众对高能源成本和社会负担的不满。例如，2022年9月，在捷克首都布拉格，能源价格上涨引发大规模民众抗议活动；2022年7月和2023年10月，波兰国内两次爆发反对大规模接收乌克兰难民的示威活动。此外，一些政府和政党因腐败丑闻而名声受损，损害公众对政府的信任，进而削弱政府的行政效能和稳定执政能力。2022年6月，捷克联合执政党市长与独立者联盟运动党陷入腐败丑闻，威胁执政联盟地位，后以相关人员辞职告终；2022年7月，克罗地亚最大的政党民主共同体3名成员因腐败丑闻而卸任，政府不得不进行改组。

---

① 《深化务实合作 携手共向未来——中国—中东欧国家经贸合作新观察》，中国政府网，2023年5月18日，https://www.gov.cn/yaowen/liebiao/202305/content_6874534.htm，最后访问日期：2024年2月26日。

从外部来看，中东欧国家作为大国博弈的前沿，在保障地区安全和维护经济发展之间面临艰难抉择，需要在维系与传统盟友的关系和应对外部压力之间寻求平衡。乌克兰危机爆发后，美欧与俄罗斯博弈态势升级，中东欧地缘政治动荡，应对持续紧张的地缘局势成为中东欧国家面临的一大挑战。大部分中东欧国家在能源、粮食等诸多领域与俄罗斯逐步"脱钩"，这一方面使中东欧国家在欧盟中的存在感逐步增强，另一方面也在一定程度上损害了其发展利益。

2. 地理环境

中东欧的地理位置为其经济发展提供了重要的基础和支撑，使其成为欧洲乃至全球经济的重要组成部分。作为欧洲大陆的交通要道和贸易枢纽，中东欧地区成为向西辐射西欧的重要节点，陆海多种交通方式便利货物和人员流动，使其成为跨境贸易和投资的理想地点。中东欧地区拥有丰富的自然资源，如煤炭、天然气和石油，这些资源的开发和利用成为地区经济发展的有力支持，并推动中东欧成为能源供应的重要转运地。此外，中东欧地区的区位优势也吸引大量跨国公司在此设立生产基地，使中东欧国家加入全球价值链，提高了地区的国际竞争力。依托靠近西欧的区域优势，冷战结束后中东欧国家持续向欧盟靠近；作为欧盟成员或候选成员，中东欧国家利用欧盟的基金和援助计划改善基础设施、促进经济结构调整和提高技术水平。随着全球生产网络持续深化，中东欧地理位置的战略意义日益凸显，成为全球投资者关注和布局的重点地区之一。

二 宏观经济发展

（一）经济总量及增长速度

如图1所示，中东欧国家GDP总额在2018~2022年总体呈现上升趋势，但增长速度波动较大。2020年受疫情冲击，区域生产总值出现负增长，但

2021 年呈现较快恢复势头，展现出经济发展的较强韧性。2022 年区域生产总值达 20729.01 亿美元，名义增长率为 2.12%，尽管受到疫情反复和乌克兰危机冲击影响，但区域生产总值仍实现小幅增长，增速高于 2019 年，经济发展趋于稳健。对比名义 GDP 增长率与实际 GDP 增长率，可看到中东欧地区受通胀影响较大，以不变价格计算的 GDP 增速相对稳定，除疫情发生的 2020 年外维持在 4%~6% 的水平。

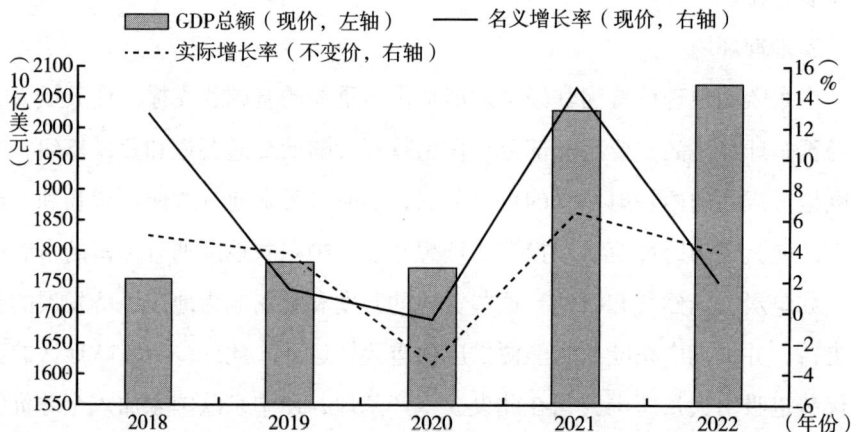

图 1　中东欧国家 GDP 总额及增长率

资料来源：笔者根据世界银行数据计算而得，参见 "GDP（Current US$）"，The World Bank，https://data.worldbank.org/indicator/NY.GDP.MKTP.CD，accessed March 2，2024。

就人均 GDP 而言，如表 1 所示，中东欧国家人均 GDP 属于世界较高水平，均超过 1 万美元，平均财富水平较高，在世界银行分组中属于"高收入国家"和"中高收入国家"。从国别来看，2022 年人均 GDP 排名靠前的国家包括斯洛文尼亚、爱沙尼亚、拉脱维亚、克罗地亚，排名靠后的国家包括阿尔巴尼亚、黑山、保加利亚。从增长率来看，各国人均 GDP 均保持较高增速，绝大多数国家年均增长率超过 5%，超过欧盟和世界平均水平，如 2022 年斯洛文尼亚人均 GDP 约为欧盟平均水平的 76%。

表 1　中东欧国家人均 GDP 金额（按购买力平价计算）和年均增长率

单位：万美元，%

国家	2018 年	2019 年	2020 年	2021 年	2022 年	年均增长率
阿尔巴尼亚	1.35	1.44	1.41	1.55	1.86	8.27
保加利亚	1.48	1.61	1.59	1.77	2.04	8.32
波斯尼亚和黑塞哥维那	2.30	2.52	2.53	2.81	3.36	9.91
捷克	2.89	3.16	2.97	3.47	4.04	8.71
爱沙尼亚	4.11	4.42	4.28	4.56	4.99	4.97
克罗地亚	3.64	3.90	3.94	4.35	4.67	6.42
匈牙利	3.19	3.46	3.42	3.68	4.19	7.05
立陶宛	3.09	3.29	3.30	3.50	4.00	6.66
拉脱维亚	3.64	4.00	4.02	4.38	4.84	7.40
北马其顿	2.15	2.38	2.05	2.34	2.70	5.83
黑山	1.68	1.80	1.73	1.83	2.02	4.67
波兰	3.20	3.50	3.53	3.81	4.33	7.81
罗马尼亚	2.96	3.31	3.33	3.63	4.19	9.10
塞尔维亚	1.77	1.94	1.96	2.16	2.39	7.78
斯洛伐克	3.14	3.35	3.29	3.45	3.75	4.54
斯洛文尼亚	3.90	4.21	4.09	4.40	5.00	6.44
希腊	2.86	2.96	3.12	2.84	3.13	2.27

资料来源："GDP per Capita, PPP（Current International $）", The World Bank, https：// data. worldbank. org/indicator/NY. GDP. PCAP. PP. CD, accessed March 2, 2024。

（二）经济增长结构

如图 2 所示，从经济增长结构来看，中东欧经济呈现出典型的外部依附特征。2018~2022 年，消费占比较为稳定，介于 78%~80%，是经济增长的主要推动力；资本形成总额占比呈现波动上升态势，2018 年的投资占比为23.92%，2022 年上升至 26.97%，上升了 3.05 个百分点，资本形成总额对经济增长的促进作用进一步增强。进口额和出口额占比都高于 50%，其中出口额占比从 2018 年的 60.23% 上升至 2022 年的 67.48%，进口额占比从

2018 年的 63.17%上升至 74.19%，均呈现迅速增长态势，反映出中东欧经济对外联系紧密，且依赖性持续增强。

中东欧国家邻近西欧，其廉价的人力资本吸引了西欧跨国企业的关注，成为西欧企业对外布局的首选地区之一。德国等国将制造业转移到中东欧，维谢格拉德集团四国成为"欧洲工厂"，推动中东欧国家工厂经济分工地位的形成。在欧洲生产网络中，中东欧国家主要负责组装等实际的生产工作，在产业链中处于附加值较低的中游环节，而德国等总部经济体处于设计研发等知识密集型环节。短期而言，依托外资和出口优势，中东欧存在稳定的经济发展预期；但从长期来看，中东欧国家受困于外资控制、低人工成本不可持续和出口附加值较低的窘境，需要强化创新和技术导向，形成新的增长模式。

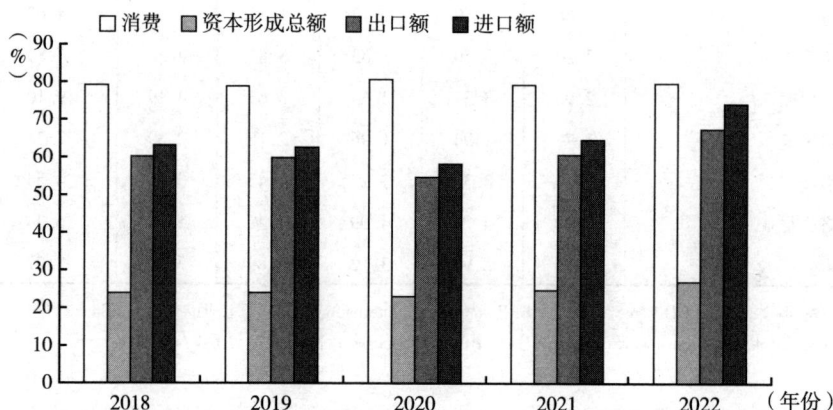

图 2　中东欧 GDP 组成占比

资料来源：笔者根据世界银行数据计算而得，参见 "Final Consumption Expenditure（% of GDP）" "Gross Capital Formation（% of GDP）" "Exports of Goods and Services（% of GDP）" "Imports of Goods and Services（% of GDP）", The World Bank, https: //databank. worldbank. org/source/world-development-indicators, accessed March 2, 2024。

从国别来看，各国经济增长模式存在一定区别。大部分国家的外部依赖特征较为显著，如斯洛伐克、斯洛文尼亚、匈牙利 2022 年的出口额占 GDP 比重超过 90%，斯洛伐克的进口额占比甚至达到 104.83%。少数国家如阿尔巴尼亚、罗马尼亚、希腊进出口额占比均小于50%，相较中东欧其他国家，"自给自足"倾向更为明显（见表2）。阿尔巴尼亚、罗马尼亚农业经济占比较大，本国消费意愿更强，制造业规模较小且受外资影响较低，呈现消费导向型特征。

表2 中东欧国家 GDP 组成

单位：%

国家	2021 年				2022 年			
	消费	资本形成总额	出口额	进口额	消费	资本形成总额	出口额	进口额
阿尔巴尼亚	88.56	24.81	31.31	44.71	85.94	23.89	37.46	47.84
波斯尼亚和黑塞哥维那	87.52	26.03	42.15	53.91	86.85	28.12	46.25	60.89
保加利亚	77.25	21.07	61.33	59.65	78.46	20.74	68.54	67.74
克罗地亚	79.67	21.80	51.28	52.75	78.24	26.39	60.65	65.27
捷克	66.82	30.22	72.73	69.77	67.11	32.99	74.84	74.94
爱沙尼亚	67.95	30.35	78.30	78.66	69.36	30.25	85.50	86.07
匈牙利	69.08	30.61	80.25	79.95	70.09	34.00	90.38	94.47
拉脱维亚	77.80	25.64	63.68	67.11	80.05	25.77	70.34	76.16
立陶宛	75.85	19.63	80.53	76.01	75.25	26.73	87.56	89.54
黑山	92.71	26.65	42.83	62.20	94.05	29.24	52.68	75.97
北马其顿	83.71	32.33	66.21	82.25	85.99	35.04	74.89	95.92
波兰	75.13	21.49	57.91	54.53	74.90	23.98	61.72	60.61
罗马尼亚	80.12	25.56	40.65	46.33	78.75	28.15	42.54	49.44
塞尔维亚	82.79	25.01	54.48	62.28	83.92	26.78	63.47	74.17
斯洛伐克	77.89	22.12	92.35	92.36	82.11	23.66	99.06	104.83
斯洛文尼亚	71.77	21.89	83.63	77.29	73.83	24.54	90.38	88.75
希腊	92.73	14.96	31.99	39.68	89.57	18.15	40.87	48.59
均值	79.25	24.72	60.68	64.67	79.67	26.97	67.48	74.19

资料来源："Final Consumption Expenditure（% of GDP）""Gross Capital Formation（% of GDP）""Exports of Goods and Services（% of GDP）""Imports of Goods and Services（% of GDP）"，The World Bank，https：//databank.worldbank.org/source/world-development-indicators，accessed March 2, 2024。

（三）就业

1. 劳动参与率及失业率

如图3所示，中东欧劳动力总量变化较小，2018~2022年，劳动力总量呈小幅下降趋势，2018年为6163万人，2022年下降至6096万人，流失67万人；劳动力占总人口比重从2018年的52.01%上升至2022年52.51%，基本保持稳定，高于世界平均水平。劳动力总量和总人口的下降趋势反映出中东欧的人口红利难以为继，低廉的劳动力供给在未来可能难以长期维持。

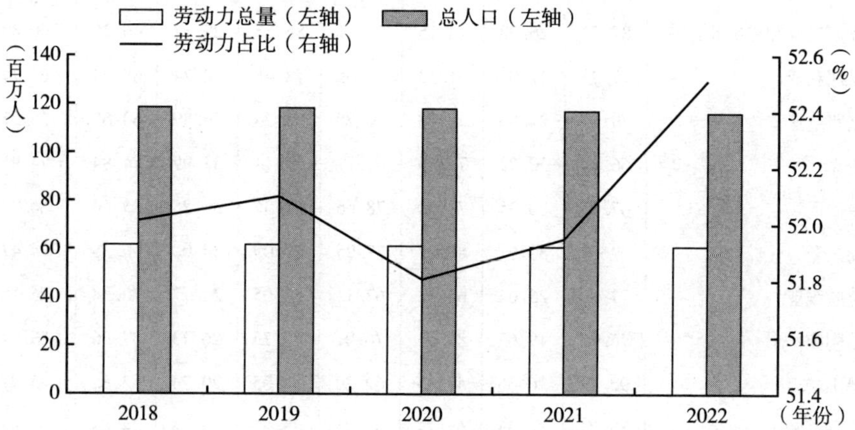

图3　中东欧劳动力总量及占比

资料来源：笔者根据世界银行数据计算而得，参见"Labor Force, Total""Population, Total"，The World Bank, https://databank.worldbank.org/source/world-development-indicators, accessed March 2, 2024。

劳动参与率指就业者或积极寻找工作者占劳动年龄人口的比重。从劳动参与率来看，如表3所示，中东欧劳动参与率较高，劳动力较为活跃，人力资源利用程度较高。对比性别结构，男性劳动参与率高于女性劳动参与率，但女性劳动参与率增长速度高于男性，反映出劳动力性别结构有所优化。对比世界平均水平，男性劳动参与率与世界平均水平大体持平，但女性劳动参与率显著高于世界平均水平（约高出10个百分点），反映出中东欧女性就业的活跃，这可能与以制造业、工厂工作为主的区域工作性质和区域就业观念相关。15~24岁劳动参与率在2021~2022年持续下降，反映出就业年龄结构的进一步优化，受教育年限的延长成为该年龄段劳动参与率降低的原因之一。

表3　中东欧国家劳动参与率

单位：%

指标	2017年	2018年	2019年	2020年	2021年
劳动参与率	69.94	70.56	71.17	70.67	71.50
女性劳动参与率	63.41	63.97	64.88	64.26	65.56
男性劳动参与率	76.44	77.10	77.40	77.01	77.36
15~24岁劳动参与率	33.23	33.01	32.86	30.83	30.27

资料来源：笔者根据世界银行数据计算而得，参见"Labor Force Participation Rate, Total (% of Total Population Ages 15-64) (Modeled ILO Estimate)""Labor Force Participation Rate, Female (% of Female Population Ages 15-64) (Modeled ILO Estimate)""Labor Force Participation Rate, Male (% of Male Population Ages 15-64) (Modeled ILO Estimate)""Labor Force Participation Rate for Ages 15-24, Total (%) (Modeled ILO Estimate)", The World Bank, https://databank.worldbank.org/source/world-development-indicators, accessed March 2, 2024。

2018~2022年，大部分中东欧国家失业率呈现下降趋势，大多数国家失业率在2020年因新冠疫情上升，2021年和2022年逐渐下降，反映了中东欧国家经济复苏和就业市场的改善。中东欧国家之间的失业率差异较大，失业率较低的国家有捷克、波兰和匈牙利，长期维持低于5%的失业率，人口就业情况良好，但长期维持高就业率也反映出劳动力供给的缺乏，妨碍了更平稳、更快速的经济复苏，削弱了经济主体的潜力和能力。失业率较高的国家包括黑山、北马其顿、希腊和波黑，这些国家经济发展水平和市场规模在中东欧国家中处于下游，经济较为脆弱，受新冠疫情冲击明显，2022年失业率介于14%~15.5%。

表 4　中东欧国家失业率

单位：%

国家	2018 年	2019 年	2020 年	2021 年	2022 年
阿尔巴尼亚	12.30	11.47	13.07	12.68	11.81
波斯尼亚和黑塞哥维那	18.40	15.69	15.27	14.90	14.05
保加利亚	5.21	4.23	5.12	5.27	4.40
克罗地亚	8.43	6.62	7.51	7.61	6.75
捷克	2.24	2.01	2.55	2.81	2.37
爱沙尼亚	5.41	4.51	6.96	6.18	5.85
匈牙利	3.71	3.42	4.25	4.05	3.42
拉脱维亚	7.41	6.31	8.10	7.51	6.43
立陶宛	6.15	6.26	8.49	7.11	5.57
黑山	15.19	15.13	17.88	16.87	15.40
北马其顿	21.20	17.39	16.55	15.78	15.08
波兰	3.85	3.28	3.16	3.36	2.60
罗马尼亚	4.19	3.91	5.03	5.59	5.44
塞尔维亚	12.73	10.39	9.01	10.06	9.47
斯洛伐克	6.54	5.75	6.69	6.83	6.09
斯洛文尼亚	5.11	4.45	4.97	4.74	4.18
希腊	21.49	19.29	17.31	16.31	14.71

资料来源："Unemployment, Total（% of Total Labor Force）（Modeled ILO Estimate）"，The World Bank，https：//databank.worldbank.org/source/world-development-indicators，accessed March 2，2024。

2. 就业结构

从产业结构来看，中东欧就业结构相对较好，2017~2021 年的第二、三产业就业人口占比合计介于 88%~91%，反映就业结构优化态势（见表 5）。其中，服务业就业人口占比最大，超过 60%，成为区域吸纳就业的主要产业。随着经济结构的调整和升级，服务业在中东欧国家就业市场中的地位逐渐上升。特别是旅游业、金融业、信息技术等行业的蓬勃发展为就业市场注入了新的活力，使服务业成为吸纳就业的主要动力之一。

表5 中东欧各产业就业情况

单位：%

指标	2017 年	2018 年	2019 年	2020 年	2021 年
农业就业人口占比	11.28	10.74	10.42	9.70	9.28
工业就业人口占比	27.87	28.38	28.40	28.49	28.50
服务业就业人口占比	60.86	60.88	61.18	61.81	62.22

资料来源：笔者根据世界银行数据计算而得，参见 "Employment in Agriculture（% of Total Employment）（Modeled ILO Estimate）""Employment in Industry（% of Total Employment）（Modeled ILO Estimate）""Employment in Services（% of Total Employment）（Modeled ILO Estimate）"，The World Bank，https：//databank.worldbank.org/source/world-development-indicators，accessed March 2，2024。

欧盟统计数据库中提供了部分中东欧国家 2022 年各阶段教育水平的就业情况。总体来看，相关国家拥有高等教育背景人口的就业率普遍较高，大多数国家的就业率超过 85%，这表明更高的教育水平有利于增加就业机会，反映出面临经济模式转轨、数字和创新产业及服务业快速发展的中东欧国家对于高素质人才的极大需求。教育水平与就业率呈正相关，从初中及以下到高等教育，就业率呈现上升趋势，这表明教育水平越高，就业机会越多，反映出教育水平在提高就业能力方面的重要作用。如表6 所示，这些国家的初中及以下教育水平就业率差异较大，如爱沙尼亚该阶段教育水平的就业率为 43.4%，而斯洛伐克仅为 15.4%，这在一定程度上反映了相关国家对低技能劳动力需求的差异以及教育普及程度和产业结构的不同。这些国家的高中与职业教育就业率较为接近，大部分国家该阶段教育水平的就业率超过 70%，显示了高中与职业教育对于就业的积极贡献。捷克的高中与职业教育就业率达到 81.1%，反映出该国在中等教育阶段有更好的职业培训和就业支持，与当地就业市场需求契合度更高；斯洛伐克的初中及以下教育就业率最低，政府需要关注低技能劳动力的就业支持和教育普及问题。

表6 部分中东欧国家2022年各阶段教育水平的就业率

单位：%

国家	初中及以下	高中与职业教育	高等教育
保加利亚	36.9	73.5	89.8
波斯尼亚和黑塞哥维那	17.2	55.7	77.3
克罗地亚	26.2	68	84.7
爱沙尼亚	43.4	79.2	88.2
匈牙利	38.7	78.6	91.4
立陶宛	23.8	71.7	89.7
拉脱维亚	32.4	72.3	86.6
波兰	24.2	72.2	90.3
罗马尼亚	36.6	64.6	89.5
塞尔维亚	37	66.6	84.2
斯洛伐克	15.4	76.4	86.9
斯洛文尼亚	32	72.9	89.6
捷克	25.6	81.1	86.2

资料来源："Employment Rates by Sex, Age and Educational Attainment Level（%）", The Eurostat, https：//ec. europa. eu/eurostat/databrowser/product/page/lfsa_ergaed__custom_10477249, accessed March 5, 2024。

（四）通货膨胀

新冠疫情使中东欧地区经济增速放缓和消费下降，多数国家2020年的通胀率出现不同程度的下降，甚至出现负值，如爱沙尼亚和斯洛文尼亚等。2021年，一方面，受益于全球复工复产和欧盟成员经济复苏，中东欧国家经济也随之复苏；另一方面，能源价格飙升、供应链不畅导致大宗原料与中间品价格持续攀升，大部分中东欧国家通胀率持续上升，突破2%的安全界限。2022年乌克兰危机爆发，全球供应链紧张程度不断加大，能源与粮食价格持续上涨，中东欧国家在能源和粮食方面对外依赖水平高，与俄罗斯"脱钩"使各国的能源、大宗商品与粮食等供给出现严重短缺，通胀率持续走高，爱沙尼亚、立陶宛、拉脱维亚等国2022年的通胀率甚至超过15%，应对通胀成为中东欧国家经济发展面临的主要难题。

表7　按平均消费价格计算的年通货膨胀率（占比变化）

单位：%

国家	2018年	2019年	2020年	2021年	2022年
阿尔巴尼亚	2.029	1.411	1.621	2.043	6.726
保加利亚	2.631	2.457	1.219	2.842	13.019
匈牙利	2.849	3.371	3.319	5.127	14.527
波兰	1.766	2.244	3.377	5.124	14.358
罗马尼亚	4.631	3.825	2.646	5.046	13.8
爱沙尼亚	3.412	2.268	-0.634	4.487	19.447
拉脱维亚	2.554	2.747	0.081	3.239	17.245
立陶宛	2.531	2.242	1.062	4.625	18.858
斯洛文尼亚	1.737	1.627	-0.052	1.916	8.822
克罗地亚	1.557	0.791	-0.03	2.724	10.67
捷克	2.149	2.848	3.161	3.84	15.1
斯洛伐克	2.525	2.765	2.008	2.822	12.133
北马其顿	1.458	0.766	1.2	3.231	14.205
波斯尼亚和黑塞哥维那	1.417	0.559	-1.052	1.998	14.012
塞尔维亚	1.96	1.85	1.575	4.085	11.982
黑山	2.604	0.366	-0.238	2.399	13.05
希腊	0.774	0.517	-1.262	0.574	9.3

资料来源："Inflation Rate, Average Consumer Prices（Annual Percent Change）", The International Monetary Fund, https://www.imf.org/external/datamapper/PCPIPCH@WEO/OEMDC/ADVEC/WEOWORLD, accessed March 5, 2024。

三　财政与金融

（一）财政平衡

如表8所示，2018～2022年，中东欧国家的财政赤字率普遍呈现先上升后下降趋势，2020年财政赤字率均显著上升。2018年，多数国家财政状况较为平衡，如保加利亚和立陶宛为财政盈余。然而，自2019年，部分国家的财政盈余转为赤字，财政状况的稳定性显现出下降趋势。2020年，新冠疫情对全球经济活动造成了重大冲击，导致中东欧多国政府实施大规模的财政刺激政策以遏制经济衰退，财政赤字显著扩大，黑山和希腊的财政赤字率突破两位数，分别达到 10.93% 和 10.72%（见表 8）。2021 年和 2022 年，随着经济复苏和应对新冠疫情的大规模财政支持措施逐步撤出，中东欧财政赤字率均值逐步下降至 2.81%，但仍处于较高水平。区域内国家财政仍面临诸多挑战，如经济增长放缓、应对能源危机和通胀的补贴支出以及军费支出持续增加等。区域国家在财政平衡方面存在一定差异，大部分国家的疫情前财政较为健康，疫情后也逐步回落到 3% 上下的水平，但仍有部分国家财政赤字没有改善，赤字率处于区域高位，如罗马尼亚和匈牙利等。

表 8　中东欧国家财政赤字率

单位：%

国家	2018 年	2019 年	2020	2021 年	2022 年
阿尔巴尼亚	1.62	1.87	6.71	4.52	3.77
爱沙尼亚	0.55	-0.12	5.47	2.29	1.15
保加利亚	-0.12	0.96	2.93	2.81	0.81
波斯尼亚和黑塞哥维那	-1.63	-1.37	4.62	-0.74	-1.83
波兰	0.24	0.74	6.92	1.84	3.11
黑山	6.21	1.77	10.93	1.71	4.58
捷克	-0.89	-0.29	5.77	5.10	3.59
克罗地亚	0.05	-0.22	7.31	2.59	0.94
拉脱维亚	0.74	0.38	3.71	5.43	3.62
立陶宛	-0.60	-0.26	7.23	0.99	0.84
罗马尼亚	2.74	4.56	9.57	6.73	5.77
北马其顿	1.76	1.97	8.05	5.38	4.44
塞尔维亚	-0.81	0.00	7.24	3.31	0.15
斯洛伐克	1.01	1.22	5.36	5.46	3.55
斯洛文尼亚	-0.74	-0.57	7.72	4.67	3.25
希腊	-0.81	-0.23	10.72	7.98	4.00
匈牙利	2.11	2.03	7.54	7.14	6.08
区域均值	0.67	0.73	6.93	3.95	2.81

　　资料来源：笔者根据国际货币基金组织数据计算而得，参见 "Statement of Operations（Revenue，Expenditures，Net Lending/Borrowing and Financing）"，International Monetary Fund，https：//data.imf.org/?sk=A0867067-D23C-4EBC-AD23-D3B015045405，accessed March 10，2024。

中东欧国家面临融资费用增加和欧盟资助不明朗的双重挑战，各国政府需要在缩减赤字与增加能源、降低通胀、国防方面的开支之间找到恰当的均衡点。此外，欧盟资金能否及时注入对于各国财政具有重大影响，任何资金流动的延迟或减少都可能对财政政策的弹性和修复财政健康的前景造成不利冲击。匈牙利和波兰与欧盟委员会在司法独立问题上存在争议，欧盟对两国的资助暂缓，这可能影响到它们的财政可持续性。

（二）债务

除希腊外，中东欧地区政府债务负担处于较低水平且多国有所下降，整体偿债压力不大。如表9所示，2022年经济复苏和财政平衡改善使中东欧国家政府债务负担率均值由2021年的63.14%下降至57.94%，远低于全球平均水平。从国别来看，2022年，阿尔巴尼亚、克罗地亚、斯洛文尼亚、希腊、匈牙利、黑山政府债务占比较高，但除希腊外其余国家仅略超过欧盟要求的60%警戒线，区域内其他国家的政府债务占比均低于60%，特别是爱沙尼亚的政府债务占比不到20%。较轻的债务负担为政府在未来面临经济下行或紧急情况时实施财政刺激措施等提供了空间，如增加公共支出或减税等，进一步保障国家的经济发展与财政稳定。

表9 中东欧国家政府债务总额占GDP比重

单位：%

国家	2018年	2019年	2020年	2021年	2022年
阿尔巴尼亚	69.47	67.37	75.93	73.88	67.58
爱沙尼亚	8.20	8.55	18.55	17.60	17.16
保加利亚	20.07	18.31	23.19	22.76	21.84
波兰	48.71	45.70	57.18	53.76	49.58
捷克	32.06	30.05	37.66	42.02	42.35
克罗地亚	74.45	71.95	86.78	78.59	67.54
拉脱维亚	37.10	36.66	42.09	44.72	41.61
立陶宛	33.66	35.83	46.34	44.03	39.56
罗马尼亚	36.19	36.63	49.39	51.11	48.73

国家	2018 年	2019 年	2020 年	2021 年	2022 年
斯洛文尼亚	70.29	65.42	79.59	74.47	70.25
希腊	190.67	185.51	212.39	200.71	177.43
匈牙利	69.08	65.33	79.30	76.83	76.35
斯洛伐克	49.41	47.98	58.90	62.19	58.82
北马其顿	40.43	40.45	50.85	53.41	51.80
波斯尼亚和黑塞哥维那	33.77	32.08	36.04	34.40	29.56
塞尔维亚	53.31	51.71	56.89	56.26	53.54
黑山	71.89	78.79	107.35	86.64	71.23
区域均值	55.22	54.02	65.79	63.14	57.94

资料来源：笔者根据国际货币基金组织数据计算而得，参见 "General Government Debt, Percent of GDP", International Monetary Fund, https://www.imf.org/external/datamapper/GG_DEBT_GDP@GDD/SWE, accessed March 10, 2024。

总体来看，中东欧国家外债规模较大。从表10可以看出，2020年新冠疫情使区域外债水平大幅上升，但2022年外债水平相对下降，各国经济逐渐恢复、融资范围扩大和欧盟资金注入等因素使绝大多数国家外债负担持续下降。由于经常账户长期为赤字及外资主导的本国银行外债累积，中东欧国家普遍面临较重的外债负担，2022年中东欧地区外债总额占GDP比重为89.95%。从国别来看，希腊、匈牙利、黑山和拉脱维亚的外债负担率较高，波兰、波黑、保加利亚和罗马尼亚外债负担率相对较低。尽管外债负担较重，但中东欧国家国际储备整体较为充裕，能够为外币债务偿还提供一定保障，外部风险可控。

表10　中东欧国家外债占 GDP 比重

单位：%

国家	2018 年	2019 年	2020 年	2021 年	2022 年
阿尔巴尼亚	65.02	59.93	64.23	64.34	54.13
波斯尼亚和黑塞哥维那	24.15	22.75	25.13	24.10	20.77
保加利亚	66.18	61.30	63.29	58.14	51.57
克罗地亚	78.77	72.88	88.15	77.21	73.87

续表

国家	2018年	2019年	2020年	2021年	2022年
捷克	81.55	75.70	75.69	73.97	65.62
爱沙尼亚	77.85	75.61	88.71	85.09	84.75
希腊	231.99	244.62	299.37	305.93	265.03
匈牙利	100.40	98.91	156.61	158.75	152.56
拉脱维亚	123.27	117.11	122.10	110.51	101.03
立陶宛	78.26	69.99	80.67	78.91	67.61
北马其顿	73.01	72.41	78.66	81.92	83.66
黑山	130.06	136.87	198.49	157.58	141.51
波兰	64.16	58.94	60.69	56.52	53.14
罗马尼亚	48.44	48.97	57.47	56.52	50.64
塞尔维亚	62.16	61.41	65.79	68.53	69.38
斯洛伐克	114.46	112.27	119.59	134.17	103.09
斯洛文尼亚	91.77	90.15	101.59	97.21	90.86
区域均值	88.91	87.05	102.72	99.38	89.95

资料来源：笔者根据世界银行数据计算而得，参见"External Debt Stocks, Total（DOD, Current US＄）", The World Bank, https：//databank.worldbank.org/source/world-development-indicators, accessed March 10, 2024。

（三）利率

中东欧国家中有6个欧元区成员国，包括斯洛文尼亚、斯洛伐克、爱沙尼亚、拉脱维亚、立陶宛与希腊，存贷款等利率均遵照欧元区利率政策执行。从欧元区利率情况来看，货币政策逐渐收紧。针对欧元区通胀率迅速上升，至2022年6月已超过8%的情况，同时考虑到美联储自2022年3月起加息以及欧元对美元汇率持续下跌等因素，欧洲央行于2022年7月21日举行货币政策会议，决定将欧元区三大关键利率各上调50个基点，将主要再融资利率、边际借贷利率和存款便利利率分别上调至0.5%、0.75%和0%。这是欧洲央行近11年来的首次加息。随后，为了进一步抑制通胀和支撑欧元汇率，欧洲央行在2022年底前又连续3次大幅加息。同欧元区类似，中东欧大部分国家也面临巨大的通胀压力，2022年的存贷款利率呈现持续上升趋势，其中匈牙利 2022 年的存款利率和贷款利率最高，分别达到 8.36% 与 10.66%；阿尔巴尼亚利差最大，存贷款利差达到 5.78 个百分点（见表 11）。

表 11 部分非欧元区成员中东欧国家存贷款利率

单位：%

国家	2020 年		2021 年		2022 年	
	存款利率	贷款利率	存款利率	贷款利率	存款利率	贷款利率
阿尔巴尼亚	0.42	6.12	0.48	6.02	0.73	6.51
波斯尼亚和黑塞哥维那	0.80	3.07	0.58	3.20	0.64	3.36
保加利亚	0.01	4.34	0.02	4.12	0.02	3.75
捷克	0.30	3.34	0.23	3.20	1.40	4.23
匈牙利	0.47	1.96	1.01	2.96	8.36	10.66
罗马尼亚	1.93	6.49	1.58	5.61	4.19	7.76

资料来源："Deposit Interest Rate（%）""Lending Interest Rate（%）"，The World Bank，https：//databank.worldbank.org/source/world-development-indicators，accessed March 6，2024。

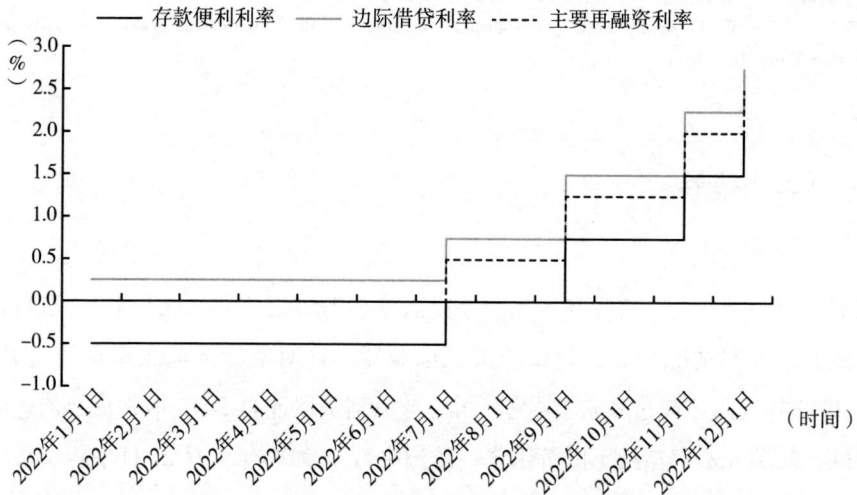

图 4 欧洲央行 2022 年官方利率调整情况

资料来源："Deposit Facility-Date of Changes（Raw Data）-Level""Marginal Lending Facility-Date of Changes（Raw Data）-Level""Main Refinancing Operations-Fixed Rate Tenders（Fixed Rate）（Date of Changes）-Level"，European Central Bank，https：//data.ecb.europa.eu，accessed March 6，2024。

（四）汇率

2021~2022年，中东欧大多数国家本币对美元呈现出贬值趋势。贬值部分归因于美元在全球范围内的强势，尤其是美国经济复苏相较这些国家更快，并且在面对通胀压力时收紧货币政策，使得美元相对升值。此外，新冠疫情的持续影响、乌克兰危机导致能源价格上涨和通胀压力持续上升，进一步加大了相关国家本币的贬值压力。从国别来看，2021~2022年匈牙利本币出现了较大幅度的贬值，5年变异系数为0.12，远高于其他国家，这是其内部的高通胀率、货币政策的变化以及政治不确定性引起的；波兰和罗马尼亚官方汇率也出现了相对较大的波动，反映出它们也面临经济发展挑战或政策调整问题；阿尔巴尼亚与捷克汇率的5年变异系数低于欧元区均值和大部分中东欧国家，汇率相对稳定（见表12）。

表 12　中东欧国家官方汇率变化情况（本币对美元，年平均）

国家	2018 年	2019 年	2020 年	2021 年	2022 年	变异系数
阿尔巴尼亚	107.9892	109.8508	108.6500	103.5200	113.0417	0.03
波斯尼亚和黑塞哥维那	1.6570	1.7471	1.7170	1.6536	1.8593	0.05
保加利亚	1.6570	1.7470	1.7163	1.6538	1.8601	0.05
克罗地亚	6.2790	6.6225	6.6141	6.3601	7.1597	0.05
捷克	21.7299	22.9323	23.2103	21.6782	23.3570	0.04
匈牙利	270.2117	290.6600	307.9967	303.1408	372.5958	0.12
黑山	0.8468	0.8932	0.8775	0.8454	0.9509	0.05
北马其顿	52.1071	54.9472	54.1443	52.1022	58.5744	0.05
波兰	3.6117	3.8394	3.8997	3.8619	4.4578	0.08
罗马尼亚	3.9416	4.2379	4.2440	4.1604	4.6885	0.06
塞尔维亚	100.1751	105.2496	103.1633	99.3959	111.6622	0.05
欧元区	0.8468	0.8933	0.8755	0.8455	0.9496	0.05

资料来源："Official Exchange Rate（LCU per US$, Period Average）"，The World Bank，https://databank.worldbank.org/source/world-development-indicators，accessed March 6, 2024。

四 产业发展

（一）产业结构

从产业结构来看，中东欧国家整体位于高水平和中高水平国家之列。总体来看，2018～2022年中东欧地区产业结构变化不大，其中农业增加值占比低于5%，工业增加值占比为23%～24%，服务业增加值占比则高达58%左右，反映出服务业为中东欧国家经济的主导产业。就波动情况而言，农业增加值占比从2018年的4.11%稳步增长到2022年的4.49%；工业增加值占比较为稳定，2018年为23.84%，此后略有波动，2022年上升至24.06%；服务业增加值占比在2020年达到峰值58.34%，此后略有回落，2022年为57.92%，这一小幅下降是新冠疫情对服务业尤其是旅游、餐饮等产业的冲击所致（见图5）。

从国别来看，2022年，除阿尔巴尼亚（18.63%）、拉脱维亚（5.12%）、

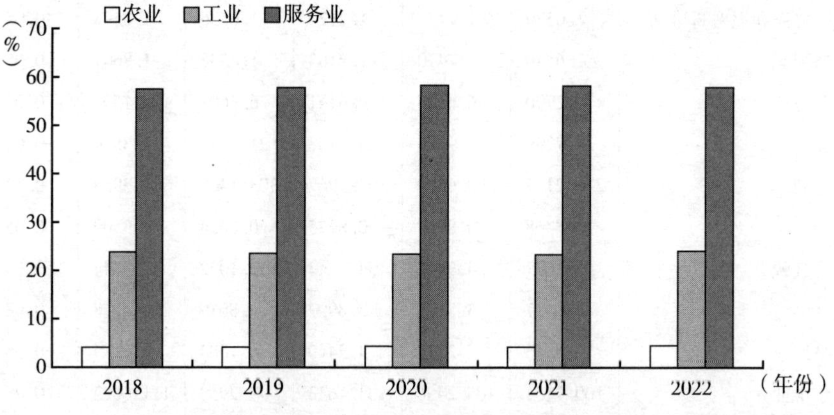

图5 中东欧地区产业增加值占GDP比重

资料来源：笔者根据世界银行数据计算而得，参见"Agriculture, Forestry, and Fishing, Value Added（% of GDP）""Industry（Including Construction）, Value Added（% of GDP）""Services, Value Added（% of GDP）", The World Bank, https://databank. worldbank. org/source/world-development-indicators, accessed March 6, 2024。

塞尔维亚（6.75%）外，其余国家农业增加值占比均低于5%；工业增加值占比较高的国家有波兰、罗马尼亚、斯洛伐克和斯洛文尼亚；服务业增加值占比较高的国家有捷克、爱沙尼亚、克罗地亚、拉脱维亚和希腊（见表13）。

表13　中东欧国家产业增加值占 GDP 比重

单位：%

国家	2021 年			2022 年		
	农业	工业	服务业	农业	工业	服务业
阿尔巴尼亚	18.36	20.75	47.86	18.63	21.43	47.29
保加利亚	4.37	20.85	62.27	4.40	25.99	57.66
波斯尼亚和黑塞哥维那	5.02	24.77	53.87	4.71	25.21	53.74
捷克	2.91	19.79	60.40	2.48	19.51	61.31
爱沙尼亚	2.02	23.11	62.54	2.52	24.02	61.46
克罗地亚	2.91	19.79	60.40	2.48	19.51	61.31
匈牙利	3.46	24.30	56.90	2.75	25.78	56.41
立陶宛	3.32	25.32	60.77	4.02	27.24	59.62
拉脱维亚	4.23	19.95	63.47	5.12	20.86	62.08
北马其顿	3.32	22.35	56.85	4.02	22.95	58.80
黑山	3.32	14.84	59.86	4.02	13.04	60.70
波兰	3.32	27.86	56.90	4.02	29.83	56.82
罗马尼亚	3.32	26.73	59.13	4.02	28.83	57.45
塞尔维亚	6.29	25.00	51.39	6.75	23.11	52.41
斯洛伐克	1.78	29.77	57.63	2.22	28.63	58.31
斯洛文尼亚	1.69	28.48	57.71	1.71	29.01	57.77
希腊	2.02	23.11	62.54	2.52	24.02	61.46

资料来源："Agriculture, Forestry, and Fishing, Value Added（% of GDP）""Industry（Including Construction）, Value Added（% of GDP）""Services, Value Added（% of GDP）", The World Bank, https://databank.worldbank.org/source/world-development-indicators, accessed March 6, 2024。

中东欧国家的第三产业拥有多项优势产业，特别是金融服务、IT 和技术服务、旅游业以及交通物流，相关国家展现出显著的优势和增长潜力。例如，波兰和捷克在信息技术和软件开发领域已成为欧洲的重要中心，提供高质量且成本效益高的服务；匈牙利和罗马尼亚因技术人才丰富、创新能力强而在 IT 外包和软件开发方面具有竞争力；旅游业是克罗地亚和黑山的重要经济支柱，两国丰富的自然资源和历史文化遗产吸引了大量国际游客。

（二）特色产业

本部分对中东欧国家相关优势产业做简要介绍，具体见表 14。

表 14　中东欧国家部分特色与优势产业

国家	优势产业	说明
阿尔巴尼亚	农业	阿尔巴尼亚是传统农业国，农业增加值占比超过 15%，药用及香料植物、橄榄油、蜂蜜、葡萄酒等特色农产品具有一定市场竞争力
	纺织服装与鞋类制造业	相关产品出口额占出口总额的 30%，增长最快的部门之一
	旅游业	经济增长的动力之一，2021 年阿尔巴尼亚外国游客数量逾 541.3 万人次，同比增长 1.2 倍
波斯尼亚和黑塞哥维那	旅游业	增长迅速，2021 年接待旅客数量同比增长 91.7%，政府将其列为经济增长的主要产业之一
	林业和木材加工业	全国的森林和林地覆盖率高达 53%，木材储备约 4.35 亿立方米，产业历史悠久，拥有大量技术熟练的廉价劳动力
	金属加工业	制造业支柱产业，占制造业的 20%，主要产品为钢铁、铅、锌及铜加工产品
保加利亚	化工工业	传统优势行业，化工产品约占工业总产值的 4.7% 和增加值的 4.9%，在纯碱、矿物肥料、纤维素等产品生产和出口上具有竞争力
	玫瑰产业	保加利亚因独有的地理位置和气候条件成为十分适合种植高品质油料玫瑰的国家，享有"玫瑰之国"的美誉，共有 4000 多公顷农地用于玫瑰种植，其玫瑰油产量居全球第二，满足全球 40% 的需求
	葡萄酒酿造业	传统优势产业，保加利亚在 20 世纪七八十年代是全球第二大瓶装葡萄酒出口国
	信息技术产业与数字经济	保加利亚信息技术产业连续多年实现两位数增长，2021 年占 GDP 的 4.3%

国家	优势产业	说明
克罗地亚	旅游业	克罗地亚支柱产业,对经济贡献率达20%
	食品加工业	加工业中就业人数最多的行业,行业总收入位列加工业第一。主要出口烟草、调味品、汤料、糖果、鱼罐头、牛肉罐头、烈性酒和啤酒等
	制药工业	克罗地亚在医药工业方面有一定的开发和生产能力,每年生产各类医药产品1700多吨
	木质产品制造业	国家林地面积约占48.6%,相关从业人员约2.5万人
捷克	汽车工业	国民经济支柱产业,汽车工业产值在工业生产和出口中的占比均为21%,以3.1%的就业人口创造了7.5%的GDP;世界汽车零部件厂商50强有一半在捷克投资
	机械制造业	机械制造业收入占捷克制造业总收入的比重超过10%,从业人数占全国制造业总就业人数的12.5%,80%~90%的产品销往国外
	电气电子工业	捷克最具竞争力的制造产业之一,销售额居第3位,产值占捷克制造业总产值的14%,是制造业第一大出口行业;优势在于强电流电气技术;吸引外资总量仅次于汽车工业,富士康、松下、宏基、西门子等许多国际知名企业在捷克建立了工厂和代表处
爱沙尼亚	油页岩产业	爱沙尼亚的油页岩产业是世界上最发达的产业之一,提供全球80%的油页岩,占其GDP的4%
	信息和通信业	爱沙尼亚的信息和通信业发达,是其经济增长的主要推动力,在欧盟处于领先地位。2021年,信息和通信业增加值为22.98亿欧元,比上年增长21.5%,对GDP增长的贡献率为1.5%,上升0.9个百分点
希腊	农业	截至2021年底,希腊共有欧盟地理标志产品282项,数量居欧盟成员前列;农产品占其出口的20%
	航运业	希腊船东共拥有千吨以上各类商船4705艘,总载重超过3.7亿吨,占全球商业船队运力的17.64%,为世界第一航运大国
	旅游业	旅游业是希腊获得外汇和维持国际收支平衡的重要经济部门,旅游资源丰富;2021年旅游业为希腊创造外汇收入105亿欧元,占服务贸易总收入的30%,同比增长143.2%

续表

国家	优势产业	说明
匈牙利	汽车及零部件工业	汽车及零部件工业是匈牙利支柱产业,2021年产值近9.4万亿福林(约合249.1亿美元),在制造业产值中占比达22.1%
	制药工业	2021年制药工业产值为1万亿福林(约合26.2亿美元),同比增长4.8%。匈牙利登记注册的制药企业有70余家,药品生产种类1400种左右。匈牙利生产的药品的83%出口到国外,2021年药品出口额为8382.3亿福林(约合22亿美元),同比增长4%
	电子工业	匈牙利是中东欧地区最大的电子产品生产国和世界电子工业主要生产基地,2021年计算机电子工业产值约为4.5万亿福林(约合118.1亿美元),同比增长8.3%。2015~2021年,匈牙利信息技术市场年增长率达8.7%。众多世界知名原始设备制造商和电子产品代工企业在匈牙利设立了生产基地和研发中心
拉脱维亚	交通运输业	拉脱维亚地处俄罗斯与西欧、北欧的十字交叉口,拥有3个国际性不冻海港、波罗的海地区最大的机场里加国际机场及波罗的海地区最大的铁路枢纽;交通运输业是拉脱维亚经济中最具有潜力的部门之一,产值约占拉脱维亚国内生产总值的7.15%
	食品加工业	2021年,拉脱维亚的食品出口额约为29亿美元,占商品出口总额的17.9%,主要产品包括浆果、野草莓、蓝莓、牛肝菌、鸡油菌和高品质的乳制品、肉类产品、油浸鲱鱼罐头及蜂蜜
	化工医药产业	拉脱维亚该产业外向型特点突出,46%的化工产品和30%的医药产品出口到国外
立陶宛	激光产业	全球90%的顶尖大学使用立陶宛激光系统。立陶宛激光公司是全球领先的科研激光器供应商,2018年的营收约占全球激光器销售收入(138亿欧元)的1%。立陶宛90%以上的激光产品出口至国外,销往100多个国家
	金融科技产业	近年来,立陶宛政府倾力打造欧洲金融科技中心,出台了宽松的金融创新政策,申请取得电子货币机构(EMI)和支付机构(PI)牌照仅需3个月,比欧盟其他成员快2~3倍。在全球金融科技国家2020年排行榜中,立陶宛名列第四
黑山	农业	经济发展战略产业之一,农产品出口额占出口总额的比重由2007年的8.2%上升到2021年的13.6%
	金属加工业	金属加工业包括初级金属和金属产品(有色金属、钢铁)生产,是黑山制造业最重要的部门之一,2019年产值占国内工业产值的50.9%;金属加工业在黑山制造业中排名第二

续表

国家	优势产业	说明
北马其顿	纺织和皮革业	提供就业岗位的主要行业,就业人数占总就业人数的30%以上
	农业	农业综合产业(包括农业加工)是北马其顿经济的重要组成部分,产值约占国内生产总值的10%
	烟草制品业	烟草是北马其顿农产品出口总额的最大贡献者,年产量为2.6万吨
波兰	矿业和矿山机械工业	波兰是欧洲第二大硬煤生产国和重要的褐煤生产国,欧洲第二大、世界第九大产铜国,欧洲第一大、世界第六大白银生产国
	汽车工业	2020年波兰汽车工业产值(汽车、拖车和半挂车制造)为1443.5亿兹罗提,约占工业总产值的8.8%;乘用车产量为27.9万辆;汽车类产品出口额为1123.7亿兹罗提,占出口总额的11.1%
	电子工业	波兰在欧盟家用电器生产中处于领先地位,是电视机显示器、液晶显示器及多数品牌家用电器的重要生产地
罗马尼亚	软件和信息技术服务业	罗马尼亚作为中东欧面积和人口第二大国,是近年来该地区信息技术和通信市场发展最为迅速的国家之一
	汽车及零部件工业	汽车及零部件制造是罗马尼亚最重要的产业。2021年,罗马尼亚汽车及零部件出口额为109.2亿欧元,进口额为87.4亿欧元
塞尔维亚	农业	2021年,塞尔维亚农业产值为41.6亿欧元,约占GDP的7.8%;农产品出口额为15.8亿美元,同比增长19.2%,占出口总额的6.2%
	信息技术和通信业	信息技术和通信业是塞尔维亚具有比较优势和发展最快的产业之一。2021年,塞尔维亚信息技术和通信业从业人员同比增长18%,达到约4万人。2021年,信息技术和通信业的出口超过了农业
斯洛伐克	汽车工业	主要支柱产业之一,2021年斯洛伐克汽车工业产值占GDP的12%,汽车产量超过100万辆,人均汽车产量居世界第1位
	电子工业	电子工业是斯洛伐克重要支柱产业之一,也是斯洛伐克吸纳就业人数最多的产业之一。近年来,在政府的政策支持下,外资进入斯洛伐克电子工业的增速明显上升,三星、索尼、富士康等跨国公司纷纷在斯洛伐克落户。2020年,斯洛伐克电子工业产值达79.2亿欧元,占工业总产值的9%
	机械制造业	吸纳就业人数最多的产业之一,2020年该行业就业人数占工业就业人数的39%

国家	优势产业	说明
斯洛文尼亚	金属制品业	金属加工业是斯洛文尼亚历史十分悠久的行业,该行业就业人数占制造业就业人数的比重达34%,创造了制造业31%的出口和31%的公司收入
	汽车及零部件工业	汽车产品以出口为主,汽车零部件制造业是斯洛文尼亚的重要产业,供应福特、宝马等知名汽车品牌

资料来源:笔者根据商务部相关资料整理而得,参见《商务部国别(地区)指南》,商务部"走出去"公共服务平台,2022 年 12 月,http://fec.mofcom.gov.cn/article/gbdqzn/#,最后访问日期:2024 年 3 月 10 日。

五　外贸外资

(一)进出口

1. 贸易进出口额

中东欧是世界上主要的贸易区域之一,如图 6 所示,2022 年贸易出口额和进口额分别达到 1.49 万亿美元和 1.55 万亿美元,分别约占欧盟贸易总额的 16% 和 17%。2018 年出口额年增长率为 19.47%,但在 2019 年降至 0.99%,增速明显放缓。2020 年,受新冠疫情影响,出口额和进口额均大幅收缩,分别下降了 5.21% 和 6.40%,反映出疫情对全球供应链和贸易流的冲击。然而,随着经济逐步开放和复苏,2021 年出口额和进口额强劲反弹,分别增长了 20.28% 和 24.95%,表明累积的需求开始释放以及该地区适应了新的经济环境。2022 年,出口额和进口额增速虽有所放缓,但仍分别保持了 11.29% 和 15.66% 的增长率,远高于欧盟贸易增长率(2022 年约为 7%),反映出中东欧经济活动的持续复苏和增长潜力。从进出口差额来看,2018~2022 年区域贸易额呈现出由顺差逐渐转为小额逆差,进口额增长速度略高于出口额,反映出相关国家的需求逐步增加,未来同其他国家具有较大的合作空间。

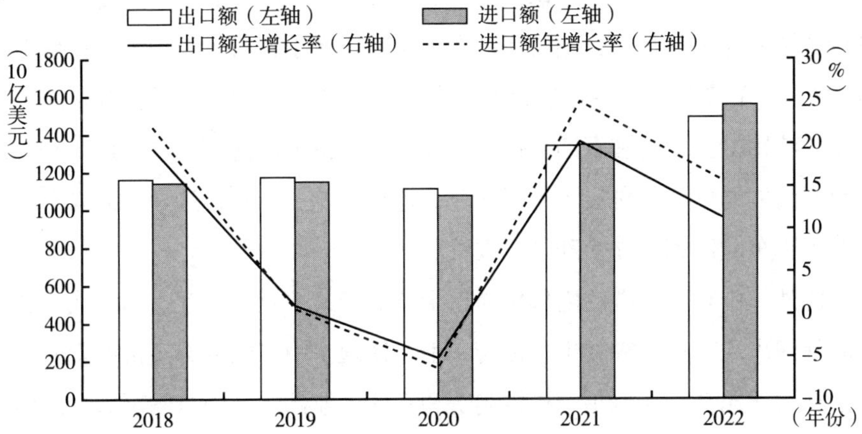

图6　中东欧进出口贸易额

资料来源：笔者根据世界银行数据计算而得，参见 "Exports of Goods and Services（Current US＄）" "Imports of Goods and Services（Current US＄）"，The World Bank，https：// databank. worldbank. org/source/world-development-indicators，accessed March 10，2024。

2. 贸易伙伴

商品贸易领域，基于进口和出口基础价格计算中东欧与主要贸易合作伙伴的贸易额，梳理情况如表15所示。德国的商品出口额高达2879亿美元，占该地区出口总额的23.70%；商品进口额达2332亿美元，占进口总额的17.20%。这不仅体现了德国经济的强大，也反映了中东欧国家与德国之间深厚的经济联系和依赖关系。德国作为中东欧最重要的贸易伙伴，既是该地区产品的主要市场，也是该地区重要的商品和服务供应国。紧随德国之后，意大利和法国以690亿美元和566亿美元的商品出口额分别位列第二和第三，显示了中东欧与西欧主要经济体之间的密切贸易往来。这种联系不仅基于地理位置的接近，而且体现了长期建立的经济合作关系和市场互补性。意大利和法国在时尚、奢侈品、汽车和机械等行业拥有全球竞争力，而相关产品在中东欧市场有着稳定的产业链与需求基础。

在进口方面，中国以1431亿美元的进口额紧随德国之后，成为中东欧地区的第二大进口来源国，占比达10.55%。这一数据反映了中东欧地区对中国制成品的高度依赖。中国作为"世界工厂"，提供了大量消费电子、机械设备和其他工业产品，相关产品在中东欧市场上占有重要地位。俄罗斯以713亿美元的商品进口额位居第四，主要反映了中东欧国家对俄罗斯能源的依赖，特别是天然气和石油。俄罗斯作为全球最大的能源出口国之一在中东欧地区的能源供应中扮演了重要角色。这种依赖关系不仅涉及能源安全，也影响到中东欧国家的外交和经济政策。

此外，中东欧地区的内部贸易也十分活跃，捷克、波兰、斯洛伐克和匈牙利等国出现在进口额和出口额榜单上，体现了中东欧内部经济的紧密联系和互补性，尤其是在汽车、机械制造和其他工业部门。中东欧国家之间的贸易持续促进区域内的经济一体化，也逐渐提高了中东欧区域在全球生产网络中的地位与竞争力。

表 15　中东欧主要商品贸易合作伙伴（前 10 名）

排名	国家	商品出口额（百万美元）	占比（%）	国家	商品进口额（百万美元）	占比（%）
1	德国	287949.1802	23.70	德国	233199.6846	17.20
2	意大利	69048.43645	5.68	中国	143107.1725	10.55
3	法国	56646.82828	4.66	波兰	59708.60053	4.40
4	捷克	49203.79767	4.05	俄罗斯	71291.93622	5.26
5	波兰	45531.71679	3.75	意大利	73241.86624	5.40
6	荷兰	43351.69312	3.57	匈牙利	34719.31372	2.56
7	斯洛伐克	42675.93109	3.51	斯洛伐克	33503.53376	2.47
8	奥地利	41880.8988	3.45	捷克	38931.77626	2.87
9	英国	41830.35698	3.44	韩国	28260.8111	2.08
10	匈牙利	41249.46092	3.39	法国	38436.14606	2.83

资料来源：笔者根据联合国相关数据计算而得，参见 UN Comtrade Database, https：//comtradeplus. un. org/，accessed March 10, 2024。

服务贸易领域，如表 16 所示，德国在服务进出口榜单上均占据首位，服务进口额达 298.23 亿美元，占中东欧服务进口总额的 15.7%，服务出口额高达 493.14 亿美元，占中东欧服务出口总额的 17%，凸显了德国在中东欧对外服务贸易格局中的核心地位，双方在金融、物流、教育与研发等服务领域具有紧密的合作关系。英国和美国作为中东欧服务出口的主要目的地国家，以216.8亿美元和208.00亿美元的服务出口额分别位列第二和第三。英国尽管面临"脱欧"后的不确定性，但与中东欧在金融、法律、教育和咨询等服务领域仍然保持着密切的联系；美国作为全球最大的经济体之一，其对中东欧的服务需求主要集中在信息技术、研发和专业服务等高端服务领域。

在服务贸易进口方面，除了德国外，英国、爱尔兰和美国也是中东欧的重要服务进口来源国，在信息技术、金融服务及版权等领域，中东欧地区与这些国家保持着密切的合作与交流。此外，榜单上其他国家均为欧洲国家，凸显出中东欧国家与欧洲在服务贸易方面的紧密联系，除美国外，其余非欧洲国家在中东欧的服务竞争力尚显不足。此外，捷克在服务进口榜单上也体现了中东欧国家在一些服务领域拥有竞争力。在信息技术、工程设计和管理咨询等领域，中东欧国家正发展为欧洲乃至全球的重要服务出口国。

表16　中东欧主要服务贸易伙伴（前10名）

单位：百万美元，%

排名	国家	服务进口额	占比	国家	服务出口额	占比
1	德国	29822.65331	15.7	德国	49313.84645	17.00
2	英国	11775.40047	6.2	美国	21680.27065	7.48
3	爱尔兰	9841.792556	5.2	英国	20899.75099	7.21
4	美国	9463.748098	5.0	荷兰	14442.03553	4.98
5	荷兰	8580.240294	4.5	瑞士	14235.638	4.91
6	法国	7645.975543	4.0	法国	10510.58374	3.62
7	奥地利	6655.793909	3.5	奥地利	10352.41584	3.57
8	瑞士	6057.346372	3.2	意大利	8952.071767	3.09
9	意大利	5980.157903	3.2	瑞典	7615.963647	2.63
10	捷克	5882.856199	3.1	爱尔兰	7350.068873	2.53

资料来源：笔者根据联合国相关数据计算而得，参见 UN Comtrade Database, https://comtradeplus.un.org/, accessed March 10, 2024。

3. 进出口产品结构

从进出口商品结构来看，中东欧在农产品、化学品、机械制造等多个领域具有竞争力，但对外部资源和高科技产品具有较强依赖性。在食品和活体动物领域，中东欧展现出明显的出口优势，2022年出口额接近970.91亿美元，占出口总额的7.99%，进口额为864.78亿美元，占进口总额的6%。这一数据反映出中东欧在农业生产和食品加工方面的较强能力以及在全球食品市场中的竞争地位。矿物燃料、润滑油及相关材料的需求巨大，2022年的进口额达到1840.91亿美元，占进口总额的14%；出口额相对较低，为749.45亿美元，占出口总额的6.17%。这一显著差异凸显了中东欧对外部能源和矿物资源的依赖，特别是能源对于区域经济稳定具有重要影响。在化学品及相关产品领域，中东欧同样表现出较大的进口需求，2022年进口额高达1849.83亿美元，占进口总额的14%，出口额为1233.82亿美元，占出口总额的10.15%，反映出中东欧在化学工业和相关高科技领域的发展需求以及对外部先进技术和材料的依赖。在制成品领域，无论是按材料分类的制成品还是杂项制成品，中东欧的贸易情况都相对平稳，进出口额较为接近，这表明该地区在制造业与工业产品方面具有较强的能力和国际竞争力。在机械及运输设备领域，中东欧展现出明显的出口优势，2022年出口额高达5002亿美元，占出口总额的41.16%，是区域的主要出口商品，远高于进口额（见表17）。中东欧在汽车、机械设备和高科技产品制造方面具有领先地位，其产品在国际市场上获得广泛认可。

表17 2022年中东欧进出口商品结构

单位：百万美元，%

商品种类	商品进口额	占比	商品出口额	占比
食物和活体动物	86477.89621	6	97090.74446	7.99
饮料和烟草	11370.26771	1	14702.23338	1.21
不可食用的原料（燃料除外）	40547.93067	3	42199.05643	3.47
矿物燃料、润滑油及相关材料	184090.9576	14	74945.06735	6.17

续表

商品种类	商品进口额	占比	商品出口额	占比
动植物油、脂肪和蜡	7341.186751	1	7256.902611	0.60
化学品及相关产品	184983.301	14	123382.2574	10.15
主要按材料分类的制成品	212996.2109	16	192347.4882	15.83
机械及运输设备	452600.5447	33	500200.3607	41.16
杂项制成品	135059.4633	10	148699.9006	12.24
在国际贸易标准分类中未分类的其他商品和交易	40468.82341	3	14302.59159	1.18

资料来源：笔者根据联合国相关数据计算而得，参见 UN Comtrade Database，https://comtradeplus.un.org/，accessed March 10，2024。

从服务贸易结构来看，中东欧的服务贸易范围广泛，在运输，旅游，电信、计算机和信息服务以及其他商业服务等领域具有优势。其中，2022年运输服务出口额为823.76亿美元，占比为28.41%，进口额为545.52亿美元，占比为28.75%。中东欧得益于其优越的地理位置，作为连接欧洲其他地区及亚洲市场的重要枢纽，在运输与物流行业具有显著优势。2022年旅游服务出口额为562.5亿美元，占比为19.40%，进口额为334.33亿美元，占比为17.62%。这显示出中东欧旅游业拥有吸引力和竞争力，既是旅游目的地，也有巨大的需求市场。在其他商业服务方面，中东欧展现出较强的出口能力，2022年出口额为619.35亿美元，占比为21.36%，进口额为485.67亿美元，占比为25.60%。该类型下覆盖了广泛的专业服务，包括管理咨询、市场研究、广告、法律和会计服务等，反映了中东欧在这些高附加值服务领域拥有专业能力和国际竞争力。电信、计算机和信息服务也是中东欧的重要出口领域，出口额为457.16亿美元，占比为15.76%，进口额为242.76亿美元，占比为12.79%（见表18）。得益于在软件开发、信息技术外包与数字服务方面的专业技术和人才优势，中东欧在信息技术服务领域具有较强的出口能力。

存在大幅逆差的领域主要为知识产权服务。知识产权服务的进口额显著高于出口额，进口额为100.39亿美元，占比为5.29%，出口额为43.38亿美元，占比为1.50%，表明中东欧在版权、专利、商标和其他知识产权领域依赖国外的专业服务与技术。

表18　2022年中东欧服务进出口结构

单位：百万美元，%

服务类型	服务出口额	占比	服务进口额	占比
制造服务	15175.69452	5.23	1688.668793	0.89
保养及维修服务	6796.789969	2.34	3393.434926	1.79
运输	82375.79566	28.41	54552.1786	28.75
旅游	56249.92699	19.40	33432.63167	17.62
建筑	6505.981723	2.24	2365.529833	1.25
保险及养老服务	1760.697322	0.61	4173.337055	2.20
金融服务	4690.982855	1.62	4081.805666	2.15
知识产权服务	4338.033863	1.50	10038.49346	5.29
电信、计算机和信息服务	45715.95215	15.76	24275.90964	12.79
其他商业服务	61935.21786	21.36	48566.68299	25.60
个人、文化和娱乐服务	3418.564166	1.18	2380.787595	1.25
政府产品及服务	561.5450601	0.19	668.7740226	0.35

资料来源：笔者根据联合国相关数据计算而得，参见 UN Comtrade Database, https://comtradeplus.un.org/, accessed March 10, 2024。

（二）外国直接投资

2018~2022年，中东欧的外国直接投资呈现先缓降后急升的趋势，2021年和2022年实现大规模增长，表明疫情后中东欧受到投资者越来越多的关注。5年间，外国直接投资流量从2018年的599.24亿美元增长至2022年的915.72亿美元。尽管外国直接投资在2019年和2020年经历了下降，特别是受到新冠疫情影响的2020年下降了9.01%，但在2021年随着经济的复苏，外国直接投资增长了57.66%，2022年继续以8.04%的增长率稳步上升。中东欧外国直接投资占世界外国直接投资总量的比重从

2018年的4.36%上升到2022年的7.07%，反映出中东欧吸引外国直接投资的竞争力逐渐增强。此外，外国直接投资流量占区域生产总值的比重也从2018年的3.89%上升至2022年的4.80%，表明外国直接投资在中东欧经济中越来越重要，对经济增长的贡献也越来越显著。这一增长趋势表明中东欧地区对于外资的吸引力逐渐增强，同时也指向了该地区经济复苏和增长潜力的积极迹象。伴随全球经济发展和变化，中东欧有望继续保持对外国直接投资的吸引力，进一步促进经济发展。

表19 中东欧外国直接投资

单位：百万美元，%

指标	2018年	2019年	2020年	2021年	2022年
区域总量（现价）	59924	59087	53761	84761	91572
年增长率	27.53	-1.40	-9.01	57.66	8.04
占世界总量的比重	4.36	3.46	5.59	5.73	7.07
占区域生产总值的比重	3.89	4.09	3.88	4.28	4.80

资料来源：笔者根据联合国相关数据计算而得，参见"Foreign Direct Investment：Inward and Outward Flows and Stock，Annual"，UNCTAD，https：//unctadstat.unctad.org/datacentre/dataviewer/US.FdiFlowsStock/，accessed March 10, 2024。

从国别结构来看，中东欧外国直接投资呈现出明显的不平衡特征。波兰外国直接投资从2020年的151.95亿美元显著增长至2022年的294.62亿美元，2022年的外国直接投资占中东欧外国直接投资总量的32.17%，凸显其在区域内的领导地位，以及其强大的市场吸引力和经济增长潜力。得益于较大的市场规模和经济体量、稳定的政治环境、发展中的基础设施以及日益完善的商业环境，加之政府在教育和技术方面的投资，波兰成为中东欧最受关注的投资目的地。捷克和罗马尼亚外国直接投资也表现出稳定的增长趋势，2022年的外国直接投资占中东欧外国直接投资总量的比重分别为10.76%和12.31%。捷克凭借高技能劳动力、先进的制造业和对创新的重视，其汽车、电子和信息技术等行业吸引了大量外资。罗马尼亚拥有丰富的自然资源、劳动力成本优势以及在基础设施建设和法律框架改善方面取得进步，吸引了包括能源、制造业和 IT 服务在内的多元化外国投资。克罗地亚和希腊的外国直接投资增长尤为显著，克罗地亚外国直接投资从 2020 年的 1.46 亿美元飙升至 2022 年的 36.75 亿美元，希腊外国直接投资从 2020 年的 32.13 亿美元增长至 76.04 亿美元。爱沙尼亚和斯洛伐克外国直接投资分别在 2021 年和 2020 年出现负增长，但 2022 年均实现了正向流入。受困于市场规模和经济增长潜力，小型经济体如黑山、北马其顿和斯洛文尼亚的外国直接投资流量相对较小，但它们在 2022 年依然获得了稳定的外资流入，这表明小型经济体亦可依托自身比较优势吸引到外资。

表 20　中东欧外国直接投资国别结构

单位：百万美元，%

国家	2020 年	2021 年	2022 年	2022 年占比
阿尔巴尼亚	1108	1234	1434	1.57
波斯尼亚和黑塞哥维那	429	587	661	0.72
保加利亚	3397	1892	2505	2.74
克罗地亚	146	4427	3675	4.01
捷克	9411	9051	9853	10.76
爱沙尼亚	3419	-832	1205	1.32
希腊	3213	6328	7604	8.30
匈牙利	7047	7559	8571	9.36
拉脱维亚	1005	3322	1508	1.65
立陶宛	3518	2865	2158	2.36
黑山	532	699	877	0.96
北马其顿	230	556	794	0.87
波兰	15195	29580	29462	32.17
罗马尼亚	3432	10574	11273	12.31
塞尔维亚	3863	5087	5465	5.97
斯洛伐克	-2404	59	2905	3.17
斯洛文尼亚	220	1773	1622	1.77

资料来源："Foreign Direct Investment: Inward and Outward Flows and Stock, Annual", UNCTAD, https://unctadstat.unctad.org/datacentre/dataviewer/US.FdiFlowsStock/, accessed March 10, 2024.

（三）对外直接投资

相比外国直接投资，中东欧地区 2018～2022 年的对外直接投资呈现出规模小、波动性强的特点。2018 年中东欧的对外直接投资总值为 163.17 亿美元，2019 年和 2020 年持续下跌，反映出新冠疫情背景下的全球经济不确定性上升对于国家对外投资的冲击。2021 年中东欧对外直接投资大幅增长至 216.26 亿美元，年增长率高达 56.94%，这得益于该地区在疫情后的经济重启以及一些行业和市场提供的增长动力。2022 年，中东欧对外直接投资下降至 158.28 亿美元，年增长率为-26.81%，这是因为受到了全球经济环境紧缩、乌克兰危机以及一些国家内部的经济增长乏力等影响。从对外直接投资占世界对外直接投资总量的比重和占区域生产总值比重来看，中东欧对外直接投资的全球占比较小且呈现波动态势，2020 年到达 1.88% 的峰值，之后有所下降，2022 年降至 1.07%。同时，对外直接投资占区域生产总值比重也存在波动，尤其是在外部经济环境变化大的情况下，中东欧的企业更加审慎地进行海外投资，这导致 2020 年和 2022 年中东欧对外直接投资占GDP 比重下降（见表21）。

表 21　中东欧对外直接投资

单位：百万美元，%

指标	2018 年	2019 年	2020 年	2021 年	2022 年
区域总值（现价）	16317	15334	13780	21626	15828
年增长率	24.78	-6.02	-10.13	56.94	-26.81
占世界总量的比重	1.61	1.10	1.88	1.25	1.07
占区域生产总值的比重	0.75	1.07	0.84	1.09	0.73

资料来源：笔者根据联合国相关数据计算而得，参见 "Foreign Direct Investment: Inward and Outward Flows and Stock, Annual", UNCTAD, https://unctadstat.unctad.org/datacentre/dataviewer/US.FdiFlowsStock/, accessed March 10, 2024。

六 经济发展前景与预测

（一）外部威胁与发展挑战

2023 年，中东欧地区经济发展面临的外部不利因素复杂多样。第一，乌克兰危机对欧洲经济造成负面冲击。首先，紧张的安全形势加剧了中东欧地区的政治和经济不确定性，影响投资者信心和外商投资流入，对于"强外资驱动型"经济的中东欧部分国家造成不利影响。其次，中东欧国家与俄罗斯和乌克兰的直接贸易联系受损，天然气、石油等能源供应中断和生产、运输成本上升，通货膨胀压力持续增加。此外，冲突引发的难民流动给中东欧国家的社会服务和基础设施带来额外压力，加大了政府财政负担并引发一些社会混乱。

第二，疫情期间为刺激经济，中东欧各国政府纷纷实施积极财政政策，这对政府财政健康提出挑战。2020 年，中东欧国家财政赤字率飙升，至 2022 年仍有部分国家财政赤字率超过欧盟设定的警戒水平。同时，宽松的货币政策埋下通货膨胀的隐患，叠加乌克兰危机引发的通胀风险，若处理不当，经济有陷入滞胀的风险。

第三，欧洲一体化受阻，区域经济合作遇冷。从乌克兰危机爆发到 2023 年 1 月，中东欧国家对欧盟的出口占比总体呈下降趋势，反映出乌克兰危机引发的地区安全风险使中东欧国家同欧盟间的经济联系减弱，中东欧参与欧洲一体化进程受阻。2023 年，波兰和匈牙利等中东欧国家决定禁止从乌克兰进口谷物和其他食品以保护当地农业部门，也给欧盟内部的贸易政策团结带来了挑战，对中东欧国家与乌克兰双边关系及区域凝聚力产生不利影响。

（二）发展机遇与策略

第一，区位优势。中东欧地区位于欧亚大陆的交会处，具有独特的地缘政治优势，是连接西欧和亚洲市场的重要通道。中东欧同中国、韩国等亚洲国家在服务贸易和投资方面有较大合作空间，尽管面临地缘政治风险与欧洲经济发展减缓等情况，但通过优化合作布局，中东欧国家可拓展合作伙伴范围来实现风险规避。随着共建"一带一路"的推进，中东欧国家有望通过加强基础设施建设来提高其作为物流和交通枢纽的能力，从而吸引更多的外国投资和促进区域内的经济合作。

第二，产业结构与劳动力市场调整优势。中东欧国家正处于经济结构转型期，制造业和服务业的发展有利于优化区域产业结构，提高区域发展水平；信息技术、生物制药、物流运输等产业契合当下全球供应链完善和经济数字化、信息化需求，相关产业发展热度颇高，潜力巨大，中东欧地区在这些产业具备一定的积累和实力，相关产品和服务在全球范围具有竞争力。此外，相关产业对高素质人才的需求逐渐增加，而中东欧地区高素质人才数量众多，人力资源优势成为区域发展的又一助力，但须警惕未来人口老龄化导致红利减少。

（三）短期与中长期预测

从短期来看，中东欧地区的经济仍将受到全球经济环境变化的影响，尤其是新冠疫情的后续影响和地缘政治紧张局势的发展。疫情后的经济复苏进程存在不确定性，需求复苏、就业恢复和消费信心的提振成为关键因素。中东欧国家应继续实施灵活的宏观经济政策，支持受疫情影响严重的行业和群体，并通过投资基础设施和创新驱动经济多元化，增强抵御外部冲击的能力。

从中长期来看，一方面，家庭消费增长、实际工资上升、通胀率下降以及利率降低将显著促进中东欧经济增长，特别是随着欧盟资金的拨付，增长势头将进一步得到支撑。然而，商品价格波动和地缘政治的不确定性仍须密切关注。另一方面，近年来风险投资在中东欧地区呈现爆发性增长态势，得益于高质量的技术教育和绿色转型等新兴领域带来的机遇，预计未来几年这一领域将继续快速增长。教育水平高且成本竞争力强的劳动力、区域内产业整合转型与全球知名制造商的连续投资在未来将成为中东欧吸引外资的重要因素。然而，低储蓄率和改革进展缓慢等问题可能会妨碍经济长期增长，需要采取适当的政策和改革措施克服挑战，进而促进地区的长期经济发展。

（四）政策建议

第一，中国应加强与中东欧国家在新兴服务领域的合作。2023年，全球经济仍然面临后疫情影响与地缘政治风险带来的供应链中断的挑战，货物贸易和传统服务贸易受到显著影响。面对老龄化、医疗成本增加和新兴科技带来的影响，中东欧国家开始推动传统医疗服务向数字化转型。特别是在新冠疫情之后，数字医疗服务的发展加速，为中国与中东欧国家在服务贸易领域的合作开拓新路径提供了契机。基于此，中国可以利用在信息技术和数字经济方面的优势，与中东欧国家积极探索新兴领域的合作机会，尤其是在远程医疗和智能医疗等领域。

第二，挖掘基础设施合作需求。中东欧国家对于基础设施建设仍有较大的需求，特别是西巴尔干六国尚未加入欧盟且存在较大的基础设施建设投资需求缺口，这为中国与中东欧国家的合作提供了继续以基础设施建设项目为发力点的机会。中国的对外承包工程具有明显优势，可以进一步推动双边服务贸易合作。在全球经贸格局加速重构、供应链本地化分散化的背景下，中国可借助基础设施建设领域的优势与合作经验，结合欧盟的绿色新政和数字化转型，通过参与式、合作式和伙伴式的方式，积极开拓中东欧地区的工程承包项目并提供相关运维服务。同时，需要注意与地区性组织如欧盟、东南欧合作进程、"三海倡议"等的沟通协商，关注地区性组织与成员的关系，确保合作的可持续性和互利共赢。

第三，加强数字领域合作交流。中东欧地区正处于数字化转型的关键时期，数字化被视为该地区经济增长的新引擎。中国与中东欧国家在数字贸易领域具有广阔的合作潜力，在全球数字化进程加速的背景下，双方可以通过加强政策对接和法律合作来建立更加开放友好的数字贸易环境，尤其是加强在税收、知识产权保护、数据隐私等方面的合作。此外，共同制定规则和标准、加强创新技术合作也是推动数字贸易发展的关键措施。中国可以利用在技术方面的优势，帮助中东欧国家升级改造数字基础设施，提高网络速度和扩大网络覆盖面，促进双方的数字贸易合作。此外，还可通过丝路学院、鲁班工坊等平台开展职业教育培训，为中东欧国家培养相关的数字贸易人才，以支持数字经济和跨境电商的发展。

专题报告

B.2
中东欧国家营商环境评估
与预测（2018~2023）*

田浩琛 吴志阳**

摘　要： 　近些年来，中国与中东欧国家经贸合作不断深化，贸易额持续增长，投资规模不断扩大。对中东欧地区的营商环境进行深入分析，可以为中国企业更好地在中东欧地区进行投资贸易、深化双方合作提供参考。本文基于已有的研究成果和实践经验，构建了包含4个一级指标、10个二级指标的营商环境评估模型，对中东欧国家的营商环境进行评分，并深入分析其近几年的变化趋势。在此基础上，分析中东欧地区营商环境优劣对中国企业在中东欧地区投资贸易的影响，为中国企业提供指导。

关键词： 　中东欧地区　营商环境　税制改革　基础设施　劳动力素质

---

* 本文为北京第二外国语学院2023年区域国别校级专项课题"捷克营商环境评估与预测（2013~2023）"（项目编号：QYGB23A014）的研究成果。

** 田浩琛，北京第二外国语学院欧洲学院讲师，主要研究方向为捷克语语言文学；吴志阳，北京第二外国语学院区域国别学院（中国"一带一路"战略研究院）硕士研究生，主要研究方向为"一带一路"投资安全与营商环境。

营商环境是市场主体准入、生产经营、投资决策以及退出等过程中涉及的社会、经济、政治和法律因素的总和。[①]

中东欧作为欧洲的重要组成部分，其营商环境的研究背景具有多维度的复杂性和时代性。冷战结束后，中东欧国家经历了从计划经济向市场经济的转型，这一过程伴随着政治体制的变迁、法律框架的重建以及社会结构的重塑。而加入欧盟的中东欧国家不仅需要适应欧盟的法规和标准，还要在全球经济一体化的进程中提高自身的竞争力和吸引力。

中东欧的营商环境首先与该地区经济转型的深化密切相关。中东欧国家在经历了初步的市场化改革后，面临进一步深化改革、提高治理效率、打击腐败、优化法律环境等挑战。这些因素直接影响企业的运营成本、市场准入的便利性以及合同执行的效率，从而对外国直接投资的流入产生重要影响。

中东欧地区的地缘政治位置为研究其营商环境提供了独特的视角。作为连接东西方的桥梁，中东欧国家在共建"一带一路"等国际合作框架中扮演着重要角色。这些国家不仅是中国与欧洲之间经济合作的纽带，也是俄罗斯和其他欧亚国家经济影响力的交汇点。因此，研究中东欧的营商环境有助于理解全球经济力量如何在这个地区相互作用和影响。

随着全球供应链的重构和国际产业转移的加速，中东欧国家有机会成为新的生产基地和研发中心。然而，这一过程中的挑战包括提高教育和技能培训水平、改善基础设施条件以及制定有效的产业政策等。中东欧地区的营商环境还与全球经济治理的变化紧密相关。在全球经济不确定性增强、保护主义抬头的背景下，中东欧国家如何通过改善营商环境来应对外部冲击、保持经济稳定和持续增长成为值得深入探讨的课题。

中国与中东欧国家之间的交流合作在过去十年显著增加，不仅促进了双方的经济发展，而且加深了文化和政治的理解与互信。对于中国企业而言，

[①] 牛东芳、黄雅卉、黄梅波：《世界银行营商环境新评估体系：影响机制、改革路径与中国对策》，《国际贸易》2023 年第 12 期，第 72 页。

中东欧市场是进入欧洲的桥梁，特别是在制造业、基础设施建设和高新技术领域。尽管中东欧地区为中国企业提供了诸多机遇，但中国企业在实际操作中也遇到了不少困难。首先，中东欧地区基本上每个国家都有一种语言，文化和语言差异不仅影响了沟通，而且在商业习俗和消费者行为上也存在差异。其次，中东欧国家的法律和监管环境较为复杂，各国之间的差异增加了企业的"合规成本"。最后，在涉及敏感行业和技术转移的项目中，地缘政治因素也可能对中国企业的运营构成挑战。营商环境的好坏会影响到中东欧国家吸引外资的能力，也会影响到中国与中东欧国家在经贸领域合作的深度。本文从国家和区域层面研究分析中东欧地区的营商环境，以期为中国与中东欧国家深化经贸合作提供参考。

一　中东欧国家营商环境评估[①]

本文以中东欧国家为研究对象，基于已有研究和实践经验，构建了包含市场环境、法制保障、政府干预、劳动保障 4 个一级指标以及 10 个二级指标的评价模型，并应用熵值法评估中东欧国家的营商环境，得出相关国家的营商环境指数，以期对中东欧整体营商环境以及各国的营商环境情况有所了解。

（一）评估指标

本文参考已有文献[②]构建了中东欧国家营商环境模型，纳入了市场环境、法制保障、政府干预、劳动保障 4 个一级指标以及 10 个二级指标（见图 1）。市场环境指标主要衡量一国在企业、贸易投资以及金融方面的总体

---

① 当前主流、权威的营商环境评价方式主要有世界银行评价指标体系、经济学人（EIU）智库评价指标体系、全球创业观察（GEM）评价指标体系和世界经济论坛（WEF）发布的全球竞争力报告四种。

② 刘帷韬：《世界银行营商环境评估体系变化要点、指标分析与启示》，《中国流通经济》2023 年第 9 期，第 81~83 页。

情况。新企业开办时长、企业融资便利程度以及企业开展对外贸易的难易程度是一个国家营商环境好坏的重要体现。参考世界银行的营商环境评价指标体系①，市场环境指标主要包括商业便利指数、贸易开放指数、投资自由指数以及金融便利指数 4 个指标（见表 1）。

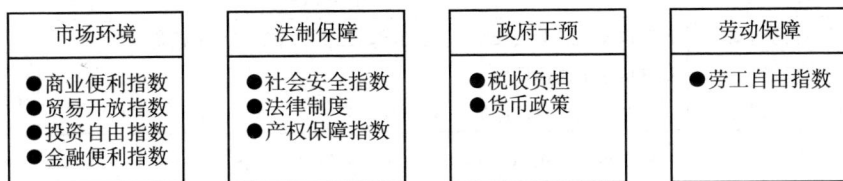

市场环境	法制保障	政府干预	劳动保障
●商业便利指数 ●贸易开放指数 ●投资自由指数 ●金融便利指数	●社会安全指数 ●法律制度 ●产权保障指数	●税收负担 ●货币政策	●劳工自由指数

图 1　营商环境评价指标

表 1　市场环境指标

指标名称	指标内容
商业便利指数	反映企业经营情况,包括新成立一家企业须办理的手续数目、新成立一家企业所需的时间、新成立一家企业的费用、新成立一家企业的最低资金、企业获得许可证须办理的手续、企业获得许可证需要花费的时间、企业获得许可证的费用、企业关闭需要的时间、企业关闭的费用、关闭企业的恢复率等内容
贸易开放指数	反映企业开展对外贸易的难易程度,涉及税率和关税壁垒
投资自由指数	反映企业能否自由投资,包括政府是否鼓励外国企业公平地参与投资,是否对外汇进行管制,外国公司是否享受同等待遇,政府对支付、转移和资本交易是否进行限制等内容
金融便利指数	反映企业融资难易程度,包括政府对银行服务和其他金融服务的管制程度、金融服务公司开业和运营的难易程度、政府对信贷资金分配的影响程度等内容

资料来源：有关市场环境指标的数据主要来源于美国传统基金会和《华尔街日报》关于全球各国和各地区的经济自由度的年度报告。参见 "Business Convenience Index" "Trade Openness Index" "Investment Freedom Index" "Financial Convenience Index"，Heritage Foundation，https：//www.heritage.org/search?contains=Index%20of%20Economic%20Freedom，accessed April 12, 2024。

　　法制保障指标主要衡量一国的法律制度是否完善、社会治安情况以及企业在生产经营中遇到的法律问题能否有效解决。良好的法律环境是企业正常

---

① 李志军主编《2022 中国城市营商环境报告》，中国商业出版社，2023，第 17 页。

经营的前提和扩大经营规模的保障。法制保障指标具体包含社会安全指数、法律制度和产权保障指数（见表2）。

表2 法制保障指标

指标名称	指标内容
社会安全指数	反映国家的社会治安水平,指数越大说明社会治安水平越差
法律制度	反映国家的法治环境
产权保障指数	反映法律对产权的保护程度

资料来源:"Global Peace Index", Institute for Economics and Peace, https://www. economicsandpeace. org/wp-content/uploads/2023/09/GPI-2023-Web. pdf;"World Governance Indicators", The World Bank, https://datacatalog. worldbank. org/search/dataset/0037712/World-Development-Indicators;"Property Protection Index", Heritage Foundation, https://www. heritage. org/search?contains=Index %20 of %20 Economic% 20Freedom, accessed April 12, 2024。

政府干预指标主要衡量企业的税收负担以及政府对经济的宏观调控。税收负担过重以及通货膨胀率较高会对企业的生产经营产生负面影响。政府可以调节税负以及控制通货膨胀,为企业营造良好的生产经营环境。政府干预指标具体包括税收负担和货币政策两个指标（见表3）。

表3 政府干预指标

指标名称	指标内容
税收负担	反映企业的税收负担
货币政策	反映企业面临的通货膨胀水平和政府的价格调控

资料来源:有关政府干预指标的数据主要来源于美国传统基金会和《华尔街日报》关于全球各国和各地区的经济自由度的年度报告。参见"Tax Burden""Monetary Policy", Heritage Foundation, https://www. heritage. org/search?contains=Index%20of%20Economic%20Freedom, accessed April 12, 2024。

劳动保障指标主要衡量一国的劳动力市场情况,例如最低工资水平、劳动保障相关法律的执行力度、解雇劳动力需要付出的成本等。良好的劳动力市场有利于为企业营造良好的营商环境。劳动保障指标具体包括劳工自由度指数（见表4）。

表 4　劳动保障指标

指标名称	指标内容
劳工自由度指数	反映劳动力市场的情况,如最低工资水平、劳动保障相关法律的执行力度、解雇劳动力需要付出的成本等

资料来源：有关劳动保障指标的数据主要来源于美国传统基金会和《华尔街日报》关于全球各国和各地区的经济自由度的年度报告。参见 "Labor Freedom Index", Heritage Foundation, https：//www. heritage. org/search?contains＝Index%20of%20Economic%20Freedom, accessed April 12, 2024。

　　本文以中东欧 17 个国家为研究对象,并根据其地理位置划分为维谢格拉德四国、波罗的海三国、西巴尔干地区和东南巴尔干地区,具体如表 5 所示。

表 5　中东欧地区营商环境评估模型样本选取

区域	国家
维谢格拉德四国	波兰
	捷克
	匈牙利
	斯洛伐克
波罗的海三国	爱沙尼亚
	拉脱维亚
	立陶宛
西巴尔干	阿尔巴尼亚
	克罗地亚
	北马其顿
	黑山
	塞尔维亚
	波黑
	斯洛文尼亚
东南巴尔干	保加利亚
	罗马尼亚
	希腊

（二）评估模型

本文使用的数据主要来源于主流研究机构发布的研究报告，例如美国传统基金会和《华尔街日报》关于全球各国和各地区的经济自由度的年度报告、世界银行发布的 WGI 指数、澳大利亚经济与和平研究所发布的研究报告。

不同类型、单位、区间、数量级的量化指标需要进行标准化处理后才能进行综合衡量。基于收集到的数据，本模型采用 min-max 标准化的方法。假定原始数据矩阵 X 由 m 个国家，n 个指标构成，即 $X = (X_{ij})_{m*n}$，则其标准化函数如下：

正向指标标准化：

$$X_{ij}^1 = \frac{X_{ij} - \min(X_{1j} \cdots X_{mj})}{\max(X_{1j} \cdots X_{mj}) - \min(X_{1j} \cdots X_{mj})} \tag{1}$$

负向指标标准化：

$$X_{ij}^1 = \frac{\max(X_{1j} \cdots X_{mj}) - X_{ij}}{\max(X_{1j} \cdots X_{mj}) - \min(X_{1j} \cdots X_{mj})} \tag{2}$$

X_{ij}^1 是国家 i 在第 j 个二级指标中的标准化数值，数值越高，表明此项得分越高，营商环境越好。X_{ij} 为初始数据，X_{ij}^1 为标准化数据，max 为样本数据的最大值，min 为样本数据的最小值。标准化后，所有指标均落在 [0，1] 区间，分数越高表明营商环境越好。

本文主要采用熵值法对各二级指标进行赋权。熵值法主要用于度量不确定性。数据的信息量越大，则表示不确定性越小，熵值也就越小；反之，数据的信息量越小，则表示不确定性越大，熵值也就越大。根据熵的特性，一般可以通过熵值的大小来判断一个事件的随机性和无序程度，也可以用熵值大小来判断某个指标的离散程度，指标的离散程度越大，该指标对综合评价的影响越大；反之，离散程度越小，则该指标对综合评价的影响越小。通过对二级指标赋权，得到研究对象营商环境的综合评分。一国营商环境的评分越高，则说明其营商环境越好。

依照上述方法计算中东欧国家2018~2022年的营商环境综合评分，结果如表6所示。

表6　中东欧国家营商环境得分情况

单位：分

国家	2018年	2019年	2020年	2021年	2022年
阿尔巴尼亚	41.2	43.2	37.1	40.2	37.4
爱沙尼亚	76.3	65.1	66.9	71.9	79.1
保加利亚	49.1	55.2	48.7	54.9	47.1
北马其顿	43.9	37.2	28.5	44.0	32.6
波黑	26.9	29.6	28.3	28.8	28.7
波兰	55.3	54.4	57.7	60.7	55.6
黑山	43.0	34.1	27.3	38.3	30.9
捷克	84.3	80.6	84.8	85.5	78.7
克罗地亚	39.4	33.0	35.7	49.4	51.5
拉脱维亚	71.7	56.3	54.7	61.2	64.3
立陶宛	72.3	69.2	62.3	67.1	69.6
罗马尼亚	53.7	44.0	32.7	45.9	41.2
塞尔维亚	37.8	25.4	27.2	33.4	29.9
斯洛伐克	54.2	49.8	48.1	54.0	55.0
斯洛文尼亚	64.1	52.0	55.0	61.7	59.2
希腊	20.0	16.5	19.7	21.1	34.5
匈牙利	63.1	54.8	55.8	64.7	63.4

资料来源：笔者计算。

总体来看，中东欧国家的营商环境得分水平参差不齐，离散程度高，极差较大。其中，捷克、爱沙尼亚、立陶宛、匈牙利、拉脱维亚五国的营商环境得分处于上游水平，营商环境优越；斯洛文尼亚、波兰、斯洛伐克、克罗地亚、保加利亚、罗马尼亚、阿尔巴尼亚七国营商环境得分处于中游水平，营商环境较好；黑山、塞尔维亚、波黑、希腊、北马其顿五国营商环境得分处于下游水平，营商环境较差。

从时间来看，中东欧国家营商环境得分存在波动，其中，绝大多数国家2019年的得分低于2018年，2020年的得分低于2021年和2022年。2020年，疫情导致的经济停滞和防治措施对企业运营造成了严重打击，影响了营商环境的各项指标。随着疫情逐渐得到控制和疫苗接种的推进，2021年和2022年中东欧国家的营商环境得分有所回升，显示出经济活动的恢复和政府政策的有效性。

未来，在改善营商环境方面，中东欧国家需要推进结构性改革，加强法治建设，提高政府服务效率。此外，加强区域合作和与欧盟的一体化进程也是中东欧国家提高营商环境的关键，例如塞尔维亚和斯洛文尼亚等国积极加入欧盟。

二　中东欧国家营商环境分析

（一）中东欧国家营商环境的整体情况

2013~2023年，中东欧地区的营商环境经历了显著的变化。这一时期，中东欧国家在全球化的背景下，通过一系列经济改革和政策调整，努力提高其对外资的吸引力，同时也面临一系列挑战。

中东欧国家的宏观经济环境在2018~2023年整体呈现稳定发展的态势。根据欧盟统计局数据，中东欧国家的国内生产总值普遍实现了增长，尤其是罗马尼亚、波兰等国的名义GDP增长显著。稳定的经济发展趋势为外国投资者提供了较为稳定的市场环境。然而，中东欧国家的经济增长不均衡，部分国家如希腊、波黑等仍面临较大的经济压力。表7展示了2022年中东欧国家的经济发展情况。

表7 中东欧国家的经济水平

国家	2022年GDP总量（亿美元）	世界排名	人口（万人）	2022年人均GDP（美元）
斯洛文尼亚	622	85	211	29502
爱沙尼亚	381	98	133	28631
捷克	2904	45	1052	27613
立陶宛	705	80	282	25036
拉脱维亚	422	95	189	22348
斯洛伐克	1135	64	544	20890
希腊	2192	53	1064	20615
克罗地亚	710	78	385	18427
波兰	6883	21	3765	18280
匈牙利	1683	56	973	17301
罗马尼亚	3018	43	1904	15851
保加利亚	891	68	680	13109
塞尔维亚	709	79	684	10361
黑山	61	149	62	9812
波黑	255	109	347	7338
马其顿	137	134	207	5608
阿尔巴尼亚	185	120	287	6457

注：国际货币基金组织发布的美元换算数据会根据汇率的变化进行调整。

资料来源："GDP", International Monetary Fund, https：//www. imf. org/zh/Search#q＝GDP；"Population", International Monetary Fund, https：//www. imf. org/zh/Search#q＝% E4% BA% BA% E5% 8F% A3&sort＝relevancy, accessed April 12, 2024。

中东欧国家在改善营商环境方面做出了努力。根据世界银行《2020年营商环境报告》，中东欧地区的一些国家如立陶宛、北马其顿、爱沙尼亚和拉脱维亚等在全球营商环境排名中表现突出，这些国家在企业设立、施工许可证办理、电力获取等方面的监管透明度较高，为企业提供了便利的营商条件，其政府体系、金融和法律制度等方面的改革也为吸引外资创造了有利条件。

中东欧地区在营商环境方面仍存在一些共性问题。例如，腐败在一些国家仍然是突出的问题，影响了商业活动的透明度和公正性。此外，尽管一些国家的基础设施得到了改善，但整体而言，中东欧地区的交通、通信和电力供应等基础设施仍需进一步升级，以满足日益增长的商业需求。

在投资潜力方面，中东欧国家市场开放水平较高，尤其是那些加入经济合作与发展组织（OECD）的国家，如立陶宛、爱沙尼亚、拉脱维亚等。这些国家对外国直接投资的监管限制较低，市场投资机会丰富。然而，中东欧地区的政治风险和经济依存度较低的问题也不容忽视，这些因素可能影响投资者的信心和投资决策。

2022年以来，中东欧国家经济建设的重点领域及优惠政策值得关注。例如，波兰对从事研发和创新的公司提供额外的免税政策，这为高新技术企业提供了投资激励。同时，中国与中东欧国家的经贸合作在共建"一带一路"的推动下得到深化，中欧投资协定谈判的完成也为双方投资合作提供了新的机遇。

综上，2018~2023年中东欧地区的营商环境整体呈现出积极的发展态势，但仍面临腐败、基础设施不足等挑战。各国政府在吸引外资、改善营商环境方面取得了一定成效，但区域内部的经济和政治差异导致营商环境的不均衡。中国投资者进入中东欧市场时，应充分考虑这些国家的宏观经济稳定性、市场开放程度、政治风险以及基础设施建设情况，做出明智的投资决策。

（二）中东欧各次区域的营商环境情况

1. 维谢格拉德四国

相比中东欧其他区域，维谢格拉德四国在营商环境评估中的得分为中上游水平（见表6、图2）。总体而言，维谢格拉德四国的营商环境明显优于西巴尔干地区和东南巴尔干地区，略逊于波罗的海三国。

从地理位置来看，维谢格拉德四国与德国、法国等欧洲主要发达国家邻近，这种地理位置上的亲近性对区域内营商环境产生了积极影响。这些发达国家在经济一体化、规则制定、市场开放度、法治建设等方面的示范效应，以及在贸易投资、技术转移、人员交流等方面的密切互动，为维谢格拉德四国营造了更为有利的外部环境。

从经济发展水平来看，捷克与斯洛伐克为发达国家，波兰和匈牙利被归

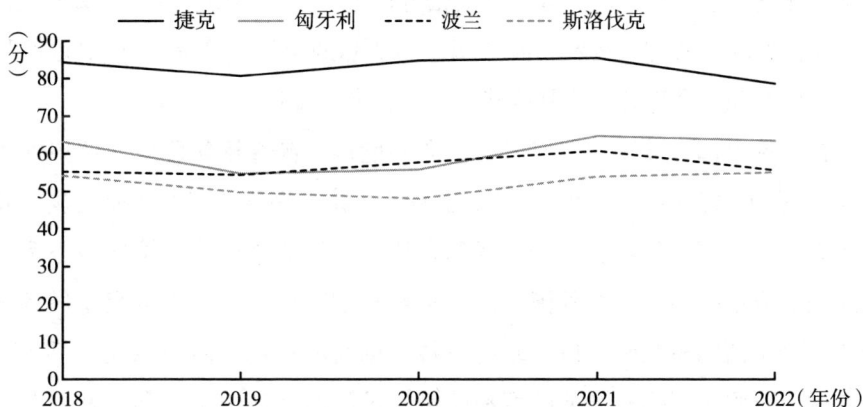

图2 维谢格拉德营商环境得分

资料来源：笔者计算。

类为准发达国家。相较西巴尔干和东南巴尔干地区的诸多发展中国家，维谢格拉德四国在制度建设、投资环境、贸易便利化以及劳动保障等方面营造了更为优质的营商环境。具体表现为，这些国家通常拥有稳定的政治体制、较为完善的法律框架、较低的行政壁垒、较强的创新能力和人力资本素质，以及成熟的金融市场和高效的公共服务。

在区域内部，维谢格拉德四国之间的营商环境得分差异并不显著。捷克的得分在四国中居于首位，得益于其良好的经济治理、高效的行政服务、较高的法治水平以及开放的投资政策。斯洛伐克虽然得分较低，但其较强的制造业实力、稳定的宏观经济环境以及相对较低的运营成本仍吸引着外国投资者。匈牙利与波兰的营商环境得分在四国中处于中间水平，两国在一些方面表现出色，如匈牙利的创新生态系统和波兰的市场规模，但也面临一些挑战，如匈牙利的司法独立性和波兰的行政干预。

2.波罗的海三国

综合评估显示，波罗的海三国在营商环境评估中的得分显著高于中东欧其他三个区域，这既得益于其独特的地理位置，也与三国的经济发展水平密切相关。波罗的海三国与北欧发达国家（如瑞典、芬兰、丹麦）邻近，这些国家先进的经济体系、高效的社会治理以及开放的市场环境对周边地区产生了积极的辐射效应。波罗的海三国作为成熟的市场经济体，其制度建设、市场自由度和社会稳定性为其构建良好的营商环境提供了条件。

在区域内部，波罗的海三国的营商环境得分普遍较高且差异较小（见图3）。爱沙尼亚拥有较为完善的电子政务体系、高度透明的商业法规以及政府大力支持创业创新。爱沙尼亚的在线企业注册平台、一站式服务和较低的创业成本吸引了大量外国直接投资和初创企业入驻。立陶宛稳健的金融体系、亲商的税收政策以及政府对科技创新的重视为商业活动提供了有力支撑。拉脱维亚拥有开放的贸易政策、灵活的劳动力市场和良好的基础设施。

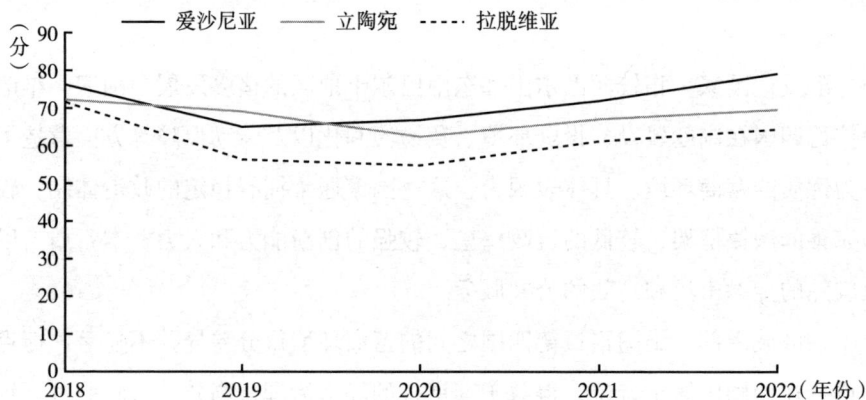

图3　波罗的海三国营商环境得分

资料来源：笔者计算。

波罗的海三国在营商环境上的出色表现与它们持续推行的经济改革和政策调整密不可分。加入欧盟后，三国致力于提高商业法规的透明度与执行效率，简化企业注册与运营手续，加大产权保护与合同执行力度。三个国家还积极推动数字化转型、优化公共服务、强化法治建设，以进一步提高其在全球竞争中的吸引力。未来，继续深化经济改革、强化区域合作、提高创新能力将是三国保持并强化其营商环境优势的关键。

3. 西巴尔干地区

西巴尔干地区在中东欧四大区域中营商环境评估表现差。受新冠疫情影响，大多数该地区国家营商环境得分在 2019 年下滑后，2020 年又下降至近 5 年的最低值，2021 年得分有所上升。然而，2022 年，受乌克兰危机引发的地缘政治紧张与经济不确定性加剧影响，西巴尔干地区的营商环境得分再现下行压力（见图 4）。

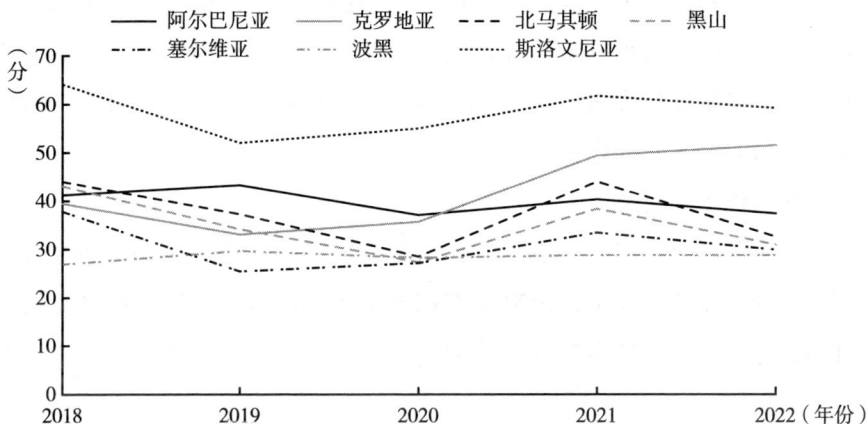

图 4　西巴尔干地区营商环境得分

资料来源：笔者计算。

西巴尔干地区的政治稳定性相对脆弱，加之频繁的政治变动、社会矛盾及潜在的安全风险对营商环境的建设构成了重大挑战。这些因素叠加使西巴尔干半岛的营商环境得分在中东欧四大区域中处于低位。

从经济发展水平看，西巴尔干地区国家中仅有斯洛文尼亚属于发达国家，其余国家均为发展中国家，在制度完善度、市场成熟度、基础设施条件、创新能力以及人力资本质量等方面普遍存在短板，导致其营商环境整体评分不高。

在西巴尔干地区内部，除斯洛文尼亚外，其余国家的营商环境得分普遍较低且差异较小。斯洛文尼亚凭借稳固的民主制度、高度开放的市场、高素质的人力资源以及与欧盟的高度融合成为区域内营商环境最佳的国家。相比之下，波黑由于政治体制复杂、法治建设薄弱、腐败问题严重以及经济结构单一，营商环境评分在区域内最为落后。阿尔巴尼亚与克罗地亚的营商环境得分虽然相对较低，但两国在一些方面具有一定的竞争优势，如阿尔巴尼亚的劳动力成本优势与克罗地亚的旅游业潜力，为其改善营商环境奠定了基础。

总之，西巴尔干地区营商环境的表现不佳，既与该地区的历史遗留问题、地缘政治动荡有关，也与域内国家经济发展水平普遍较低密切相关。尽管各国在改善营商环境方面做出了努力，但要显著提升营商环境水平，仍需要克服政治稳定性的挑战、加快结构性改革、提高经济现代化水平以及加强区域合作与对接欧洲一体化进程。

4. 东南巴尔干地区

在中东欧四个区域中，东南巴尔干地区的营商环境得分仅优于西巴尔干地区。受新冠疫情的冲击，2020 年东南巴尔干地区国家（除希腊外）的营商环境得分下降，虽然 2021 年有所回升，但受乌克兰危机的冲击，2022 年得分又有所回落。

一方面，东南巴尔干地区相较西巴尔干地区要稳定一些，因此其整体的营商环境得分优于西巴尔干地区。另一方面，东南巴尔干地区经济发展较为落后且人才流失严重，因此其整体营商环境得分差于维谢格拉德四国与波罗的海三国。此外，东南巴尔干地区国家也存在官僚主义、腐败、法律不完善等问题，其营商环境整体上有待进一步完善。

从区域内部看，各个国家营商环境得分差异较大。保加利亚营商环境表现要优于罗马尼亚与希腊两国，而希腊的营商环境得分在区域中最低（见图 5）。

（三）具体国家分析

1. 波兰

从整体来看，波兰的营商环境表现较好，在中东欧地区处于中游水平。与其他欧盟国家相比，较低的劳动力成本以及受过优质教育的劳动力成为波兰的优势之一。同时，波兰政治环境相对稳定，法律体系健全，与欧盟和北

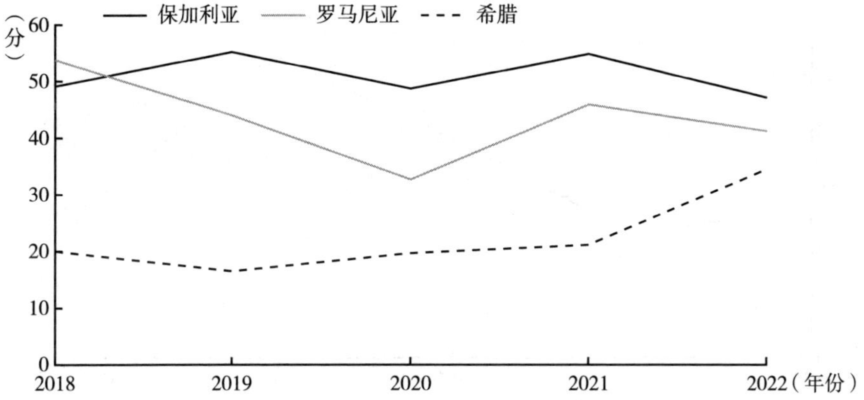

图5　东南巴尔干地区营商环境得分

资料来源：笔者计算。

约等国际组织联系密切。

近年来，波兰政府不断改善其营商环境。例如，完善交通基础设施，新建数百公里高速公路、更快的城际列车；简化审批环节，取消新公司在国家劳动监察机构和国家卫生监察机构注册的要求，取消对建筑工地土工技术文件描述的要求，简化办理施工许可证流程。

2019~2022年，波兰营商环境得分先下降后上升而后又下降（见图6）。2019年，由于政治问题、腐败丑闻以及裙带关系问题和不正当的政治手段等，波兰社会不稳定性加剧，[①] 营商环境得分下降。2020年、2021年营商环境得分短暂上升，但受乌克兰危机的影响，2022年大幅下降。

2. 捷克

整体来看，捷克的营商环境得分在中东欧地区表现优异，处于上游水平。捷克拥有领先全球的跨境贸易便利度以及便利的融资和创新激励政策且信用评级稳定。在生产成本方面，捷克水电成本较低，劳动力成本在欧洲也

---

① 《2019年波兰国内政治总结》，上海对外经贸大学中东欧研究中心网站，2020年1月7日，https://www.suibe.edu.cn/ccees/2020/0113/c924a96218/page.htm，最后访问日期：2024年4月12日。

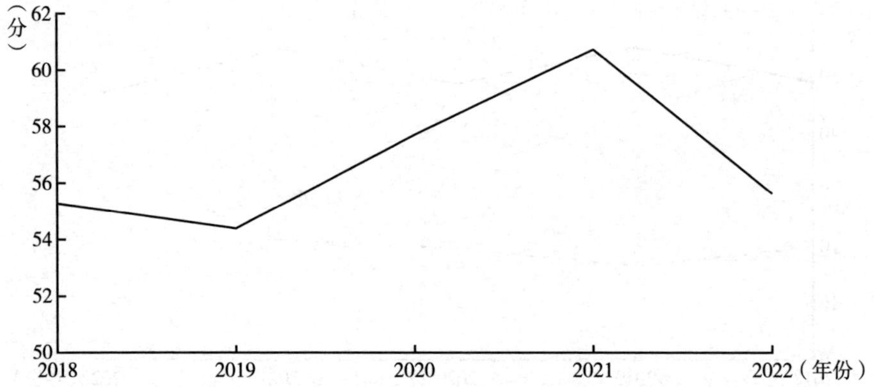

图6 波兰营商环境得分

资料来源：笔者计算。

处于中等偏下水平。在交通基础设施方面，捷克的交通运输网络完善，不仅服务于国内，而且与邻国和其他欧洲国家也紧密联系起来。但捷克公路密度较低，高速公路较少，铁路设施落后，电气化铁路较少。在市场准入方面，捷克并没有明确的外商投资限制，仅少数行业禁止外资进入，在大部分行业外国企业与本国企业享受同等待遇。

2018~2022年，捷克营商环境得分先下降后上升而后又下降（见图7）。2019年，政坛危机和政治丑闻以及在"天鹅绒革命"30年庆典之际发生的大规模群众游行等破坏了捷克的社会稳定性[①]，营商环境得分下降。2020~2021年，捷克政府为了抗击新冠疫情出台了一系列经济复苏计划，如《2050年交通基础设施发展计划》《国家研究、开发和创新政策2021+》等[②]，实施了一系列投资计划，改善了营商环境，营商环境得分提高。2022年2月乌克兰危机爆发后，因不再购买俄罗斯提供的廉价能源，捷克本地工厂的生产成本骤然上升，企业联合会与政府代表斡旋多日，勉强和解，签署

---

① 赵刚主编《中东欧国家发展报告（2020）》，社会科学文献出版社，2021，第186~187页。
② 《捷克国家复苏计划》，中华人民共和国驻捷克共和国大使馆经济商务处网站，2021年8月18日，http://cz.mofcom.gov.cn/article/ztdy/202108/20210803189318.shtml，最后访问日期：2024年4月12日。

了关于电价调配的谅解备忘录。这些不稳定因素都影响了捷克的营商环境得分。此外，2022 年捷克首都布拉格爆发多次抗议游行，通货膨胀率高企等，都是 2022 年捷克营商环境得分下降的影响因素。

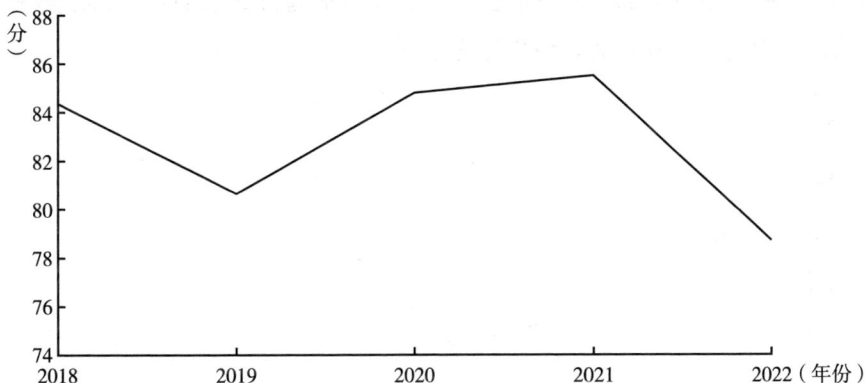

图 7　捷克营商环境得分

资料来源：笔者计算。

3. 斯洛伐克

整体来看，斯洛伐克营商环境得分在中东欧地区处于中游水平（见图 8）。斯洛伐克拥有较为完善的基础设施，交通便利，海陆空交通运输十分便捷。斯洛伐克税负较低。2016 年 9 月斯洛伐克通过《所得税法案》修正案，即自 2017 年起，斯洛伐克企业所得税税率从原来的 22% 降至 21%，在斯洛伐克新成立的公司在 10 年内免缴企业所得税，取消红利税、礼品税、遗产税和房地产交易税等税种。这些措施也都直接改善了斯洛伐克的营商环境。在劳动力方面，斯洛伐克的劳动生产率在中东欧国家处于领先水平，同时劳动力成本在欧洲范围内较低且劳动力具有较高的素质。[①] 在市场准入方面，斯洛伐克针对外商投资没有设置行业负面清单，仅对少数行业有特殊规定，需要得到相关部门许可后才能注册。

---

① 中国国际贸易促进委员会：《企业对外投资国别（地区）营商环境指南：斯洛伐克（2021）》，第 26~27 页，https://www.ccpit.org/image/1473840398441926657/5d191bb27e9647bebf286 64f8447cc30.pdf。

2019 年的贪腐案件及政坛丑闻使民众对政府的信心发生动摇，引起了社会的不稳定，营商环境变差。2020 年，新冠疫情的冲击导致斯洛伐克的营商环境得分继续下降（见图 8）。2021 年，新一届政府开展大规模的反腐行动，一些有争议的商人及政府公职人员先后被起诉或判刑[1]，加之经济逐渐从疫情中复苏，其营商环境也随之改善。

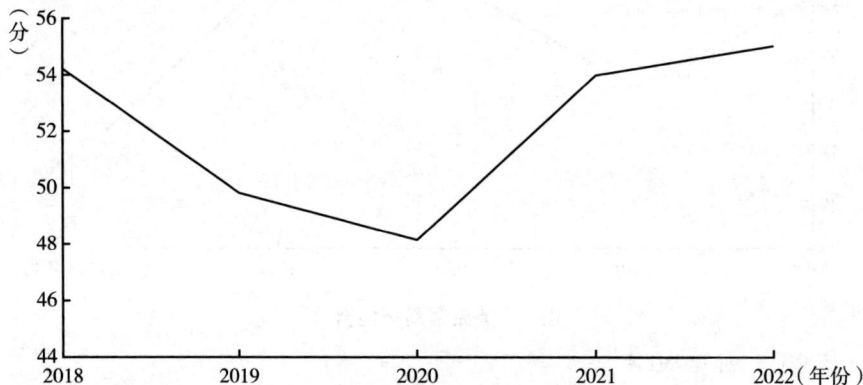

图 8　斯洛伐克营商环境得分

资料来源：笔者计算。

4. 匈牙利

整体来看，匈牙利营商环境表现较好，得分处于中东欧地区上游水平。匈牙利普遍欢迎外商直接投资，并为外商开展业务提供较为完善的法律保障。在生产成本方面，匈牙利的水价与电价低于世界平均水平；匈牙利劳动力素质较高，但用工成本逐年提高。

近些年，匈牙利政府积极采取了一系列措施优化营商环境。例如，推进税收改革，提高线上报税便利化程度；下调加班上限，保障职工福利；提供资金支持，促进企业行业发展等。[2]

2019 年，匈牙利《关于审查损害匈牙利安全利益的外国投资法案》生

---

[1]　赵刚主编《中东欧国家发展报告（2022）》，社会科学文献出版社，2023，第 315～316 页。

[2]　中国国际贸易促进委员会：《企业对外投资国别（地区）营商环境指南：匈牙利（2020）》，第 22～24 页，https://www.ccpit.org/image/1/fb262867d23140cfa33847f50785b4ee.pdf。

效，这一法案扩大了外资进入的审核范围，对其营商环境产生了不利影响，得分下降（见图9）。2020年1月底起，匈牙利将小型公司税由13%降至12%。同时，政府计划减少税种数量，拟简化或取消营业税。此外，为缓解新冠疫情的影响，匈牙利政府向企业提供各种支持补贴，增加财政支出以支持企业创新研发，为企业营造良好的创新环境。这些举措均有利于改善其营商环境。

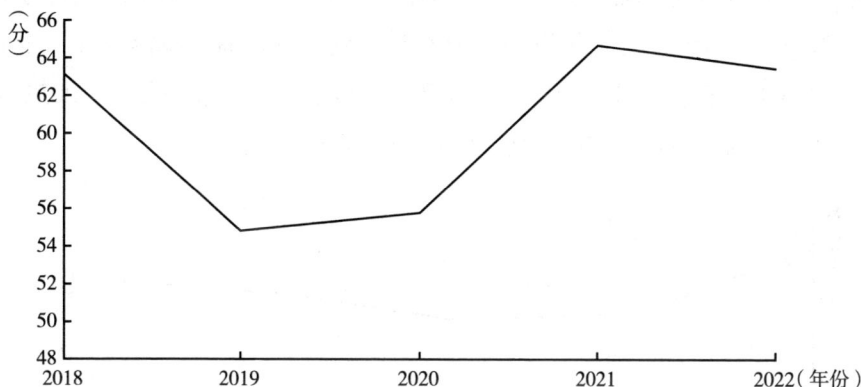

图9 匈牙利营商环境得分

资料来源：笔者计算。

5. 拉脱维亚

整体来看，拉脱维亚的营商环境得分在中东欧国家中处于上游水平。拉脱维亚劳动力的整体素质较高，但劳动力数量减少。自1991年独立以来，拉脱维亚的人口数量就处于下降趋势，还有很多民众前往英国、德国等发达国家务工，劳动力流失问题严重。总的来说，有竞争力的税收制度、技术熟练的劳动力和合理的用人成本、透明的法律及司法制度、无国界障碍的对欧洲贸易等有利于拉脱维亚优化营商环境。

拉脱维亚政府通过成立各种组织机构来改善营商环境。例如，2004年拉脱维亚将发展署重组并更名为拉脱维亚投资发展署（Investment and Development Agency of Latvia），致力于改善商务环境和为企业提供优质的商业服务，进一步提高贸易与投资服务水平。① 拉脱维亚外国投资者委员会（Foreign Investors Council in Latvia）每年发布《外商情绪指数报告》，下设建筑业、数字化、金融犯罪、知识产权、劳动力、投资保护和法院效率等11个工作组，定期发布立场文件。拉脱维亚政府和议会在开展税收改革、修改金融市场法律等方面注重听取该委员会的意见，以改善营商环境。

2019年通过的《欧盟外商直接投资审查条例》限制了在拉脱维亚的自由投资，对其营商环境产生了消极影响，拉脱维亚2019年营商环境得分大幅下降（见图10）。受疫情影响，2020年拉脱维亚营商环境得分进一步下降。受惠于政府为应对疫情实施的各种政策以及疫情后经济复苏，2022年拉脱维亚营商环境得分有所提高，但尚未恢复到疫情前水平。

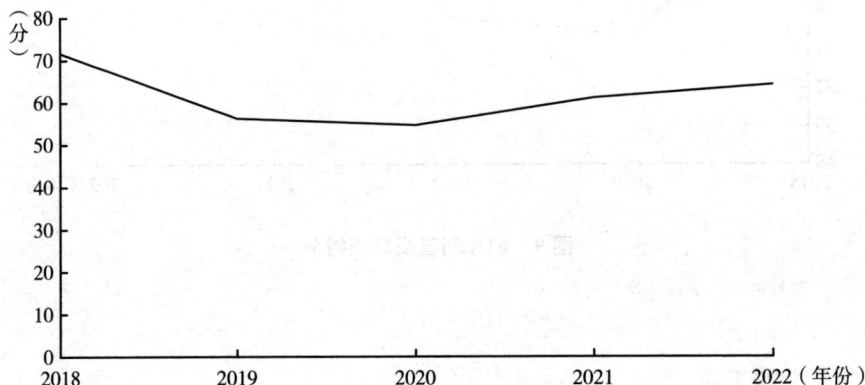

图10 拉脱维亚营商环境得分

资料来源：笔者计算。

6.立陶宛

整体来看，立陶宛营商环境得分在中东欧国家中处于上游水平。立陶宛的税负较轻，企业所得税税率为15%，小微企业和农业企业还可享受0%~

---

① 中国国际贸易促进委员会：《企业对外投资国别（地区）营商环境指南：拉脱维亚（2021）》，第23页，https://www.ccpit.org/image/1473840398441926657/ad3b17e2facc448883656e300c71cfe8.pdf。

5%的更低税率。① 良好的数字基础设施也有利于立陶宛优化营商环境。

贫富差距与民族关系是制约立陶宛改善营商环境的因素。根据世界银行公布的数据，2019 年，立陶宛基尼系数为 37.3，高于欧盟平均水平。虽然立陶宛制定法律保护少数民族的权益，但侵害少数族裔的现象仍然时有发生，造成社会不稳定，进而对营商环境产生消极影响。

立陶宛政府积极采取措施改善投资和营商环境，促进区域发展，支持创新产业发展。例如，修订自由经济区法，减轻企业的行政负担；调整有限责任公司法，提高商业监管机构效率；设计激励体系来吸引年轻人才，并为从欧盟外聘用紧缺高科技人才提供便利。

2019 年立陶宛的劳动人口比 2018 年减少了近 2%，且企业难以招募到高素质的技术人才。劳动力市场困境制约了立陶宛营商环境的改善，对营商环境产生消极影响。2020 年，受疫情冲击，立陶宛的营商环境得分进一步下降。2021~2022 年，随着疫情结束以及政府实施了一系列措施应对疫情，立陶宛的营商环境得分有所回升（见图 11）。

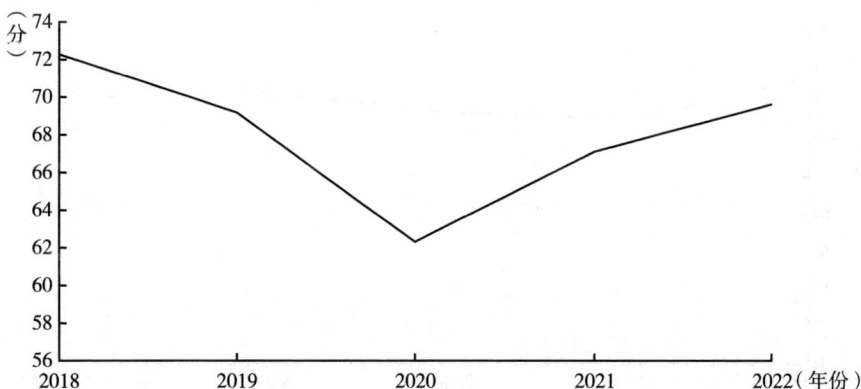

图 11　立陶宛营商环境得分

资料来源：笔者计算。

---

① 《立陶宛是欧盟企业所得税最低的国家之一》，中华人民共和国驻立陶宛共和国代办处经商室网站，2020 年 8 月 18 日，http：//lt.mofcom.gov.cn/article/ztdy/202008/20200802993569.shtml，最后访问日期：2024 年 4 月 12 日。

7. 爱沙尼亚

整体来看，爱沙尼亚营商环境得分较高，在中东欧地区处于上游水平。

爱沙尼亚奉行自由贸易政策，经济自由度高、政策稳定性强。爱沙尼亚对外国投资者实行完全的国民待遇，从税收和区域政策上鼓励外商直接投资。爱沙尼亚创业环境良好，特别是中小企业数量多、创新活力强。电子服务网络遍布全国，涵盖政府行政、企业经营、日常生活等多方面。高等教育发达，劳动力素质较高，特别在计算机、互联网领域人才储备丰富。[①] 爱沙尼亚政府为鼓励非欧盟居民前往爱沙尼亚投资科技创新领域，自 2017 年起向赴爱沙尼亚的非欧盟居民提供创业签证。

2018~2022 年，爱沙尼亚营商环境评分除 2019 年出现下降，总体呈上升趋势（见图 12）。虽然爱沙尼亚劳动力素质较高，但其用工成本也不断上涨，对爱沙尼亚的营商环境得分产生了消极影响。2020 年爱沙尼亚通过了对《外国人法》、《所得税法》和《税收法》的修正案，这些法案有利于保护劳动者权益，有利于提高营商环境得分。

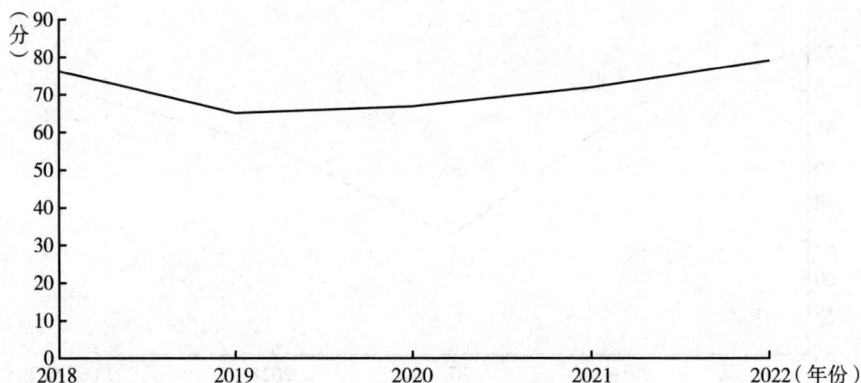

图 12　爱沙尼亚营商环境得分

资料来源：笔者计算。

[①] 中国国际贸易促进委员会：《企业对外投资国别（地区）营商环境指南：爱沙尼亚（2021）》，第 16~17 页，https://www.ccpit.org/image/1473840398441926657/4c42ba742a864a898e686acbba5c593b.pdf。

8. 罗马尼亚

整体来看，罗马尼亚营商环境得分在中东欧地区处于中游水平。罗马尼亚用工成本较低，2022 年数据显示，欧盟国家平均时薪为 30.5 欧元，而罗马尼亚仅为 14.5 欧元，仅比保加利亚（12.9 欧元）高。[①]

在市场准入方面，罗马尼亚允许外国的私人实体自由设立和拥有企业，并从事各种形式的营利活动。罗马尼亚的法律法规赋予外国投资者国民待遇，保证其自由进入罗马尼亚市场。[②]

罗马尼亚政府积极采取措施改善营商环境。例如，罗马尼亚于 2015 年、2020 年两次修订税法，为企业减轻税负。同时，罗马尼亚政府积极提高公共政策透明度。

2018~2022 年，罗马尼亚营商环境得分经历了先下降后上升又下降的变动过程（见图 13）。2019 年罗马尼亚国内政治动荡不安，总统与总理矛盾激化，政府更迭频繁，民众对政府的信任度持续下跌。2020 年，罗马尼亚政坛动荡持续，与此同时，经济遭受新冠疫情冲击。在上述问题影响下，罗马尼亚营商环境得分持续下跌。2021 年，随着经济逐渐复苏以及政府出台一系列抗击疫情政策，其营商环境得分有所上升。2022 年，受乌克兰危机影响及罗马尼亚政府官僚主义影响，营商环境得分有所下降。

9. 塞尔维亚

整体来看，塞尔维亚营商环境得分处于中东欧地区下游水平。根据塞尔维亚美国商会发布的调查报告，在塞尔维亚的企业面临通胀率高、购买力下降、能源价格昂贵、原材料价格不可预见、劳动力不足和利率水平高等挑战。美国商会认为，塞尔维亚政府应在减少腐败、提高司法效率、法治建

---

① 《罗马尼亚平均工资水平列欧盟低位》，中华人民共和国驻罗马尼亚大使馆经济商务处网站，2023 年 12 月 1 日，http://ro.mofcom.gov.cn/article/jmxw/202312/20231203457859.shtml，最后访问日期：2024 年 4 月 12 日。

② 中国国际贸易促进委员会：《企业对外投资国别（地区）营商环境指南：罗马尼亚（2020）》，第 22 页，https://www.ccpit.org/image/1/f451db880bc1452b956295e30f3717d0.pdf。

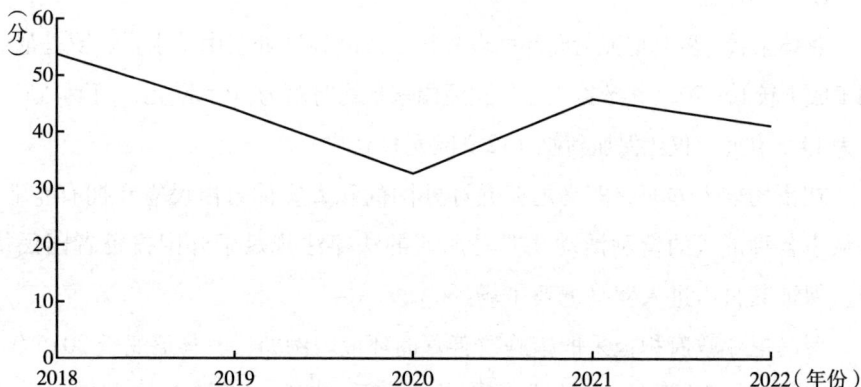

图 13　罗马尼亚营商环境得分

资料来源：笔者计算。

设、电子政务和数字转型等方面加大力度，改善营商环境。① 此外，塞尔维亚与科沃索的冲突也对塞尔维亚的营商环境造成负面影响。

2018～2022 年，塞尔维亚营商环境得分经历了先下降后上升又下降的波动（见图 14）。2018 年底，始于首都贝尔格莱德的大规模反政府游行示威活动蔓延至全国 60 多个城市，引发社会不稳定，对营商环境产生了消极影响。2021 年，塞尔维亚政府应对新冠疫情的一揽子措施初见成效。塞尔维亚政府制定《2021～2023 年经济改革方案》，推进新型基础设施的建设，为中小企业提供补贴，推进治理改革，完善政府问责制，提高政府服务质量。② 2022 年，塞尔维亚经济面临滞涨和衰退的风险，利率上升、融资成本增加以及大规模裁员风险对塞尔维亚的营商环境产生了消极影响。③

① 《塞美国商会发布 2023 年塞营商环境和投资者信心调查报告》，中华人民共和国驻塞尔维亚共和国大使馆经济商务处网站，2023 年 12 月 7 日，http://rs.mofcom.gov.cn/article/jmxw/202312/20231203458936.shtml，最后访问日期：2024 年 4 月 12 日。

② 赵刚主编《中东欧国家发展报告（2021）》，社会科学文献出版社，2022，第 265～269 页。

③ 《2022 年塞尔维亚的经济状况》，环球印象，2022 年 11 月 11 日，http://www.zcqtz.com/news/1116634.html，最后访问日期：2024 年 4 月 12 日。

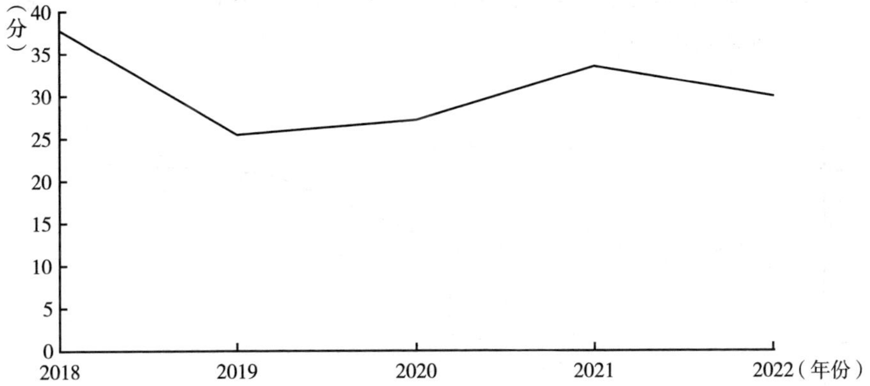

图 14　塞尔维亚营商环境得分

资料来源：笔者计算。

10. 克罗地亚

整体来看，克罗地亚营商环境得分一般，在中东欧地区处于中游水平。克罗地亚拥有高质量的交通、通信和能源基础设施，是欧洲和国际主要运输路线的重要组成部分。克罗地亚政府为外资企业提供政策支持，外国投资者在其境内享有国民待遇，外国投资的股本回报可以自由转出。在市场准入方面，克罗地亚没有禁止外国投资的行业，仅有限制投资和鼓励投资的行业。同时，克罗地亚也未建立外资安全审查制度。[①]

2018~2022 年，克罗地亚的营商环境评分呈现出先下降后上升的态势（见图 15）。2019 年，劳动力短缺、罢工与大规模抗议游行、与邻国黑山摩擦不断都对克罗地亚营商环境产生了消极影响。2021 年，克罗地亚为应对新冠疫情造成的冲击，针对劳动力市场、制度韧性以及创新和教育等出台了一系列积极政策，对克罗地亚的营商环境产生了积极影响。2022 年，克罗地亚鼓励侨民归国创业就业，缓解了劳动力短缺情况。此外，克罗地亚政府

---

① 中国国际贸易促进委员会：《企业对外投资国别（地区）营商环境指南：克罗地亚（2021）》，第 20~22 页，https://www.ccpit.org/image/1473840398441926657/af17d08b8eb94f20bc2ee28be6d4cf46.pdf。

颁布增值税修正案，其目的在于减税，减轻公民与企业的税负。① 这些措施都有利于改善营商环境。

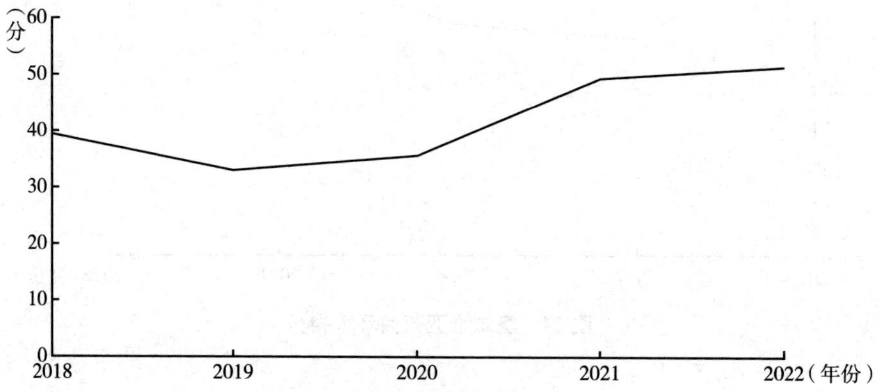

图15 克罗地亚营商环境得分

资料来源：笔者计算。

11. 斯洛文尼亚

整体上看，斯洛文尼亚营商环境得分一般，在中东欧地区处于中游水平。斯洛文尼亚的劳动力素质与技能水平较高且劳动力成本相对低廉。斯洛文尼亚产业基础良好，加工业实力雄厚，拥有优越的地理位置和发达的交通设施。在斯洛文尼亚开办企业的成本低，相关程序和做法精简、透明。

2018~2022年，斯洛文尼亚的营商环境得分经历了先下降后上升又下降的波动趋势（见图16）。2019年新政府上台，民众关心的一些民生与健康问题没有得到解决，斯洛文尼亚的社会环境存在不稳定因素。2020年和2021年斯洛文尼亚政府相继出台了一系列抗击新冠疫情措施，有效地缓解了新冠疫情对其经济社会的冲击，也改善了营商环境。

12. 阿尔巴尼亚

整体上看，阿尔巴尼亚营商环境得分较低，在中东欧地区处于中游水

---

① 《克罗地亚议会通过增值税修正法案，以缓解通胀压力》，中华人民共和国驻克罗地亚大使馆经济商务处网站，2022年5月7日，http://hr.mofcom.gov.cn/article/jmxw/202205/2022050 3310460. shtml，最后访问日期：2024年4月12日。

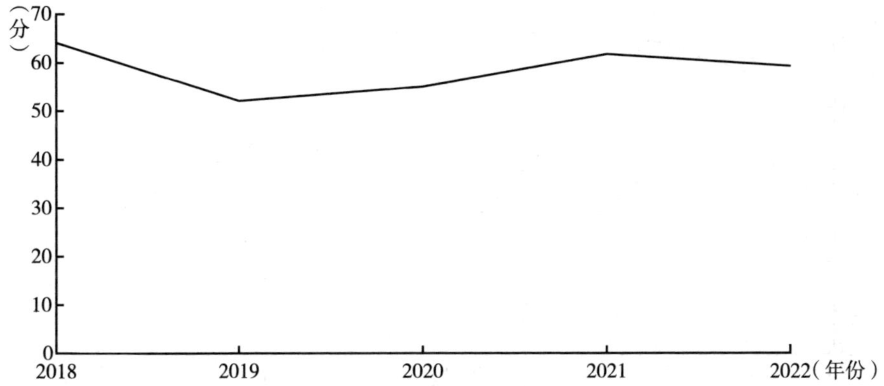

图 16　斯洛文尼亚营商环境得分

资料来源：笔者计算。

平。阿尔巴尼亚的交通、通信、水电等基础设施落后。阿尔巴尼亚的腐败问题十分严重。阿尔巴尼亚对外资进入进行安全审查，且审批时间较长。

同时，阿尔巴尼亚也存在一些对营商环境而言积极的因素。例如，阿尔巴尼亚宏观经济较为稳定，物价稳定、通胀率低、汇率稳定等。相比于其他欧洲国家，阿尔巴尼亚用工成本也较低，且劳动力受教育程度普遍较高。人口年轻化也是阿尔巴尼亚的一大优势。

2018~2022 年，阿尔巴尼亚的营商环境得分波动性较强，上升和下降交替（见图 17）。2019 年阿尔巴尼亚实施了司法改革、打击有组织犯罪、公共管理改革等改善营商环境的措施，且效果明显。2020 年，由于新冠疫情的冲击以及游行示威活动，阿尔巴尼亚社会稳定性变差，营商环境得分有所降低。2021 年，阿尔巴尼亚开展税制改革。例如，自 2021 年 1 月 1 日起，小型企业利润低于 1400 万列克（约合 13.8 万美元）可免缴企业所得税。另外，在阿尔巴尼亚经济特区投资经营的企业可享受多种财税政策优惠。①

---

① 中国国际贸易促进委员会：《企业对外投资国别（地区）营商环境指南：阿尔巴尼亚（2021）》，第 14~15 页，https：//www.ccpit.org/image/1/5e96a6cd834140f2b13cdf45d41daf1c.pdf。

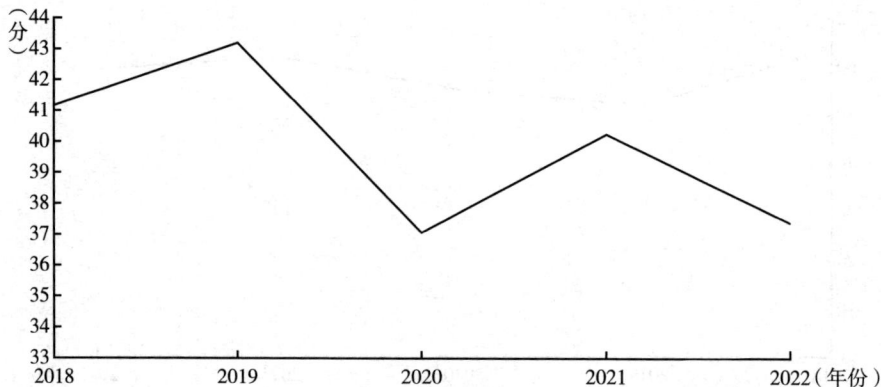

图 17 阿尔巴尼亚营商环境得分

资料来源：笔者计算。

13. 保加利亚

整体来看，保加利亚营商环境得分在中东欧地区位于中游水平。保加利亚企业所得税税率在欧盟成员中最低，企业税负低，报税程序简单。保加利亚在 2017 年出台了《2030 年综合运输战略》，旨在提高运输系统的效率和竞争力，有效维护和发展现代化运输基础设施，改善运输系统管理。[①] 保加利亚劳动力技能水平高且成本较低。

2018~2022 年，保加利亚营商环境得分呈现上升和下降交替的波动态势（见图 18）。2020 年，保加利亚社会受新冠疫情及政治局势影响出现不安定因素，全国抗议示威活动不断，造成社会不稳定，给营商环境带来负面影响。[②]

14. 黑山

综合来看，黑山营商环境得分较低，在中东欧地区处于下游水平。黑山的司法、反腐、媒体自由等方面长期存在问题。从司法体系角度看，黑山的宪法法院处于停滞状态，这种停滞状态一直持续到 2023 年初。此外，黑山

---

① 中国国际贸易促进委员会：《企业对外投资国别（地区）营商环境指南：保加利亚（2021）》，第 18~21 页，https://www.ccpit.org/image/1473840398441926657/cca2e19ec7044cce98437d7d41129fbf.pdf。

② 赵刚主编《中东欧国家发展报告（2021）》，社会科学文献出版社，2022，第 149~152 页。

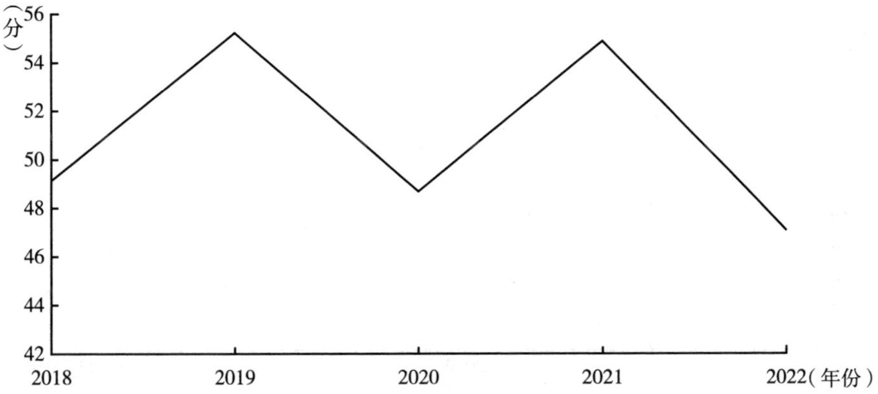

图 18　保加利亚营商环境得分

资料来源：笔者计算。

有关媒体自由和言论自由的相关法律规定尚不完善。黑山存在严重的腐败问题，政府不稳定，政府机构人员变动频繁。

同时，黑山也有一些对营商环境具有积极影响的因素。例如，黑山劳动力资源比较充裕且素质较高，企业税负较轻以及经济高度私有化。根据《企业所得税法》规定，黑山企业所得税税率为9%，是欧洲企业所得税税率最低的国家之一。

2018~2022年，黑山营商环境得分除了2021年短暂上升，总体呈现下降趋势（见图19）。2021年，黑山政府发布《2021年度提高经济竞争力计划》，目的在于推动生产现代化、支持数字转型以及为企业创业提供服务等。此外，黑山政府制定《2021~2024年创新发展计划》，目的在于激发全民创新创业活力，营造良好的创新环境。① 这些都有利于提升黑山的营商环境得分。

15. 波黑

综合来看，波黑营商环境得分在中东欧地区处于下游水平。波黑经济治理效果一般，其市场准入和退出程序、法治和监管等方面缺陷较多，不利于

---

① 中国国际贸易促进委员会：《企业对外投资国别（地区）营商环境指南：黑山（2021）》，第16~18页，https://www.ccpit.org/image/1473840398441926657/f4563118885e455cb786dc69ad0d3894.pdf。

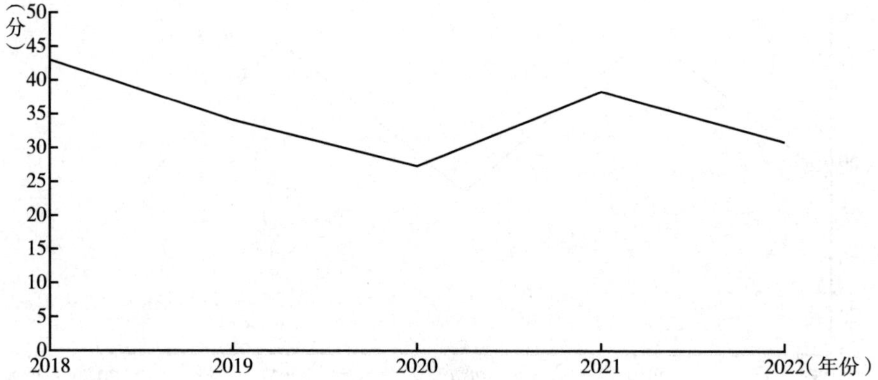

图19 黑山营商环境得分

资料来源：笔者计算。

营商环境的改善；劳动力特别是高端人才大量外流；改善交通和能源基础设施的措施不足；灰色经济规模大；国家对市场的干预过多；司法体系不健全，劳工法律相对复杂。波黑政府积极采取措施改善营商环境。例如，自2013年底开始简化公司注册手续，降低注册费用。

2018~2019年，波黑的营商环境得分小幅上升，2020~2022年，得分变化不大（见图20）。2019年，波黑基础设施大幅度改善。在通信基础设施方面，2019年3月，波黑引入4G移动通信网络，其移动网络速度提高。在公路基础设施方面，波黑于2019年陆续启动多段高速公路的建设，交通基础设施进一步完善。这些因素使波黑营商环境得分在2019年小幅上升。

16. 北马其顿

综合来看，北马其顿营商环境表现一般，得分在中东欧地区处于下游水平。北马其顿在地理区位、劳动力等方面具有较强竞争力。在区位方面，北马其顿位于欧洲两条主要运输走廊的十字路口，即欧盟规划的欧洲8号走廊和欧洲10号走廊交点，交通便利，市场可以辐射整个欧洲。

从劳动力方面看，北马其顿拥有高素质的劳动力和极具竞争力的劳动力成本。在外资准入方面，北马其顿对外国投资者市场准入的限制较少。外商投资具有可投资行业多、投资形式多样、公共基础设施运作模式丰富、投资

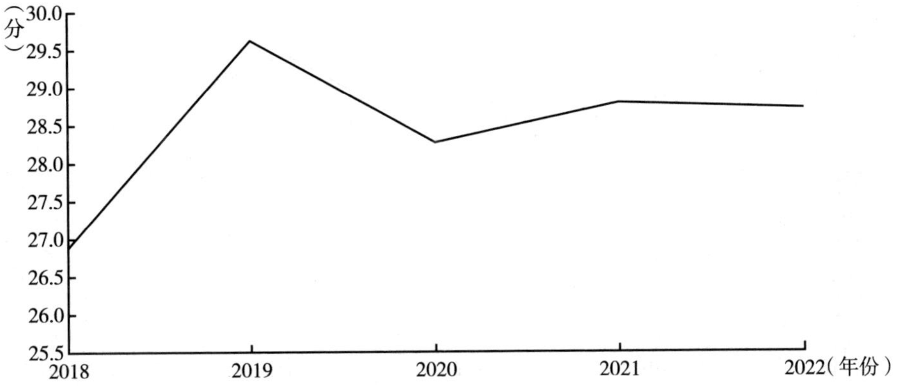

图20 波黑营商环境得分

资料来源：笔者计算。

比例限制较少等特点，且北马其顿尚未建立外资安全审查制度。[①]

2018~2022年，北马其顿营商环境得分经历了先下降后上升而后又下降的变化过程（见图21）。2019年的"敲诈勒索案"在社会上持续发酵，对北马其顿政府的国际声誉产生巨大消极影响，导致其加入欧盟谈判推迟，同时影响其营商环境得分。2020年，由于新冠疫情的冲击，北马其顿营商环境得分进一步下降。2021年2月，北马其顿政府出台了应对新冠疫情的经济措施，如为部分行业提供财政支持，为私人企业提供无息贷款以及减税等，这些措施有效改善了北马其顿的营商环境。[②]

17．希腊

希腊的营商环境表现较差，在中东欧地区处于下游水平。希腊经济较为薄弱，且为中东欧地区经济欠发达国家之一。2009年希腊发生严重的主权债务危机，持续到2018年。另外，2020年新冠疫情对其经济造成了严重的冲击。希腊的腐败问题十分严重，最腐败的部门牵涉税务稽查员和公共采购

[①] 中国国际贸易促进委员会：《企业对外投资国别（地区）营商环境指南：北马其顿（2021）》，第22页，https：//www.ccpit.org/image/14738403984419266557/7f1f43870329452 8811bb828ace7a90e.pdf。

[②] 赵刚主编《中东欧国家发展报告（2021）》，社会科学文献出版社，2022，第169~172页。

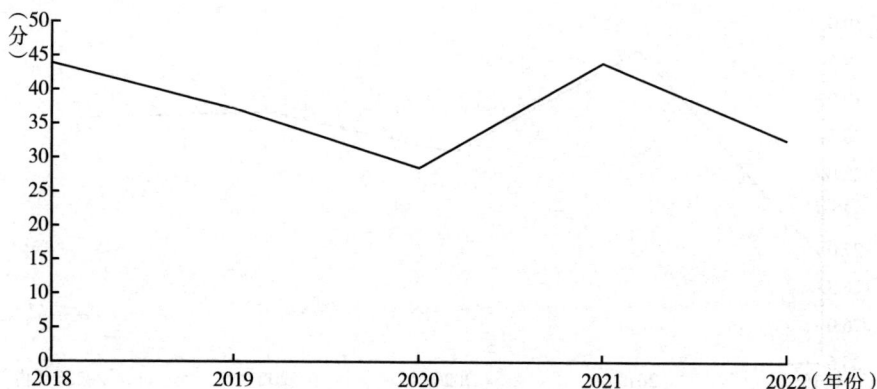

图 21　北马其顿营商环境得分

资料来源：笔者计算。

合同，加之法律执行力度不够，加剧了希腊腐败问题。这些问题对希腊的营商环境产生了消极影响。

希腊政府积极采取措施改善营商环境。例如，完善商业法律法规，加强法律保障；加强现代化电子政务服务体系建设，提高行政效率；[①] 通过一系列税收新法案，降低税负。因此，2021~2022 年其营商环境得分有所提高（见图 22）。

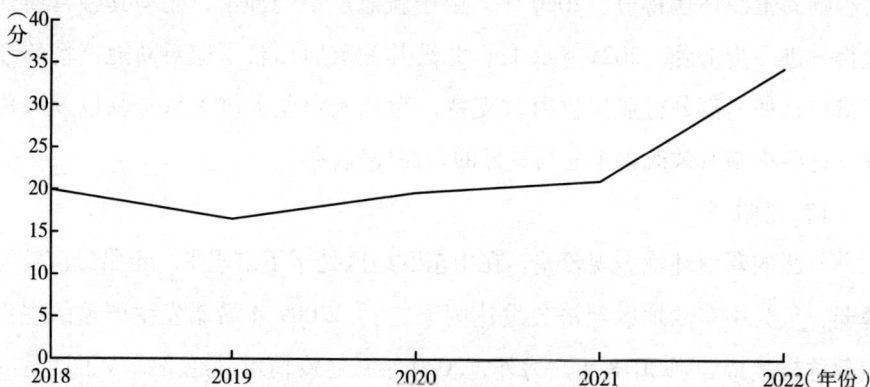

图 22　希腊营商环境得分

资料来源：笔者计算。

---

① 中国国际贸易促进委员会：《企业对外投资国别（地区）营商环境指南：希腊（2020）》，第 20~21 页，https://www.ccpit.org/image/1/dfe25b55fd164d44a1444dd6a5ea728e.pdf。

三 中东欧地区营商环境未来发展趋势及面临的挑战

（一）未来发展趋势

中东欧地区的营商环境呈现出多方面的积极迹象。首先，随着数字化转型加速，信息技术和电子商务领域将实现显著增长。例如，根据世界经济论坛《2016年全球信息技术报告》，波兰的数字化转型进程在中东欧国家中处于领先地位，其数字经济增长率预计将在未来5年内超过欧盟平均水平。

中东欧国家与欧盟的一体化有助于它们改善营商环境。采纳欧盟法规和标准有助于这些国家更好地融入单一市场，吸引外国直接投资。例如，匈牙利加入欧盟后，已从欧盟结构基金中获得超过600亿欧元的资金支持，用于基础设施建设和产业升级。

在可持续发展和绿色经济方面，捷克在发展清洁能源方面取得了显著进展，其可再生能源消费占总能源消费的比重已接近欧盟平均水平。

教育和人才培养是改善营商环境的关键。爱沙尼亚的教育系统极具创新性，为其经济发展提供了强有力的人才支持。

（二）面临的挑战

尽管中东欧地区在经济发展、市场开放和制度建设等方面取得了显著的进步，但营商环境建设仍面临一系列挑战。

一些中东欧国家存在严重的腐败问题，严重妨碍了商业活动的公平竞争和投资信心的提升。腐败不仅侵蚀公共资源、扭曲市场规则，还可能导致投资决策的不确定性增强，削弱外国直接投资流入和国内私营部门的发展动力。因此，加强反腐败立法、提高执法效率、提高公职人员道德水平以及推广透明公开的公共采购制度，对于改善中东欧地区的营商环境十分重要。中东欧国家的法治建设和司法独立性有待进一步强化。世界银行的全球治理指标显示，一些中东欧国家在法律稳定性、司法效率和公正性方面与发达国家存在显著差距。法律环境的不确定性、司法程序的冗长和不透明以及潜在的政治干预妨碍商业纠纷的有效解决，降低投资者对当地法律体系的信任度。提高司法系统的专业性、独立性和效率，确保法律规则的可预见性和执行的公正性，是中东欧地区提高营商环境吸引力的关键环节。

基础设施不足是制约中东欧地区经济发展的一大因素。以罗马尼亚为例，其交通基础设施建设滞后，严重影响了物流效率和区域间经济活动的连通性，增加企业的运营成本，妨碍潜在投资项目的落地。增加对基础设施建设的投资，特别是完善交通运输网络、提高能源供应的可靠性、扩大高速互联网覆盖面，有助于其生产效率提高、内外部市场的整合，并为吸引外资创造更有利的物质条件。

政治稳定性是中东欧地区营商环境的另一个敏感影响因素。近年来，波兰和匈牙利等国频繁的政策变动引发了国际社会的广泛关注。政策的不确定性尤其是关键行业监管、税收政策、环境保护等方面，可能导致企业难以做出长期规划。提高政策制定的透明度、强化政策沟通机制、确保政策的连续性和稳定性，对于维护投资者信心、营造稳定的商业氛围至关重要。

此外，人口老龄化和人才流失问题在中东欧地区日益凸显，如保加利亚和立陶宛等国面临严重的人口结构挑战。劳动力供给减少、技能人才短缺以及人才外流可能导致生产率下降、创新动力减弱，进而影响地区整体的经济活力和投资吸引力。通过实施积极的人口政策、提高教育与职业培训质量、优化劳动法规以留住并吸引人才，以及加强与国际社会在移民与人才流动方面的合作，有助于缓解这一问题，为中东欧地区的长期繁荣奠定人力资源基础。

（三）中东欧地区营商环境对中国投资者的影响

中东欧地区营商环境对中国投资者而言既有诸多积极因素推动双方经贸合作深入发展，也不乏一些潜在的挑战和风险。

1. 积极影响

政策支持与合作机制。中东欧国家普遍欢迎外国投资，通过"17+1 合作机制"等框架，为中国投资者提供优惠的政策环境和便捷的沟通渠道。中国与中东欧国家签署的一系列合作协议和谅解备忘录，为双方企业创造了稳定的法律保障和良好的合作氛围。此外，中国—中东欧国家经贸合作示范区等平台的建立为中国商品和服务进入中东欧市场提供了绿色通道，有利于中国投资者快速融入当地市场。

经济增长与市场潜力。中东欧地区经济增长稳健，部分国家如波兰、捷克等经济发展较快，市场容量不断扩大，消费需求旺盛，为中国投资者提供了广阔的市场空间。同时，中东欧国家作为欧盟成员或候选成员，可作为中国产品进入欧洲市场的跳板，享受欧盟内部市场的便利条件。

产业互补与合作机遇。中东欧国家与中国在产业结构上存在互补性，如捷克、斯洛伐克在汽车制造、精密机械等领域具有技术优势，而中国在电子、新能源、基础设施建设等方面实力雄厚。这种互补性为中国投资者提供了众多的合作机会，如设立生产基地、开展技术合作、参与当地基础设施建设等。

持续改善的营商环境。中东欧国家近年来持续改善营商环境，简化行政程序，降低企业成本，提高透明度，为中国投资者提供了良好的投资环境，降低了运营风险。例如，2020~2022年，波罗的海三国和斯洛伐克的营商环境得分持续上升，反映出这些国家在完善法律法规、提高政务服务效率、保护投资者权益等方面取得显著成效。

基础设施互联互通。中国与中东欧国家在共建"一带一路"下加强基础设施建设合作，包括中欧班列、港口、公路、铁路等项目的实施，极大地提高了区域内的物流效率和连通性，这意味着更低的运输成本和更快的商品周转速度，吸引中国投资者在中东欧地区投资布局。

2.消极影响

政治风险与政策不确定性。中东欧地区政治环境相对复杂，一些国家政府更迭频繁，政策连续性面临挑战。例如，某些国家对中国投资可能存在一定的政治敏感性，导致政策调整或投资项目受阻。欧盟层面的政策协调也可能影响中国投资者在当地的利益，如欧盟对外国直接投资的审查趋严，可能增加中国投资的合规成本和不确定性。

法律制度差异与合规难题。中东欧国家虽大多采用欧盟法律法规，但具体执行存在差异，且一些国家司法效率较低，商业纠纷解决周期较长。中国投资者需要投入额外资源去适应和应对不同的法律体系，确保合规经营，这增加了投资成本和风险。

人才短缺与劳动力成本上升。尽管中东欧地区整体劳动力素质较高，但部分高技能人才供应不足，尤其是信息技术等领域的人才。同时，随着经济发展和生活水平提高，劳动力成本呈上升趋势，压缩投资者的利润空间。语言和文化差异也可能影响中国企业在当地的人才招聘和管理效率。

市场竞争加剧。随着更多国际资本涌入中东欧，特别是制造业、能源、基础设施等领域，中国投资者面临激烈的市场竞争。本地企业、其他外资企业以及欧盟内部企业的竞争压力限制市场份额扩大，投资回报率受到影响。

环境保护与社会责任。中东欧国家在环保法规和社会责任标准方面日益严格，中国投资者需遵循高标准的环保要求和劳工权益保护规定，投资项目的初期投入和运营成本增加。

中东欧地区营商环境对中国投资者既有显著的吸引力，如政策支持、市场潜力、产业互补、基础设施改善等，也存在政治风险、法律差异、人才短缺、市场竞争和环保责任等挑战。中国投资者在进行投资决策时，应充分考虑这些因素，开展详尽的风险评估，并制定相应的应对策略，以取得稳健的投资回报和长期的市场成功。同时，积极参与区域合作机制，加强与当地政府、企业和社会各界的沟通交流，有助于降低投资风险，提高投资项目的成功率。

国别报告

B.3
2022年波兰经济发展报告

曹 扬 潘玉冰*

摘 要： 2022年，波兰经济总体上保持稳定，但面临诸多挑战。宏观经济层面，波兰经济逐步从疫情中复苏，国内消费、出口及投资回升成为主要推动力，经济增长维持良好势头。然而，乌克兰危机及全球能源价格上涨对经济增长产生制约，通货膨胀压力加大，物价水平大幅上升。尽管如此，波兰的劳动力市场仍保持相对稳定，失业率处于低位。财政与金融方面，波兰银行体系表现稳健，贷款和存款利率有所上升，波兰兹罗提相对欧元和美元贬值，外汇市场波动明显。产业结构保持稳定，但制造业、服务业与农业三大支柱产业的增长速度均有所放缓。外贸和外资方面，波兰进出口额持续增长，外国直接投资及对外直接投资存量均有所增加，外资吸引力稳健，但对外直接投资增速出现放缓迹象。

关键词： 波兰 宏观经济 通货膨胀 制造业 旅游业

---

* 曹扬，北京第二外国语学院欧洲学院讲师，主要研究方向为语用学、交际语言学；潘玉冰，北京第二外国语学院区域国别学院（中国"一带一路"战略研究院）硕士研究生，主要研究方向为"一带一路"国际合作。

一 宏观经济发展

（一）经济总量及增长速度

如图 1 所示，2018～2022 年，波兰国内生产总值（GDP）呈现稳定增长态势。虽然波兰经济在 2020 年遭遇了新冠疫情的冲击，但波兰政府及时采取了有效的应对措施，经济增长率逐渐回升。波兰政府需要持续关注全球经济环境的变化和内部的经济结构性问题，以确保经济的可持续发展。

2022 年，波兰经济继续保持较快增长，但增速下降，扣除价格因素，实际 GDP 增速为 4.9%，2020～2022 年平均增长 3.2%，人均 GDP 为 18177 美元。

从 GDP 总量来看，波兰的 GDP 总量从 2018 年的 212.6506 百亿兹罗提增长到 2022 年的 306.7725 百亿兹罗提，增加了近 100 亿兹罗提。这一趋势表明了波兰经济的持续发展和增长潜力。然而，2018～2020 年 GDP 增速下降，尤其是 2019～2020 年 GDP 下滑幅度显著。2018 年，波兰 GDP 增速为 5.9%，显示出强劲的经济增长势头。2019 年，受国内外经济环境的不确定性和一些内部因素的影响，GDP 增速下降至 4.4%。受新冠疫情和全球经济衰退影响，2020 年，GDP 出现了负增长，增长率为-2%。波兰政府采取了一系列积极的经济刺激措施，包括增加财政支出和放宽货币政策，以促进经济复苏。

2021 年和 2022 年波兰的 GDP 增速分别为 6.8% 和 4.9%。这表明波兰经济在克服疫情冲击后逐渐恢复，并且经济增长势头良好。这一增长主要得益于国内消费增加、出口增长以及投资回升。

（二）经济增长结构

1. 投资

如图 2 所示，总体来看，2015～2022 年波兰投资支出呈现出稳步增长态势。2015 年的投资支出为 271839 百万兹罗提，2019 年增长至 320937 百万

图1 波兰 GDP 总量及增速

资料来源："GDP（Million Zloty），GDP Growth（Annual ％）"，Statistics Poland，https：//stat. gov. pl/en/，accessed April 12，2024。

兹罗提。2020 年，投资支出有所下降，降至 309458 百万兹罗提。2022 年，投资支出增长至 378049 百万兹罗提。波兰的投资支出增长速度较为稳定。2020 年受全球经济形势和新冠疫情影响，投资支出下降。波兰政府采取了财政支持和减税等措施，改善投资环境，在一定程度上缓和了投资支出下降的趋势。2022 年投资支出恢复增长。

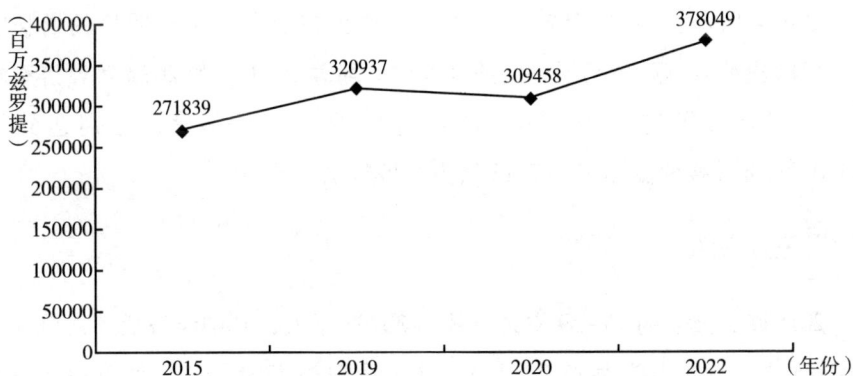

图2 2015～2022 年波兰投资支出

资料来源：Statistics Poland，*Statistical Yearbook of the Republic of Poland in 2022*，Poland，December 2022。

2. 消费

如图 3 所示，2019~2022 年，波兰家庭部门消费支出与公共消费支出均逐年增长，表明波兰政府在公共服务和社会福利方面的财政支持稳健。同时，消费需求的持续增长反映出波兰经济的可持续增长潜力。

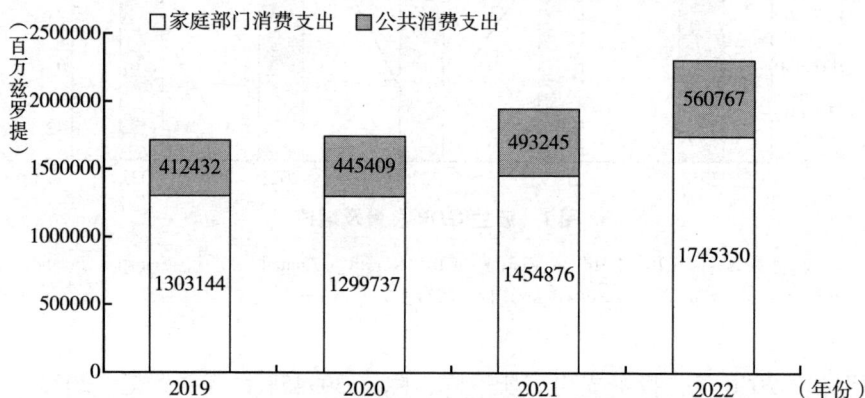

图 3　2019~2022 年波兰最终消费支出

资料来源：Statistics Poland，*Statistical Yearbook of the Republic of Poland in 2022*，Poland，December 2022。

3. 进出口贸易

如图 4 所示，2018~2022 年，波兰的进出口贸易呈现出明显的增长趋势，反映出波兰国际贸易活动的蓬勃发展。随着 2021 年和 2022 年经济逐渐复苏和贸易市场进一步开放，波兰进口总额增长显著，分别达到了 13230003 百万兹罗提和 17117613 百万兹罗提。

（三）就业

2015 年，波兰的 15~89 岁人口数为 30795 千人，其中经济活动人口数为 17027 千人，就业人数为 15723 千人，失业人数为 1304 千人，经济活动率为 55.3%，就业率为 51.1%，失业率为 7.7%。2019~2022 年，波兰 15~89 岁人口数逐渐减少，但经济活动人口数和就业人数呈现上升趋势。2022 年，经济活动人口数和就业人数分别达到了 17240 千人和 16742 千人，经济活动率和就

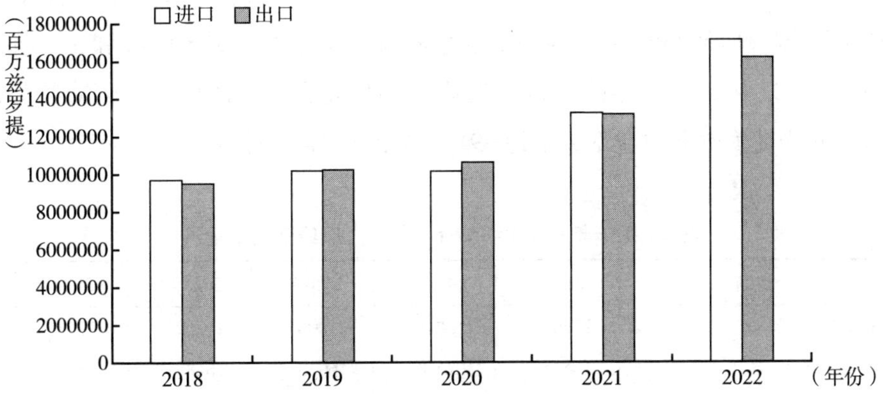

图4 2018~2022年波兰进出口贸易总额

资料来源：Statistics Poland, *Yearbook of Foreign Trade Statistics 2022*, Poland, October 2022。

业率分别达到 58.0% 和 56.3%。与此同时，失业人数减少，失业率下降，2022
年失业人数和失业率分别为 498 千人和 2.9%（见表1）。根据世界银行的数
据，2022 年全球失业率为 5.3%，而波兰的失业率仅为 2.9%，表现相对
较好。①

表1 15~89岁人口经济活动情况

指标	2015 年	2019 年	2020 年	2021 年	2022 年
总数(千人)	30795	30088	30069	29844	29734
经济活动人口(千人)	17027	16841	16765	17236	17240
就业人口(千人)	15723	16283	16228	16656	16742
失业人口(千人)	1304	558	537	580	498
非经济活动人口(千人)	13768	13247	13304	12608	12494
经济活动率(%)	55.3	56.0	55.8	57.8	58.0
就业率(%)	51.1	54.1	54.0	55.8	56.3
失业率(%)	7.7	3.3	3.2	3.4	2.9

资料来源：Statistics Poland, *Selected Aspects of the Labour Market in Poland in 2022*, Poland,
November 2023。

---

① 《总失业人数（占劳动力总数的比例）（模拟劳工组织估计）》，世界银行网站，https://
data. worldbank. org. cn/indicator/SL. UEM. TOTL. ZS，最后访问日期：2024 年 4 月 16 日。

工作年龄人口方面，2022 年，经济活动人口数和就业人数分别达到了16465 千人和 15975 千人，经济活动率和就业率分别达到 80.2%和 77.8%。2019~2022 年，工作年龄人口的失业人数和失业率总体呈现出下降趋势，2022 年失业人数和失业率分别为 491 千人和 3.0%（见表 2）。

表 2　工作年龄（18~59/64 岁）人口经济活动情况

指标	2015 年	2019 年	2020 年	2021 年	2022 年
总数(千人)	22607	21204	21006	20762	20530
经济活动人口(千人)	16515	16201	16075	16485	16465
就业人口(千人)	15225	15649	15545	15909	15975
失业人口(千人)	1290	552	530	575	491
非经济活动人口(千人)	6092	5003	4930	4277	4065
经济活动率(%)	73.1	76.4	76.5	79.4	80.2
就业率(%)	67.3	73.8	74.0	76.6	77.8
失业率(%)	7.8	3.4	3.3	3.5	3.0

资料来源：Statistics Poland，*Selected Aspects of the Labour Market in Poland in 2022*，Poland，November 2023。

波兰政府采取了一系列措施促进就业。例如，波兰政府推出"家庭500+"育儿补贴计划，以减轻家庭负担，这一措施同时刺激了消费和就业。波兰政府加大对中小企业的支持力度，鼓励创业和创造就业岗位。

波兰的城乡人口分布较为平衡，非涉农人口占比较高。波兰城市地区失业率较低，说明城市地区的就业市场相对稳定。城市地区的失业人口中，女性占比较高，这与女性在就业市场上的竞争力较弱有关。因此，波兰政府应该加强对女性的就业扶持，提高女性的职业技能水平和竞争力。

波兰乡村地区的就业率和经济活动率较高，说明乡村地区的就业市场相对活跃。涉农人口占乡村地区人口比重较低，非涉农人口占乡村地区人口比重较高，这与乡村地区的产业结构有关。因此，波兰政府应该加强对乡村地区的产业扶持，为非涉农人口创造更多就业机会。

表3 2022年第四季度城市和农村15~89岁人口经济活动情况

指标	城市地区			乡村地区			涉农人口			非涉农人口		
	总计	男性	女性	总计	男性	女性	总计	男性	女性	总计	男性	女性
总数（千人）	17671	8245	9426	12049	5987	6062	2896	1536	1360	9152	4451	4701
经济活动人口（千人）	10248	5364	4884	7047	4011	3035	2011	1205	806	5036	2806	2229
就业人口（千人）	9981	5210	4771	6814	3887	2927	1978	1192	786	4837	2695	2142
失业人口（千人）	267	154	113	233	125	108	33	13	20	199	111	88
非经济活动人口（千人）	7423	2881	4542	5002	1976	3027	885	331	554	4117	1645	2472
经济活动率（%）	58.0	65.1	51.8	58.5	67.0	50.1	69.4	78.5	59.3	55.0	63.0	47.4
就业率（%）	56.5	63.2	50.6	56.6	64.9	48.3	68.2	77.6	57.8	52.9	60.5	45.6
失业率（%）	2.6	2.9	2.3	3.3	3.1	3.6	1.7	1.1	2.5	4.0	4.0	3.9

资料来源：Statistics Poland, *Selected Aspects of the Labour Market in Poland in 2022*, Poland, November 2023。

（四）物价

如图5所示，2018~2019年，波兰的居民消费价格指数保持稳定，2019~2020年转为爬行的通货膨胀，2020~2022年转变为严重的通货膨胀。

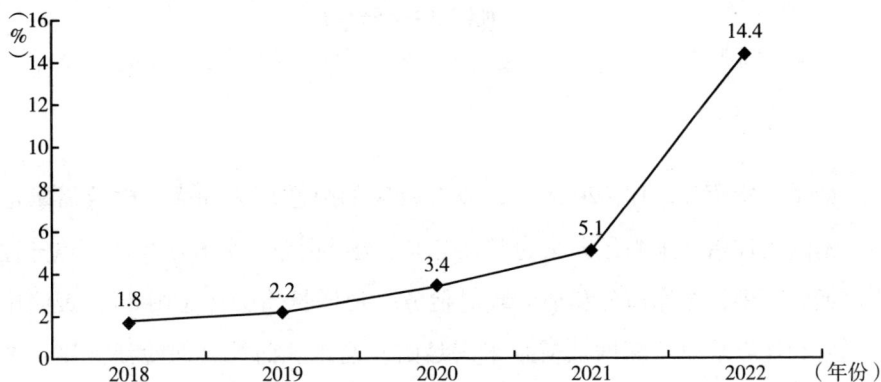

图5 波兰消费价格指数

资料来源：《波兰历年CPI》，MACRO VIEW，https：//www.macroview.club/indicator/pl/cpi-annual，最后访问日期：2024年4月12日。

2022 年消费品和服务价格指数总体呈现出上涨趋势，始终保持在较高水平（见图 6），全年消费价格指数为 14.4%。波兰国家银行（NBP）多次指出，波兰消费价格上涨的主要原因之一是石油价格大幅上涨，导致燃料价格上升和运输成本增加。

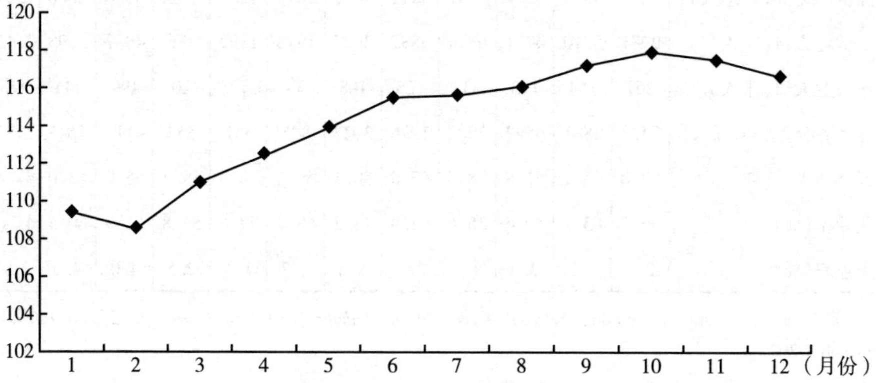

图 6　2022 年消费品和服务价格指数（上一年同期 = 100）

资料来源：Statistics Poland, *Socio-Economic Situation of the Country in 2022*, Poland, January 2023。

二　财政与金融

（一）债务

如图 7 所示，2018～2022 年，波兰政府的财政压力加大，财政需求增加，不断增加借款来满足国家的财政需求，公共财政债务和中央政府债务逐年增加。其中，国库债务和地方政府债务呈现增长趋势（见图 8），表明中央政府和地方政府不断增加借款来满足财政需求。而社会保险债务逐年减少，这意味着社会保险体系偿还了部分债务。

如图 9 所示，国库债务、公共财政债务与一般政府债务占 GDP 比重的变化趋势基本相同。2020 年，为应对新冠疫情的影响，波兰政府采取

图7 公共部门债务情况

资料来源：《波兰共和国 2022 年主要经济数据》，中国货币网，2023 年 9 月 28 日，https：//www.chinamoney.com.cn/chinese/cwbg/20230928/2724639.html，最后访问日期：2024 年 4 月 12 日。

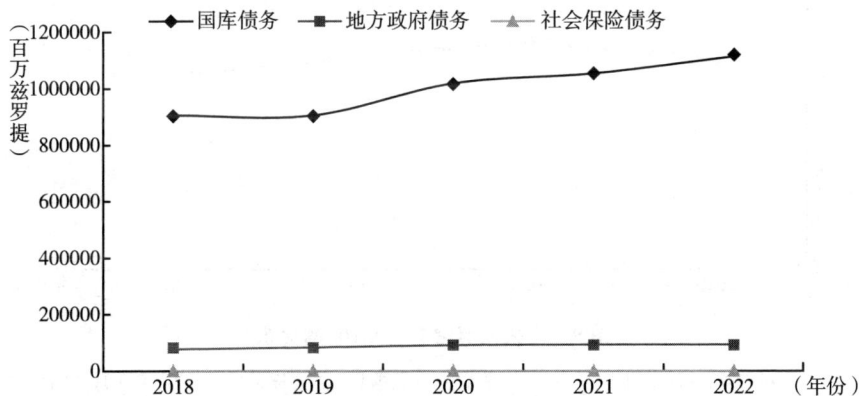

图8 中央政府债务构成

资料来源：《波兰共和国 2022 年主要经济数据》，中国货币网，2023 年 9 月 28 日，https：//www.chinamoney.com.cn/chinese/cwbg/20230928/2724639.html，最后访问日期：2024 年 4 月 12 日。

了一系列财政刺激措施，包括贷款优惠、减税和补贴等，支持企业和个人应对疫情造成的经济困难。这些措施使政府支出增加，财政赤字扩大，进而导致政府债务水平上升。

随着疫情得到控制，波兰政府逐步收紧财政政策，同时经济复苏也使税收收入增加，波兰政府在 2021 年和 2022 年的财政赤字和债务水平有所下降。例如，波兰政府 2021 年的预算减少支出并增加税收收入，以降低财政赤字和债务水平。同时，波兰政府还通过改革退休金制度、提高税收征收效率等措施进一步降低了债务水平。

从全球范围来看，波兰的负债水平相对较低。根据国际货币基金组织（IMF）的数据，2020 年全球政府债务占 GDP 的比重为 97.3%，波兰的比重仅为 58.3%。与欧洲其他国家相比，波兰的负债水平也相对较低。例如，2020 年德国的政府债务占 GDP 的比重为 70.8%，法国为 115.7%，意大利为 155.6%。

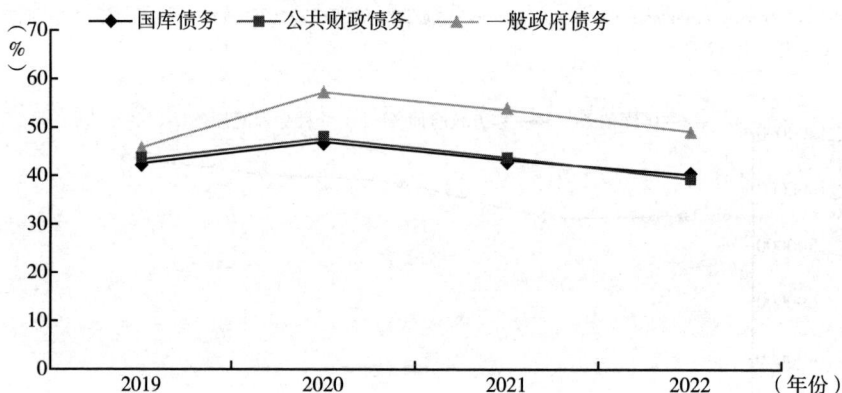

图 9 中央政府债务占 GDP 的比重

资料来源：《波兰共和国 2022 年主要经济数据》，中国货币网，2023 年 9 月 28 日，https://www.chinamoney.com.cn/chinese/cwbg/20230928/2724639.html，最后访问日期：2024 年 4 月 12 日。

如图 10 所示，2018~2022 年，波兰国库内债、国库外债及国库债务总额占 GDP 比重波动下降。2020 年新冠疫情导致的经济衰退和政府支出增加使国库债务总额占 GDP 比重上升。2021~2022 年，由于经济逐渐复苏和政府财政收支状况改善，国库债务总额占 GDP 比重下降。

从国库外债货币组成情况来看，欧元是波兰国库外债的主要货币，占总债务的 83.6%，另外美元占 13.5%、日元占 2.3%、人民币占 0.7%（见图 11）。这表明波兰政府主要借款和债券的货币是欧元及美元，反映了波兰与欧洲和美国的经济联系较为紧密。

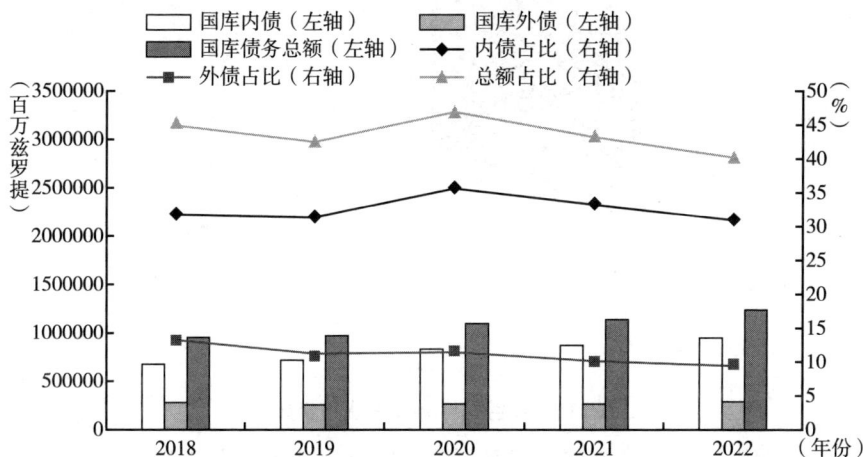

图 10 国库债务及占 GDP 比重情况

资料来源：《波兰共和国 2022 年主要经济数据》，中国货币网，2023 年 9 月 28 日，https://www.chinamoney.com.cn/chinese/cwbg/20230928/2724639.html，最后访问日期：2024 年 4 月 12 日。

（二）税收

2018~2020 年，波兰税收收入保持相对稳定，2021 年和 2022 年税收呈现出较大的增长，分别达到了 432170.4 百万兹罗提和 465456.1 百万兹罗提（见表 4）。这种波动与波兰政府对税收政策的调整有关。波兰政府在 2021 年推出了一项名为"税收+"的计划，旨在提高税收收入与税收制度的效率和公平性。增值税和其他间接税是波兰税收的主要来源，逐年增加。企业所得税和个人所得税也是波兰税收的重要组成部分，2018~2022 年总体呈现增长趋势。此外，非税收收入和关税也有所增长，反映出波兰政府在多个领域的收入增加。

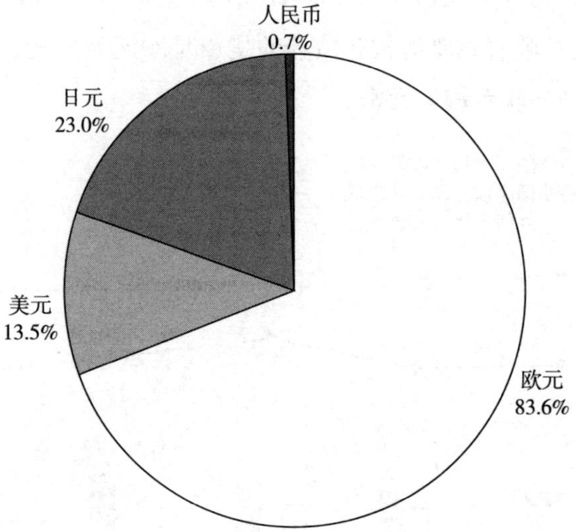

图 11　波兰国库外债的货币组成

资料来源：《波兰共和国 2022 年主要经济数据》，中国货币网，2023 年 9 月 28 日，https：//www.chinamoney.com.cn/chinese/cwbg/20230928/2724639.html，最后访问日期：2024 年 4 月 12 日。

表 4　国家名义收入及其构成

单位：百万兹罗提

类别	2018 年	2019 年	2020 年	2021 年	2022 年
税收	349353.6	367290.7	370261.8	432170.4	465456.1
增值税和其他间接税	248957.5	255624.2	258677.1	294580.9	314049.7
企业所得税	34640.9	39984.7	41293.1	52373.8	70136.6
个人所得税	59558.7	65444.9	63797.4	73606.2	68107.2
非税收收入	28887.9	31379.0	47401.9	60521.2	36782.3
股息红利	2792.2	3510.7	468.8	1800.9	1679.7
央行的转移支付	0.0	0.0	7437.1	8867.9	844.5
关税	4034.6	4409.0	4557.7	6412.9	8271.6
支付、费用、利息及其他	19801.6	20861.6	32001.1	40285.1	22535.8
地方政府支付	2259.5	2597.7	2937.2	3145.5	3450.9

续表

类别	2018 年	2019 年	2020 年	2021 年	2022 年
从欧盟和其他非返还渠道取得的收入	1806.4	1865.5	2132.0	2151.9	2582.3
总收入	380047.9	400535.3	419795.7	494843.5	504820.8

资料来源:《波兰共和国 2022 年主要经济数据》,中国货币网,2023 年 9 月 28 日,https://www.chinamoney.com.cn/chinese/cwbg/20230928/2724639.html,最后访问日期:2024 年 4 月 12 日。

波兰与欧盟其他国家相比税收收入相对较低。根据欧盟统计局的数据,2022 年,波兰的税收、社保收入占 GDP 的比重为 35.3%,欧盟总体税收和净社保收入占 GDP 的比重为 41.2%,欧元区的这一比重为 41.9%。这表明波兰在税收方面还有提升空间。

2018~2022 年,波兰的非税收收入、个人所得税、企业所得税、增值税和其他间接税占 GDP 比重的变化趋势大致相同,税收和总收入占 GDP 比重维持稳定。

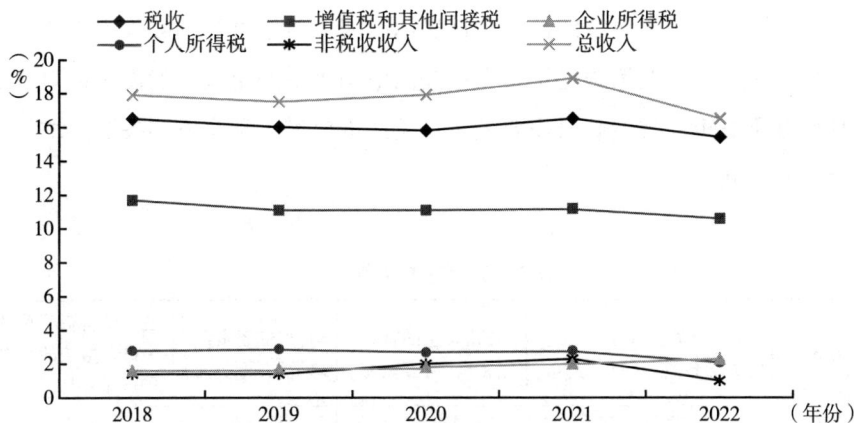

图 12　波兰各项税收收入占 GDP 比重

资料来源:《波兰共和国 2022 年主要经济数据》,中国货币网,2023 年 9 月 28 日,https://www.chinamoney.com.cn/chinese/cwbg/20230928/2724639.html,最后访问日期:2024 年 4 月 12 日。

（三）资本市场

如表 5 所示，截至 2022 年末，波兰的官方储备资产总量为 166694.9 百万美元，相较 2017 年的 113278.9 百万美元增长了 47.2%。波兰政府在官方储备资产方面采取多样化投资策略。其中，除货币黄金以外的其他官方储备资产从 2017 年的 108986.8 百万美元增长到 2022 年的 153370.8 百万美元，增长了 40.7%。货币黄金的官方储备量从 2017 年的 4292.1 百万美元增长到 2022 年的 13324.1 百万美元，增长了 210.4%。这表明波兰对黄金作为储备资产的重视程度提高，以增强其储备资产的稳定性和抵御外部风险的能力。

此外，波兰的官方储备资产总量中进口覆盖的月份从 2017 年的 6.1 个月增长到 2022 年的 5.2 个月。进口需求增加、官方储备资产增长速度放缓使波兰的官方储备资产覆盖其进口需求的时间缩短。

波兰在过去几年中不断增加官方储备资产，包括对多种储备资产的多样化投资和增加对货币黄金的持有。这显示出波兰对于维护国际收支平衡、维持外汇市场稳定以及增强经济实力和提高信用水平的重视。然而，进口覆盖的月份有所缩短，波兰政府需要进一步关注进口需求和官方储备资产增长速度之间的平衡。

表 5 波兰官方储备资产

年份	除货币黄金以外的其他官方储备资产(百万美元)	货币黄金的官方储备量(百万美元)	官方储备资产总量(百万美元)	官方储备资产总量中进口覆盖的月数(个月)
2017	108986.8	4292.1	113278.9	6.1
2018	111664.1	5300.5	116964.6	5.5
2019	117209.1	11195.9	138405.0	6.1
2020	140343.3	13902.9	154246.2	7.6
2021	152541.3	13508.3	166049.6	6.2
2022	153370.8	13324.1	166694.9	5.2

资料来源：《波兰共和国 2022 年主要经济数据》，中国货币网，2023 年 9 月 28 日，https://www.chinamoney.com.cn/chinese/cwbg/20230928/2724639.html，最后访问日期：2024 年 4 月 12 日。

（四）利率

2015～2019年，波兰的再贴现率、融资利率、基准利率和存款利率稳定，说明在这段时间波兰经济相对稳定，通胀率和经济增长率都保持在较为合理的水平。2020年，由于新冠疫情的巨大冲击，波兰政府采取了一系列措施应对疫情影响，其中波兰央行大幅降低再贴现率、融资利率、基准利率和存款利率，以促进银行贷款和投资，刺激经济增长。

2022年，随着经济逐渐复苏，通胀压力加大，波兰政府加强货币政策调控，再贴现率、融资利率、基准利率和存款利率大幅提高，以遏制通胀。此外，波兰政府还面临财政赤字和债务问题，需要通过提高利率来吸引投资者购买国债，以缓解财政压力。

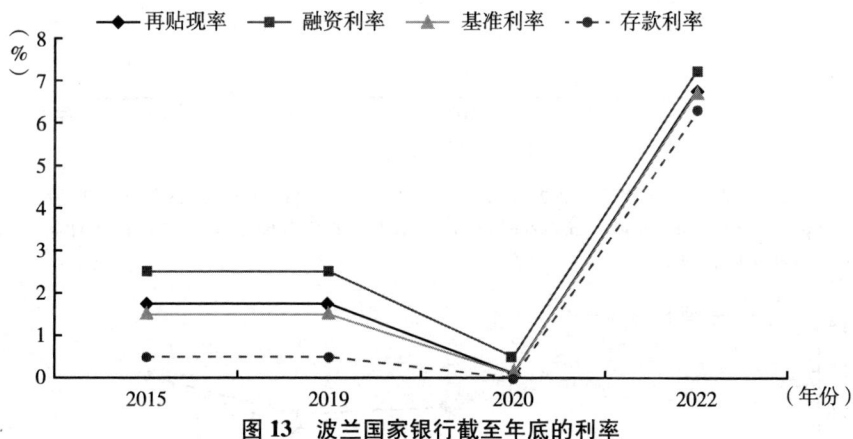

图13　波兰国家银行截至年底的利率

资料来源：Statistics Poland, *Socio-Economic Situation of the Country in 2022*, Poland, January 2023。

（五）汇率

2018～2022年，波兰兹罗提对美元、欧元和人民币的汇率均存在波动。2018年，兹罗提对美元汇率达到了3.7597，相比2017年的3.4813有所上升，2019年和2020年则略有下降。2021年和2022年，兹罗提对美元汇率分别达到了4.0600和4.4018，呈现出上升趋势（见图14）。兹罗提对欧元汇率、对人民币汇率整体呈现出上升趋势（见图15、图16）。

波兰汇率的波动与全球经济形势和政治环境的变化密切相关。2020年新冠疫情导致全球经济衰退，这是兹罗提对美元汇率下降的原因之一。2021年，美国经济逐渐复苏，美元汇率上升，兹罗提对美元汇率随之上升。欧元区的经济表现和欧洲央行的货币政策影响兹罗提对欧元汇率。

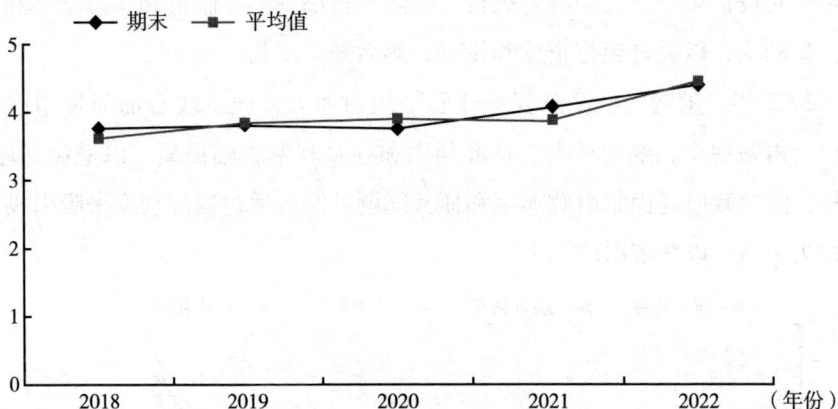

图14　兹罗提对美元汇率

资料来源：《波兰共和国2022年主要经济数据》，中国货币网，2023年9月28日，https://www.chinamoney.com.cn/chinese/cwbg/20230928/2724639.html，最后访问日期：2024年4月12日。

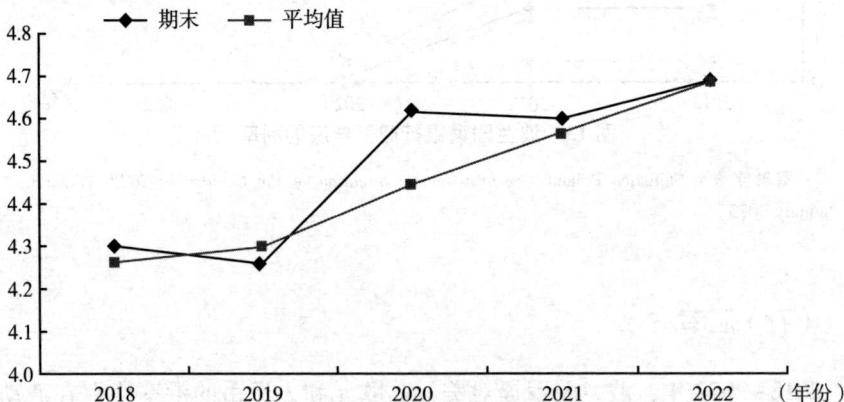

图15　兹罗提对欧元汇率

资料来源：《波兰共和国2022年主要经济数据》，中国货币网，2023年9月28日，https://www.chinamoney.com.cn/chinese/cwbg/20230928/2724639.html，最后访问日期：2024年4月12日。

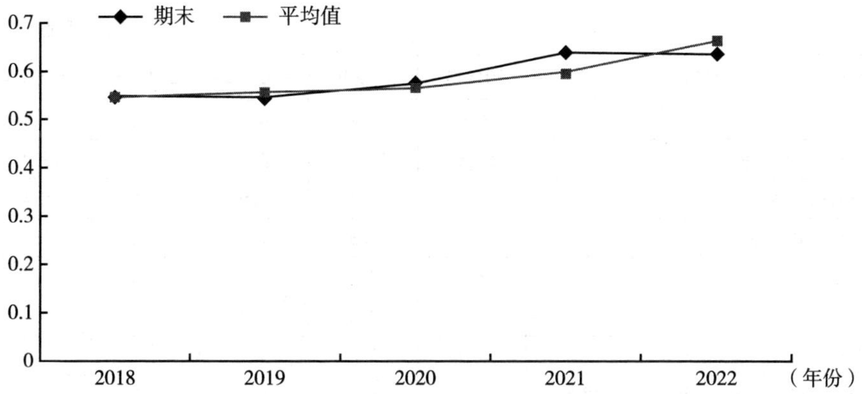

图16　兹罗提对人民币汇率

资料来源：《波兰共和国 2022 年主要经济数据》，中国货币网，2023 年 9 月 28 日，https：//www.chinamoney.com.cn/chinese/cwbg/20230928/2724639.html，最后访问日期：2024 年 4 月 12 日。

三　产业发展

（一）产业结构

工业是波兰经济的重要支柱，其占 GDP 比重从 2018 年的 21.8%增长到 2022 年的 24.5%（见表6）。2018~2022 年，建筑业占 GDP 比重呈现出逐渐下降的趋势，从 6.9%下降到 5.4%。这可能是因为建筑业的发展速度放缓或其他经济部门的增长速度超过了建筑业。贸易和机动车维修部门的占比相对稳定，维持在 14%上下。金融和保险业的 GDP 占比保持在 3%~4.5%，表明波兰的金融体系相对稳定。

表6　国内生产总值按经济部门构成情况

单位：%

部门	2018 年	2019 年	2020 年	2021 年	2022 年
农业、林业和渔业	2.4	2.4	2.6	2.2	2.1
工业	21.8	21.8	21.8	22.5	24.5

续表

部门	2018 年	2019 年	2020 年	2021 年	2022 年
建筑业	6.9	6.8	6.6	5.6	5.4
贸易、机动车维修	14.3	14.1	14.1	14.2	13.9
交通运输业	6.5	6.3	5.9	5.6	5.4
住宿和餐饮业	1.2	1.3	1.0	1.2	1.2
信息和通信业	3.7	3.7	4.0	4.3	4.0
金融和保险业	3.8	3.8	3.7	3.4	4.5
房地产业	4.2	5.0	5.1	4.8	5.1
专业、科学、技术与行政及支持服务	8.0	8.0	8.1	7.7	8.2
公共管理及国防、强制性社会保障、教育、健康及社会工作	13.1	13.1	13.6	13.9	13.0
艺术、娱乐，其他服务，家庭活动及境内外组织机构的活动	1.7	1.6	1.6	1.6	1.6
总增加值	87.6	87.9	88.1	87.0	88.9
扣除产品补贴后税收	12.4	12.1	11.9	13.0	11.1
国内生产总值	100.0	100.0	100.0	100.0	100.0

注：2022 年为初步数据（季度总和）。

资料来源：《波兰共和国 2022 年主要经济数据》，中国货币网，2023 年 9 月 28 日，https://www.chinamoney.com.cn/chinese/cwbg/20230928/2724639.html，最后访问日期：2024 年 4 月 12 日。

（二）第一产业

波兰是欧洲农业大国。如图 17 所示，2015～2019 年，波兰的农业总产出、最终产出和市场产出都呈现出平稳增长的趋势，2020～2022 年的增长速度明显加快。波兰的农业总产出、最终产出及市场产出从 2015 年到 2022 年都增长了近 1 倍。

究其原因，首先，波兰不断创新农业技术、提高技术水平，以提高农业生产效率和产出。其次，波兰政府增加对农业的支持和投入，如提供补贴、改善农村基础设施等。波兰的农业生产也面临一些挑战，例如气候变化、土地资源的限制等。因此，波兰需要继续加强农业技术创新和政策支持，以提高农业产出和竞争力。对此，波兰政府积极推动数字化和智能化技术在农业中的应用，以提高农业生产效率和质量。总的来说，波兰的农业生产还有很大的发展空间，需要政府和企业共同努力，加大技术创新和市场拓展力度，推动农业可持续发展。

如图18所示，2018~2022年，波兰的农业产出指数出现了较大的波动。2018年，农业总产出指数、最终产出指数、市场产出指数均高于100，2019年各项指数出现较大幅度的下降。2020年，各项指数回升，2021年再次下降。2022年，各项指数均有明显的上升，最终产出指数达到103.9，显示出波兰农业生产的强劲复苏。波兰各项农业产出指数的波动变化与全球经济发展趋势、新冠疫情、气候条件以及政府的支持政策有关。

需要注意的是，波兰的农业产出指数中，市场产出指数的波动相对较小，说明波兰的农产品市场比较稳定。最终产出指数的波动较大，说明波兰的农业生产面临一些不稳定因素，例如气候变化、自然灾害等。

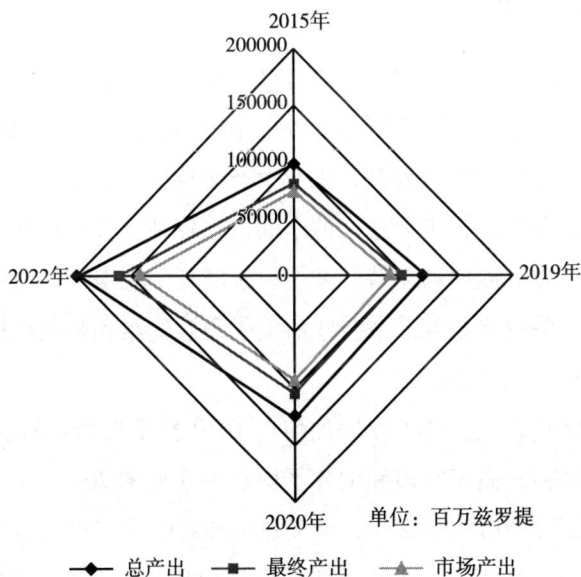

图17　农业产出（现价）

资料来源：Statistics Poland, *Statistical Yearbook of Industry：Poland 2022*, Poland, February 2023。

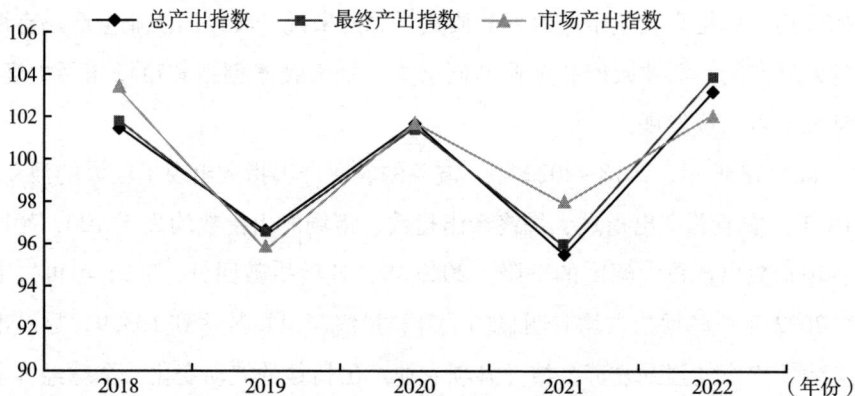

图18　农业产出指数（不变价格，前一年＝100）

资料来源：Statistics Poland，*Statistical Yearbook of Industry：Poland 2022*，Poland，February 2023。

（三）第二产业

2022年，波兰的工业生产指数为111，从全球范围来看，波兰的工业生产指数处于中等水平，在欧洲国家中处于中等偏上的水平（见图19）。

波兰的工业化程度相对较高，工业生产规模较大。其中，制造业是波兰工业的主要组成部分，在工业总产值中的占比较高。波兰较高的工业化水平得益于其地理位置和政府的支持。波兰位于欧洲中心地带，交通便利，与欧洲其他国家的贸易往来频繁。波兰政府提供税收优惠和其他扶持政策，吸引了大量外资和国内企业的投资。

2018~2022年，波兰的工业增加值占GDP比重保持在较高水平，且波兰的工业增加值占比高于欧盟和世界平均水平（见图20）。

如图21所示，2018~2022年，波兰建筑和装配生产指数呈现出先下降后上升的波动态势。2018年，建筑和装配生产指数达到114.3，2019年下降至105.1，2020年进一步降至99.2。2021年，建筑和装配生产指数回升，2022年为108.5，表明建筑行业逐渐复苏。这种波动变化与全球经济形势的变化、新冠疫情以及政策和市场等因素的影响有关。新冠疫情导致全球经济大幅下

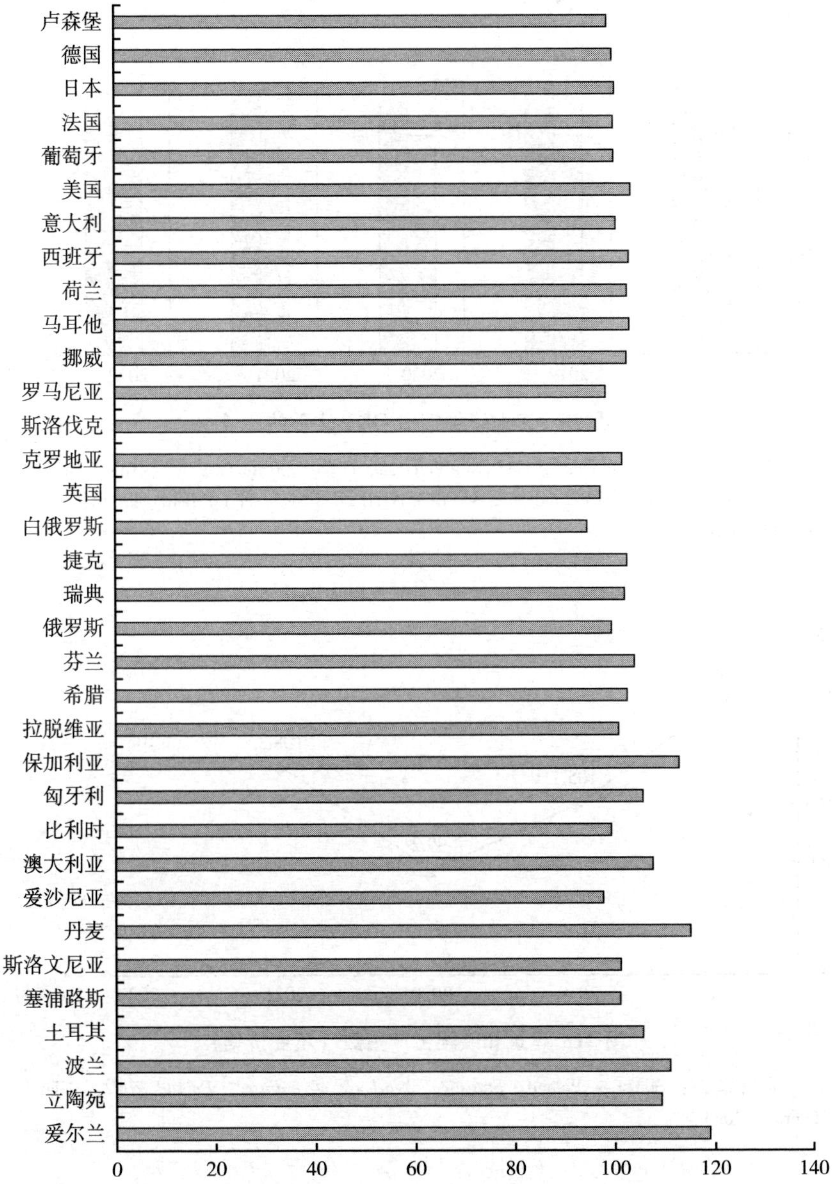

图19　2022年全球部分国家工业生产指数（不变价格）

资料来源：Statistics Poland，*Statistical Yearbook of Industry：Poland 2022*，Poland，February 2023。

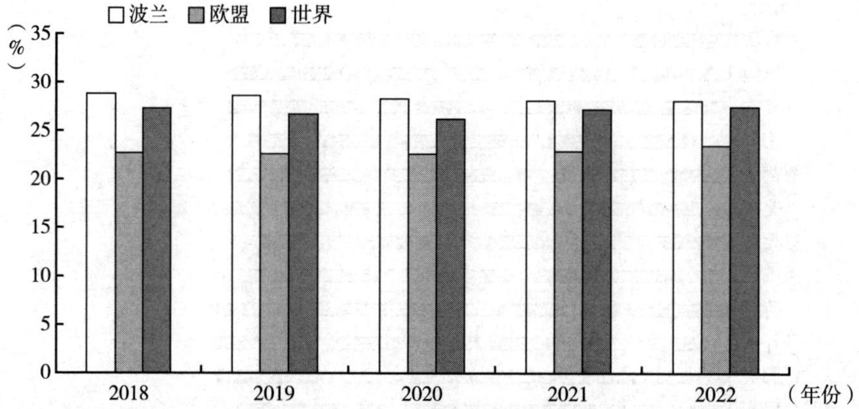

图 20　工业增加值占 GDP 比重的比较

资料来源："Industrial Value Added (as a Percentage of GDP) (Annual %)", The World Bank, https：//data. worldbank. org. cn/indicator/NV. IND. TOTL. ZS?intcid＝ecr_hp_BeltD_en_ext, accessed April 12, 2024。

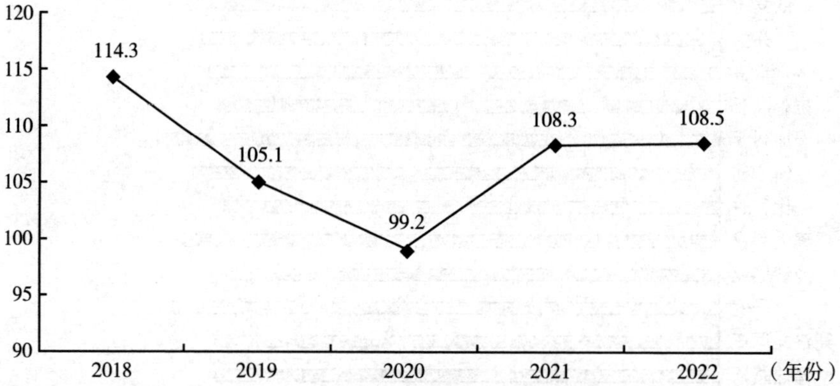

图 21　建筑和装配生产指数（不变价格）

资料来源：Statistics Poland, *Statistical Yearbook of Industry*：*Poland 2022*, Poland, February 2023。

滑，管控措施和社交距离要求限制了建筑行业的生产活动。2021 年，随着全球经济逐渐复苏，波兰的建筑和装配市场需求增加，建筑和装配生产指数也随之回升。

（四）第三产业

2016~2019 年，波兰国际旅游收入呈现稳步增长趋势，从 119.2 亿美元增长到 157.1 亿美元。2020 年受新冠疫情影响，波兰国际旅游收入急剧下降至 83.8 亿美元，相较上一年减少一半。

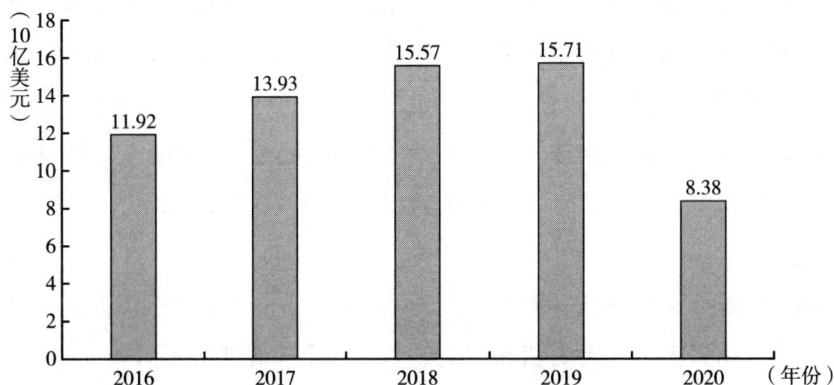

图 22　国际旅游收入（现价美元）

资料来源："International Tourism Revenue（Current USD）"，The World Bank，https：// data. worldbank. org. cn/indicator/ST. INT. RCPT. CD？intcid=ecr_hp_BeltD_en_ext&locations= PL，accessed April 12，2024。

波兰国际旅游收入的波动态势主要受到全球经济形势和旅游市场竞争的影响。2016~2019 年，波兰经济增长稳定，旅游业发展迅速，吸引了越来越多的国际游客。同时，波兰政府通过加强旅游宣传和推广、提高旅游服务质量等措施，进一步促进了旅游业的发展。然而，2020 年新冠疫情发生后，全球旅游业遭受重创，波兰国际旅游收入也受到了严重影响。

从全球范围来看，波兰国际旅游收入增长速度较快，但总体水平相对较低。根据世界银行的数据，2019 年全球国际旅游收入达到 1.86 万亿美元，波兰的国际旅游收入仅占全球总量的 0.8% 左右。波兰政府应采取措施提高旅游服务质量等，进一步促进旅游业的发展，提高国际旅游收入水平。

四 外贸外资

（一）进出口贸易

发达国家是波兰的主要贸易伙伴。欧盟是波兰最大的贸易伙伴，2022年双方贸易额占波兰出口总额的75.8%和进口总额的51.4%。欧元区国家是波兰在欧盟内的主要贸易伙伴，2022年双方贸易额占波兰出口总额的59.0%和进口总额的42.2%（见表7）。波兰同发展中国家的贸易额相对较小，但同比增长较快。波兰与欧洲东部和中部的贸易额相对较小，同比增长也较慢。

波兰的经济结构和产业特点影响其对外贸易。波兰的经济以制造业和服务业为主，出口产品主要有机械设备、电子产品、化工产品等制造业产品，进口产品主要有机械设备、电子产品、石油和天然气等能源产品。波兰的地理位置和政治环境也是其对外贸易的重要影响因素。波兰位于欧洲中心地带，这为波兰的对外贸易提供了便利条件。同时，波兰稳定的政治环境和对外开放政策也为其对外贸易创造了良好的环境。

外贸是波兰经济的重要支柱，对波兰的经济增长和就业创造具有重要作用。外贸的发展也为波兰的产业升级和技术创新提供了机会。同时，外贸行业面临一些风险和挑战，如国际贸易摩擦、汇率波动、市场竞争等。

表7 对外贸易货物成交总额

指标	2022年						2021年	2022年
	按波兰兹罗提计价（10亿）	按美元计价（10亿）	按欧元计价（10亿）	2021＝100			占比（%）	
				兹罗提	美元	欧元		
出口	1618.6	365.8	346.2	123.0	106.9	120.2	100.0	100.0
发达国家	1412.4	319.4	302.2	124.1	108.0	121.3	86.4	87.3
欧盟	1226.3	277.3	262.4	124.1	108.0	121.3	75.1	75.8
欧元区	955.0	216.0	204.3	122.6	106.7	119.8	59.2	59.0

续表

指标	2022 年						2021 年	2022 年
	按波兰兹罗提计价（10 亿）	按美元计价（10 亿）	按欧元计价（10 亿）	2021 = 100			占比（%）	
				兹罗提	美元	欧元		
发展中国家	127.5	28.8	27.3	123.3	107.1	120.4	7.9	7.9
按欧洲东部和中部计数	78.7	17.6	16.8	105.1	90.7	102.5	5.7	4.8
进口（原产国）	1711.8	387.0	366.2	129.4	112.7	126.5	100.0	100.0
发达国家	1065.0	240.8	227.8	128.3	111.7	125.4	62.7	62.2
欧盟	880.2	199.4	188.4	123.1	107.2	120.3	54.1	51.4
欧元区	722.7	163.8	154.7	121.6	106.0	118.9	44.9	42.2
发展中国家	540.7	121.7	115.5	139.2	120.8	136.0	29.4	31.6
按欧洲东部和中部计数	106.2	24.5	22.8	101.2	90.2	99.5	7.9	6.2
余额	−93.2	−21.2	−20.0					
发达国家	347.5	78.6	74.3					
欧盟	346.1	77.9	74.0					
欧元区	232.3	52.2	49.6					
发展中国家	−413.2	−92.2	−88.3					
按欧洲东部和中部计数	−27.5	−6.9	−6.0					

资料来源：Statistics Poland，*Yearbook of Foreign Trade Statistics 2022*，Poland，October 2022。

（二）贸易伙伴

波兰是一个高度开放的经济体，对外贸易占其 GDP 的比重较高。2022年，波兰的主要出口目的地包括德国、捷克、法国、英国和荷兰，主要进口来源地包括德国、中国、意大利、美国和俄罗斯（见表 8）。其中，德国是波兰的最大贸易伙伴，既是波兰的最大出口目的地，也是波兰的最大进口来源地。首先，波兰与德国、捷克等邻国地理位置相近，贸易往来较为便利。其次，波兰的出口产品主要为机械设备、运输设备、化工产品等，这些产品在德国等国家有较大的市场需求。

表8　波兰与主要贸易伙伴对外贸易额

国家	2022 年						2021 年	2022 年
	按波兰兹罗提计价(10 亿)	按美元计价(10 亿)	按欧元计价(10 亿)	2021＝100			占比(％)	
				兹罗提	美元	欧元		
出口								
德国	450.9	101.9	96.4	119.2	103.6	116.4	28.8	27.9
捷克	107.0	24.2	22.9	137.5	119.4	134.3	5.9	6.6
法国	92.8	21.0	19.9	123.0	106.9	120.2	5.7	5.7
英国	78.5	17.8	16.8	119.4	103.9	116.7	5.0	4.9
荷兰	74.6	16.8	16.0	130.5	113.4	127.5	4.3	4.6
意大利	74.0	16.8	15.8	121.3	105.7	118.6	4.6	4.6
美国	48.0	10.8	10.3	137.8	119.9	134.7	2.6	3.0
斯洛伐克	47.0	10.6	10.0	139.0	121.0	135.9	2.6	2.9
乌克兰	45.6	10.1	9.7	159.1	136.4	154.9	2.2	2.8
瑞典	43.5	9.9	9.3	118.7	103.3	116.0	2.8	2.7
进口								
德国	345.3	78.2	73.9	124.8	108.8	122.0	20.9	20.2
中国	252.3	56.9	53.9	128.8	112.1	125.9	14.8	14.7
意大利	80.1	18.2	17.2	120.0	104.7	117.4	5.0	4.7
美国	73.4	16.5	15.7	180.1	155.9	175.9	3.1	4.3
俄罗斯	72.0	16.8	15.5	92.6	83.5	91.3	5.9	4.2
荷兰	64.9	14.7	13.9	118.6	103.2	115.9	4.1	3.8
捷克	52.4	11.9	11.2	125.5	109.4	122.7	3.2	3.1
法国	50.4	11.4	10.8	114.0	99.5	111.5	3.3	2.9
韩国	40.7	9.1	8.7	136.9	117.8	132.9	2.3	2.4
比利时	38.3	8.7	8.2	117.5	102.3	114.8	2.5	2.2

资料来源：Statistics Poland，*Yearbook of Foreign Trade Statistics 2022*，Poland，October 2022。

波兰的对外贸易主要集中在少数几个国家，存在一定的市场风险和供应风险。因此，波兰应加强与其他国家的贸易往来，降低对少数几个贸易伙伴的依赖程度。

（三）对外贸易结构

波兰的主要出口商品是机械及运输设备，2022 年占比高达 35.9%，其次是主要按材料分类的制成品和杂项制成品，2022 年占比分别为 18.1% 和 16.5%（见图 23）。波兰的主要进口商品是机械及运输设备，2022 年占比为 30.9%，其次是主要按材料分类的制成品和化学品及相关产品，分别占 16.3% 和 14.3%（见图 24）。

这种进出口结构的形成是因为波兰的制造业和工业发展较为成熟，同时波兰也在积极推进工业 4.0 和数字化转型，这有助于提高波兰制造业的竞争力和出口产品质量。

如图 24 所示，矿物燃料、润滑油及相关材料在波兰进口中的占比较高，原因是波兰石油资源较为匮乏，需要大量进口石油和相关材料；化学品及相关产品的进口占比也较高，原因是波兰的化工产业相对薄弱，需要大量进口化学品来支撑国内产业的发展。

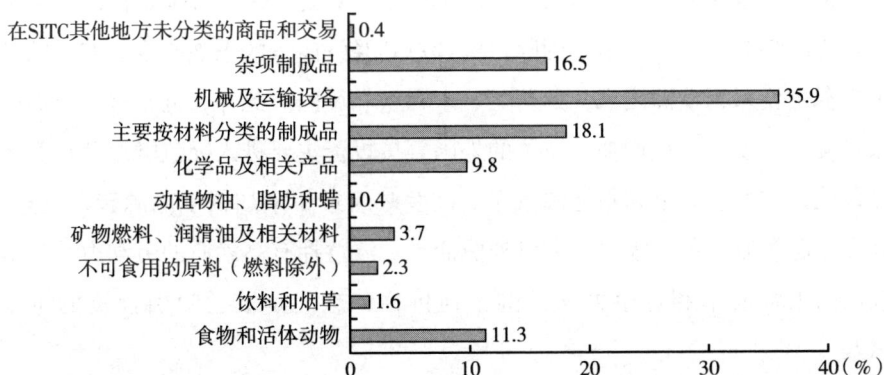

图 23　2022 年波兰主要出口产品构成（根据 SITC 分类）

资料来源：Statistics Poland, *Yearbook of Foreign Trade Statistics 2022*, Poland, October 2022。

（四）外国直接投资

波兰 2018 年和 2019 年的外国直接投资净流入额分别为 192 亿美元和

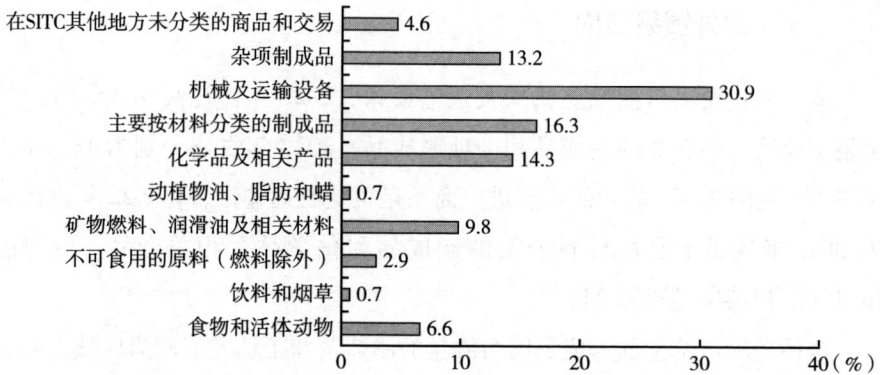

图 24　2022 年波兰主要进口产品构成（根据 SITC 分类）

资料来源：Statistics Poland, *Yearbook of Foreign Trade Statistics 2022*, Poland, October 2022。

176.2 亿美元，相对稳定。2020 年，外国直接投资净流入额有所增长，为 191.5 亿美元。2021 年和 2022 年，外国直接投资净流入额出现了较大的增长，分别为 371.1 亿美元和 353 亿美元。与此同时，2018～2022 年，波兰外国直接投资净流入额占 GDP 比重波动较大（见图 25）。总体而言，波兰吸引外资的势头良好，显示了国际投资者对其经济前景的乐观态度。波兰的外国投资主要来自欧洲国家，如荷兰、卢森堡和德国。此外，近年来，亚洲国家对波兰的投资也在增加。波兰的外国直接投资主要进入绿色能源及相关产品领域，如海上风电和新能源汽车。波兰政府近年来加快了能源转型进程，开展能源领域改革，吸引了大量外资涌入。波兰拥有高素质的劳动力、相对较低的工资成本和竞争力强劲的土地价格，这些是波兰吸引投资的重要因素。

2018～2022 年，波兰对外直接投资净流出额占 GDP 比重呈现出波动上升趋势，2018 年为 0.4%，2019 年上升至 0.9%，2020 年下降至 0.8%，2021 年上升至 1.5%，2022 年再次上升至 1.6%（见图 26）。

经济增长和对外贸易增长促进波兰的对外直接投资。对外直接投资有利于波兰增加就业机会、提高技术水平和促进经济增长。

外国直接投资净流入额（BOP，现价美元）（左轴）
外国直接投资净流入额占GDP比重（右轴）

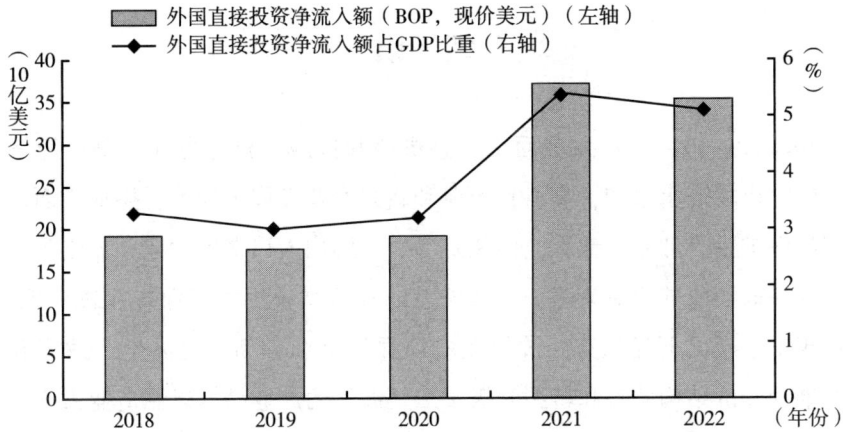

图 25　外国直接投资净流入额

资料来源："Net Inflow of Foreign Direct Investment（BOP，Current USD），Net Inflow of Foreign Direct Investment（as a Percentage of GDP）（Annual %）"，The World Bank，https：//data. worldbank. org. cn/indicator/BX. KLT. DINV. CD. WD?intcid＝ecr＿hp＿BeltD＿en＿ext&locations＝PL，accessed April 12，2024。

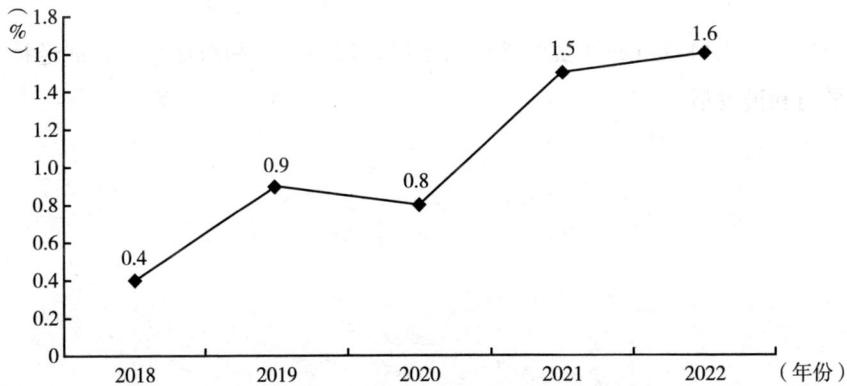

图 26　对外直接投资净流出额占 GDP 比重

资料来源："Net Inflow of Outward Foreign Direct Investment（as a Percentage of GDP）（Annual ％）"，The World Bank，https：//data. worldbank. org. cn/indicator/BM. KLT. DINV. WD. GD. ZS？intcid＝ecr＿hp＿BeltD＿en＿ext&locations＝PL，accessed April 12，2024。

结　语

2022 年，波兰经济发展面临一些机遇和挑战。机遇方面，全球经济复苏，国际市场需求增加，高科技产业和新兴产业发展迅速等；挑战方面，国际贸易保护主义加剧，地缘政治风险增加，国内人口老龄化问题加剧等，波兰需要采取相应的应对策略。一是波兰的经济增长率虽然保持在较高水平，但近年来呈现出下降趋势。波兰政府加强投资和创新，提高生产效率和质量，推动经济结构调整和转型升级。二是波兰的产业结构以制造业为主，但仍存在一些传统产业和低附加值产业占比较高的问题。波兰政府加强技术创新和人才培养，推动高端制造业和服务业的发展，提高产业附加值和竞争力。三是波兰的外贸依赖度较高，但国际竞争力相对较弱。波兰政府应进一步开拓市场，提高出口产品质量和服务水平，加强国际合作和交流，提高国际竞争力和话语权。四是波兰政府应提高政策制定与执行的科学性和透明度，提高政策的针对性和有效性，加强政策的宣传和落实。五是波兰政府应进一步完善人口政策和社会保障体系建设，提高教育和医疗水平，促进社会公平与和谐发展。

B.4
2022年捷克经济发展报告[*]

陈欢欢　郑晓涵[**]

摘　要：　2022 年，捷克经济总量实现增长，失业率保持在较低水平。然而，受能源危机冲击，通货膨胀率高企，物价水平保持在高位。捷克政府债务总额有所上升，财政赤字问题进一步显现。捷克央行连续上调利率，以促进经济增长。捷克的三大产业结构及各产业劳动力分布维持稳定，产业结构向高层次发展，第三产业是捷克经济的支柱性产业。受能源危机影响，2022 年捷克出现自 2010 年以来的首次贸易逆差，但外国直接投资数量及投资收益保持稳健增长。

关键词：　捷克　通货膨胀　能源危机　经济结构　服务业

一　宏观经济形势

（一）经济增长情况

如图 1 所示，2020~2021 年，捷克国内生产总值总体呈上升趋势，新冠疫情前 GDP 逐年上升，最高增幅达 7.04%，平均增幅为 5.78%。2020 年因疫情影响，捷克 GDP 有所下降，降幅为 1.42%。2021~2022 年，捷克经济

---

[*]　本文为北京第二外国语学院区域国别校级专项课题"捷克经济发展概况与趋势"（编号：QYGB23A010）的研究成果。

[**]　陈欢欢，北京第二外国语学院欧洲学院讲师，北京外国语大学博士研究生，主要研究方向为捷克语语言文学、捷克语教学；郑晓涵，北京第二外国语学院区域国别学院（中国"一带一路"战略研究院）硕士研究生，主要研究方向为"一带一路"国际合作。

恢复增长，2022 年 GDP 为 67858.52 亿克朗，实现历史新高。

捷克人均 GDP 由 2020 年的 23057.9 美元上涨到 2021 年的 26805.57 美元，增长幅度为 16.25%。2022 年人均 GDP 增长到 27566.51 美元，增长2.8%，但并未达到欧盟平均水平（3.6%）。

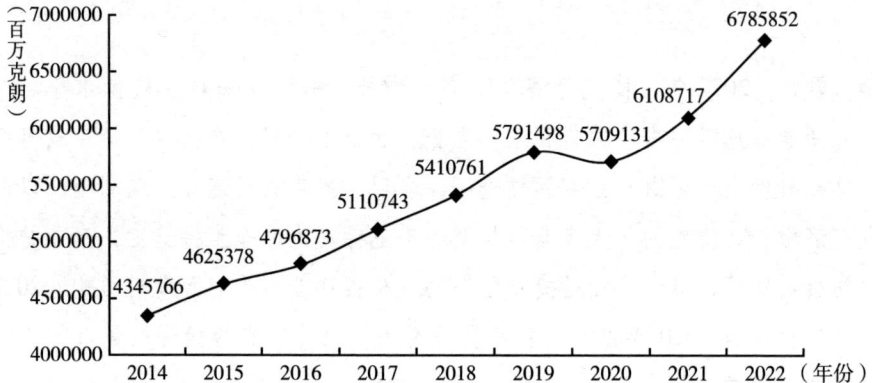

图 1　捷克国内生产总值

资料来源："GDP（Current US$）"，The World Bank，https：//data.worldbank.org/indicator/NY.GDP.MKTP.CD？locations=CZ，accessed March 25，2024。

（二）就业情况

捷克就业形势良好，失业率长期保持在较低水平（见图2），在欧盟中也表现较好。2022 年，捷克总体失业率为 2.37%；欧盟 27 国失业率介于6.1%~6.3%，其中法国、瑞典和意大利失业率高于 7% 的国际警戒线，西班牙和希腊失业率更是高达 10% 以上，失业问题严重。[①]

虽然捷克失业率较低，但实际工资增长与劳动生产率提高之间的落差大，经济附加值低，这不仅给雇主带来成本压力，削弱经济增长潜力，也影响了国家财政收入。

对比男性和女性失业率，从表1可以看出，2016~2022 年，捷克的男性失

---

① "Unemployment-LFS Adjusted Series（une）"，eurostat，https：//ec.europa.eu/eurostat/web/main/data/database，accessed March 25，2024.

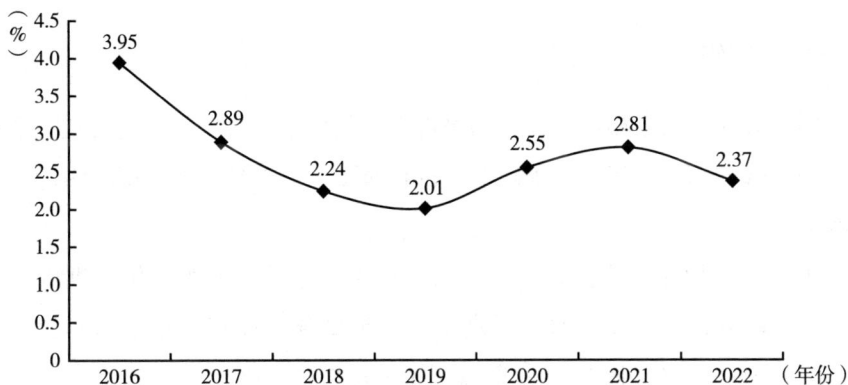

图 2　捷克总体失业率

资料来源："Unemployment, Total（% of Total Labor Force）（Modeled ILO Estimate）", The World Bank, https：//data. worldbank. org. cn/indicator/SL. UEM. TOTL. ZS? locations = CZ, accessed March 25, 2024。

业率始终低于女性失业率。新冠疫情发生后，2020 年男性与女性失业率均明显上升，2021 年男性失业率上升至 2.3%，女性失业率上升至 3.4%。随着经济复苏，2022 年男性失业率下降到 1.85%，女性失业率下降到 3.02%。

表 1　捷克女性与男性失业率

单位：%

分类	2016 年	2017 年	2018 年	2019 年	2020 年	2021 年	2022 年
女性失业率	4.668	3.579	2.8	2.375	2.951	3.434	3.02
男性失业率	3.379	2.339	1.79	1.717	2.231	2.312	1.85

资料来源：笔者根据世界银行数据整理而得，参见 "Unemployment, Female（% of Female Labor Force）""Unemployment, Male（% of Male Labor Force）", The World Bank, https：//data. worldbank. org/indicator/SL. UEM. TOTL. FE. ZS? locations＝CZ, accessed April 12, 2024。

　　就业方面，截至 2022 年底，捷克国内 15 岁及以上人口就业率为 58.7%，劳动参与率为 60%。[1]

---

[1] "Employment, Unemployment", Czech Statistical Office, https：//www. czso. cz/csu/czso/employment_ unemployment_ ekon, accessed March 26, 2024.

（三）物价

同欧盟其他国家相比，捷克的物价水平整体上相对较低，约为欧盟平均物价的70%。[①] 2022年，由于能源危机和通胀水平居高不下，捷克物价水平大幅上升。

2022年，捷克经济受到新冠疫情、乌克兰危机、能源危机、供应链受阻等严重影响，通货膨胀水平居高不下。2022年，捷克全年平均通货膨胀率上涨到15.1%（见图3），在欧盟国家中排名第5位。

2023年，能源供应短缺特别是俄罗斯能源供应中断使捷克控制通货膨胀的难度加大。捷克2023年的通胀率为10.7%，相比2022年降低4.4个百分点。虽然捷克通胀率逐渐下降，但仍是欧盟中通胀水平最高的国家之一。通胀率下降的主要原因是燃料价格下降和天然气价格增长放缓以及上年的高基数。[②] 工资的增加并没有抵消高通胀，民众实际收入降低，购买力减弱，生活水平下降，这导致捷克成为经合组织成员国中居民生活水平降幅最大的国家之一，由此造成的低预期又会进一步阻碍其经济复苏。

2020年新冠疫情发生后，捷克消费价格指数呈现上涨态势，无论是总体物价指数还是各个行业的物价指数乃至零售物价指数均大幅上涨。例如，2022年9月捷克消费价格指数同比增长18%，环比增长0.8%，主要原因是能源价格和住房价格高涨，其中天然气价格同比上涨85.9%，固体燃料价格上涨55.8%，电力价格上涨37.8%。

[①] 《对外投资合作国别（地区）指南：捷克（2022年版）》，中华人民共和国商务部网站，2022年12月，http://www.mofcom.gov.cn/dl/gbdqzn/upload/jieke.pdf，最后访问日期：2024年3月27日。

[②] 《2023年3月捷克通胀率为15%》，中华人民共和国驻捷克共和国大使馆经济商务处网站，2023年4月16日，http://cz.mofcom.gov.cn/article/jmxw/202304/20230403404188.shtml，最后访问日期：2024年3月27日。

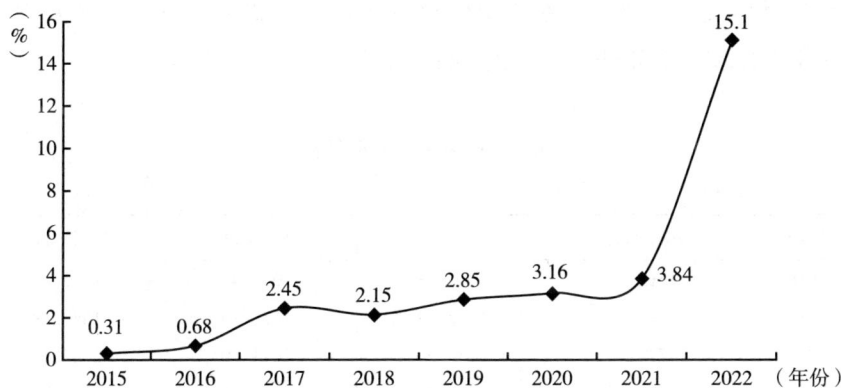

图3　捷克通货膨胀率

资料来源："Inflation, Consumer Prices（Annual %）", The World Bank, https：// data. worldbank. org/indicator/FP. CPI. TOTL. ZG? locations＝CZ, accessed March 25, 2024。

表2　捷克零售物价指数

年份	全部	食品和非酒精饮料	酒精饮料和烟草	服装、鞋类	住房、水、能源、燃料
2018	105. 3	105. 6	109. 4	101	105. 3
2019	108. 3	108. 5	111. 8	99. 8	110. 9
2020	111. 8	113. 5	120. 3	103. 4	114. 1
2021	116. 1	114. 4	130. 4	110. 2	117. 3
2022	133. 6	133. 5	138. 6	130. 7	139. 5
2023	147. 8	148. 8	147. 7	145. 2	162. 9

资料来源：Czech Statistical Office, *Statistic Yearbook of the Czech Republic*, Prague, November 2023。

二　财政与金融

（一）政府债务与财政

如表3所示，新冠疫情之前捷克中央政府债务已呈现缓慢上涨趋势，但季度性变化不大。疫情发生后捷克中央政府债务迅速增长，季度数据一举突破20亿克朗并居高不下。2022年捷克政府债务达到28948亿克朗，人均债务达 27.5 万克朗。政府债务占 GDP 比重从 2021 年的 40.4%上升至 42.9%。2023 年中央政府债务进一步增加，财政赤字问题进一步加剧。

表 3　捷克中央政府债务

单位：亿克朗

年份	第一季度	第二季度	第三季度	第四季度
2018	1712.14	1713.53	1671.4	1622
2019	1731.61	1712.59	1685.15	1640.19
2020	1772.76	2156.9	2071.89	2049.73
2021	2419.85	2416.29	2333.88	2465.73
2022	2593.89	2707.72	2890.39	2894.84
2023	2997.04	3044.42	3115	

资料来源：Czech Statistical Office，*Statistic Yearbook of the Czech Republic*，Prague，November 2023。

2016~2022 年，捷克一般政府债务和中央政府债务占 GDP 比重呈现攀升态势，两者水平大致相当。疫情前捷克一般政府债务和中央政府债务占 GDP 比重基本维持 30%~37%，2021 年两者均突破 40%，2022 年一般政府债务和中央政府债务占 GDP 比重分别为 42.35%和 45.77%，捷克政府面临巨大的财政压力（见表4）。

表 4　捷克债务占 GDP 比重

单位：%

年份	一般政府债务占比	中央政府债务占比
2016	36.58	35.73
2017	34.24	33.94
2018	32.06	32.38
2019	30.05	30.96
2020	37.66	38.93
2021	42.02	43.56
2022	42.35	45.77

资料来源："Debt % of GDP"，International Monetary Fund，https：//data.imf.org/? sk = 89418059-d5c0-4330-8c41-dbc2d8f90f46&sid=1437501522656，accessed April 12，2024。

如图4所示，捷克财政赤字问题严重。受强制性支出和债务增加的影响，例如支付欧盟预算、增加国家交通基础设施基金（SFDI）拨款，以及提高教师工资和养老金等，结构性财政赤字不断增长。能源危机爆发后，能源价格上涨导致捷克政府支出持续增加，财政赤字问题进一步恶化。根据捷克国家统计局发布的数据，2022年捷克公共财政赤字达到2475亿克朗，占国内生产总值比重从2021年的5.1%降至3.6%。

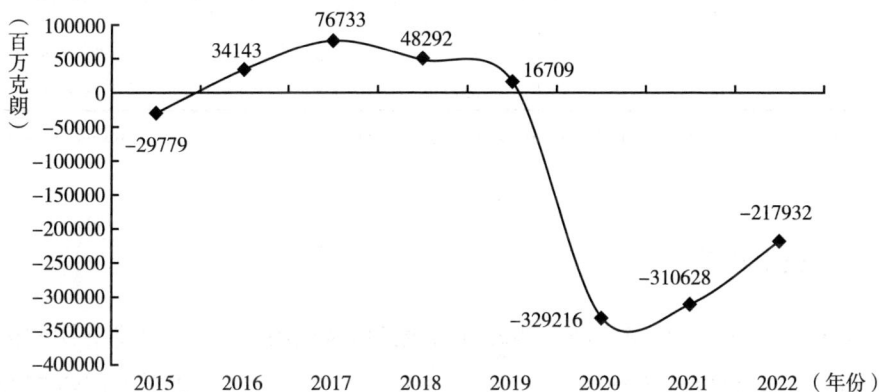

图4 捷克一般政府赤字

资料来源：Czech Statistical Office, *Statistic Yearbook of the Czech Republic*, Prague, November 2023。

（二）资本市场

捷克央行采取宽松的货币政策，以刺激经济增长。从表5可以看出，2015~2022年，M3货币量持续增长。2020~2022年，捷克本国M3货币量由5.2552万亿克朗上涨到5.9536万亿克朗，实现二连增，但增速逐渐放慢，由9.8%下降到6.7%。M2货币量由5.1797万亿克朗上涨到5.8171万亿克朗，但增速逐渐下降，与2020年10.5%的高增幅相比，2022年增幅仅为5.6%。货币供应量增加在一定程度上加剧了通货膨胀。由于捷克国内企业资金状况恶化、经济活动减少和经济景气度下降，M1货币量在2021年突破5万亿克朗，2022年又跌落到5万亿克朗水平以下，增速也远不及疫情前水平。

表 5　货币总量及各部分明细

项目	2015 年	2020 年	2021 年	2022 年
货币量(亿克朗)				
M3	3595.5	5255.2	5611.0	5953.6
M1	3101.2	4797.7	5057.1	4799.0
M2	3578.0	5179.7	5542.0	5817.1
年增速(%)				
M1	11.4	15.9	5.8	−4.6
M2	8.5	10.5	7.3	5.6
M3	8.2	9.8	7.1	6.7

资料来源：Czech Statistical Office，*Statistic Yearbook of the Czech Republic*，Prague，November 2023。

(三)利率

为了遏制由供应链中断、能源价格飙升以及国内劳动力市场紧张引起的高通胀，自 2020 年 5 月捷克央行不断上调回购利率，从 0.25% 上调到 2022 年 6 月的 7%（见表6）。

表 6　捷克利率调整情况

日期	回购利率	折现利率	伦巴德利率
2021 年 6 月 24 日	0.5	0.05	1.25
2021 年 8 月 6 日	0.75	0.05	1.75
2021 年 10 月 1 日	1.5	0.5	2.5
2021 年 11 月 5 日	2.75	1.75	3.75
2021 年 11 月 23 日	3.75	2.75	4.75
2022 年 2 月 4 日	4.5	3.5	5.5
2022 年 4 月 1 日	5	4	6
2022 年 5 月 6 日	5.75	4.75	6.75
2022 年 6 月 23 日	7	6	8

资料来源：Czech Statistical Office，*Statistic Yearbook of the Czech Republic*，Prague，November 2023。

为应对新冠疫情的影响，2020 年 3 月捷克央行紧急降息，基准利率由原来的 2.25%下降到 0.25%，降息幅度达到 88.89%。2021 年 9 月，捷克央行上调利率到 0.75%，同年 11 月再将基准利率提高至 2.75%，这是捷克自1997 年以来最大幅度的加息。[①] 加息的主要原因是通货膨胀加剧，当年 9 月捷克通胀率接近 5%。2022 年 6 月，基准利率上调至 7%，以遏制通胀。2023 年 12 月捷克央行下调基准利率至 6.75%，以提振经济。

捷克信贷以居民贷款为主，其次为主要用于购房和消费的家庭贷款。截至 2021 年 6 月底，捷克银行业资产总额为 4122 亿美元，其中居民贷款达2921 亿美元，占比为 71%；家庭贷款为 907 亿美元，占银行比为 22%，主要为住房贷款（占比 78%）和消费贷款（占比 13.9%）。捷克企业的主要资金来源是银行信贷间接融资，资本市场直接融资占比较小。2019 年捷克银行信贷融资占企业资本的比重为 25.5%，上市筹资和债券筹资占比分别仅为 4.2%和 3.6%，且占比在过去 10 年不断下滑。如表 7 所示，2020~2022年，捷克国内贷款总额逐年上升，从 2020 年的 3.596 万亿克朗增长到 2022年的 4.072 万亿克朗，平均每年上涨 6%。

捷克超低抵押贷款利率的时代正在结束。2021 年 9 月捷克最大的抵押银行将抵押贷款利率调高至 3%，2022 年 6 月 22 日捷克央行宣布将抵押贷款利率上调至 8%，贴现率提高至 6%。

表 7 捷克贷款账户

单位：百万克朗

项目	2015 年	2020 年	2021 年	2022 年
贷款总额	2782377	3595599	3847750	4071673
非居民贷款	320894	345659	319347	344494
居民贷款	2461483	3249940	3528403	3727179
非金融企业贷款	920898	1123034	1188318	1237122

---

① 《捷克央行连续第七次大幅加息》，中华人民共和国驻捷克共和国大使馆经济商务处网站，2022 年 6 月 24 日，http://cz.mofcom.gov.cn/article/jmxw/202206/20220603321875.shtml，最后访问日期：2024 年 3 月 27 日。

续表

项目	2015 年	2020 年	2021 年	2022 年
金融机构贷款	158703	210527	234784	283994
一般政府信贷	58225	53957	58590	62016
家庭贷款	1321352	1858690	2043390	2141068
非营利机构贷款	2305	3732	3321	2979

资料来源：Czech Statistical Office，*Statistic Yearbook of the Czech Republic*，Prague，November 2023。

（四）汇率

自 2015 年以来，捷克克朗对欧元和对美元汇率均维持在相对稳定的水平。捷克克朗对欧元汇率基本维持在 26 上下波动，捷克克朗对美元汇率基本维持在 23 上下波动，总体变化幅度不大。捷克央行数据显示，2022 年捷克克朗对美元平均汇率为 23.36，对欧元平均汇率为 24.565（见表 8）。

表 8　捷克克朗对美元、欧元汇率

项目	2015 年	2016 年	2017 年	2018 年	2019 年	2020 年	2021 年	2022 年
对欧元	27.283	27.033	26.330	25.643	25.672	26.444	25.645	24.565
对美元	24.600	24.432	23.382	21.735	22.934	23.196	21.682	23.36

资料来源："Official Exchange Rate（LCU per US$，Period Average）"，The World Bank，https：//data. worldbank. org/indicator/PA. NUS. FCRF? locations = CZ&view = chart，accessed March 25，2024。

三　产业发展

捷克工业基础雄厚，二战后捷克改变了原来的工业结构，重点发展钢铁、重型机械工业，以机械制造、机床、动力设备、船舶、汽车、电力机车、轧钢设备、军工、轻纺为主，化学、玻璃工业也较发达，纺织、制鞋、啤酒酿造均闻名于世。捷克服务业发展相对较快，服务业增加值占 GDP 比重和产业内劳动力比重在三大产业中均处于领先地位。

2021 年，捷克第一、第二、第三产业占 GDP 比重分别为 1.95%、31.21% 和 57.72%（见表9）。捷克第一产业和第二产业产值占比小，变化较小，第三产业占比较大。近年来捷克服务业发展较快，占比不断提高，第三产业逐渐成为捷克的支柱性产业。[1]

（一）第一产业

1. 农业

捷克拥有 420 万公顷农业用地，其中 300 万公顷为耕地，农产品可基本实现自给自足。捷克农业生产值占 GDP 比重保持在相对稳定的水平，与欧盟平均水平（1.7%）相差不大，农业产出并不是捷克 GDP 的主要来源。2022 年捷克粮食总产值为 120752 百万克朗，畜牧业产值为 66079 百万捷克克朗，农业增加值占 GDP 比重为 1.95%（见表9）。

表9 捷克农业、工业、服务业增加值占 GDP 比重

单位：%

指标	2017 年	2018 年	2019 年	2020 年	2021 年
农业增加值占 GDP 比重	2.06	1.94	1.86	1.92	1.95
工业增加值占 GDP 比重	32.71	31.76	31.52	30.76	31.21
服务业增加值占 GDP 比重	55.10	56.42	56.97	58.32	57.72

资料来源：Czech Statistical Office, *Statistic Yearbook of the Czech Republic*, Prague, November 2023。

在所有农产品中，谷物类作物产量最大，2018～2022 年年均产量达到 789.55 万吨；产量居于第二位的是根茎类作物，年均产量达到 441.85 万吨（见表10）。

---

[1] 《对外投资合作国别（地区）指南：捷克（2022 年版）》，中华人民共和国商务部网站，2022 年 12 月，http://www.mofcom.gov.cn/dl/gbdqzn/upload/jieke.pdf，最后访问日期：2024 年 3 月 27 日。

表 10　捷克农产品产量

单位：千吨

种类	2015 年	2018 年	2019 年	2020 年	2021 年	2022 年	2018~2022 年平均
谷物类	8183.5	6970.9	7646.1	8126.7	8227.1	8218.4	7895.5
根茎类	3942.1	4328.5	4298.1	4382.1	4830.7	4729.5	4418.5
工业作物	1377.4	1519.4	1253.8	1353.3	1184.7	1337.0	1337.6
可耕地饲料	2708.3	3967.4	4841.6	5295.1	5146.2	4610.4	4428.2

资料来源：Czech Statistical Office, *Statistic Yearbook of the Czech Republic*, Prague, November 2023。

捷克谷物类作物中销售量最高的是小麦作物，主要原因在于捷克是啤酒生产和消费大国。2022 年捷克小麦销售量为 440.53 万吨，工业甜菜销售量居于第二位，为 401.88 万吨（见表 11）。

表 11　捷克农业产品销售量

单位：千吨

种类	2015 年	2018 年	2019 年	2020 年	2021 年	2022 年
谷物类总销量	7990.3	6782.1	6863.9	7556.3	7543.5	7111.7
小麦	5017.4	4340.7	4369.7	4792.1	4581.4	4405.3
大麦	1811.3	1503.4	1420.6	1505.5	1629.8	1547.6
土豆	548.7	595.6	593.6	633.6	658.6	667.3
工业甜菜	3951.8	4063.0	3838.5	3691.3	4062.8	4018.8
油菜	1472.3	1446.4	1259.0	1362.5	1156.2	973.1

资料来源：Czech Statistical Office, *Statistic Yearbook of the Czech Republic*, Prague, November 2023。

2. 林业

捷克森林资源丰富，面积达 268 万公顷，森林覆盖率为 34%，在欧盟居第 12 位。主要树种有云杉、松树、冷杉、榉木和橡木等。森林木材储量为 6.78 亿立方米，平均每公顷 264 立方米。随着全球气候变暖，2017 年以树皮甲虫灾害为首的虫害的暴发对欧洲的森林造成大面积的破坏。2019~2020 年，捷克林业产值增加额为 115 亿~118 亿克朗，相较 2018 年出现约

35.19%的下降。

2021 年捷克的森林虫害情况相较 2020 年有明显好转，主要原因是 2021 年中欧相对寒冷和潮湿的气候有效遏制了树皮甲虫灾害。[①] 根据 2022 年捷克国家统计局发布的林业基本指标报告，2021 年捷克林业产值增加额为 192.35 亿克朗，相较上年增长 66.78%，实现了近 5 年内最大涨幅。

捷克林业整体发展成熟，呈现出企业数量精简的同时行业总产值不断增加的良好态势。林业就业情况稳步改善，从业人员总数不断增加，截至 2021 年捷克全国林业从业人员共 19660 名，月薪从疫情前的每月 31234 克朗上涨到 2021 年的每月 34803 克朗（见表 12）。

表 12　捷克基本林业指标

指标	2015 年	2019 年	2020 年	2021 年
活跃企业数量（家）	8607	7713	7611	7438
从业人员总数（人）	19388	19292	19576	19660
平均注册员工人数（人）	12491	13125	13230	13467
员工平均月工资（克朗）	23829	31234	33246	34803
产值增加额（百万克朗）	15682	11779	11533	19235

资料来源：Czech Statistical Office，*Statistic Yearbook of the Czech Republic*，Prague，November 2023。

（二）第二产业

捷克工业制造业主要包括汽车及零配件、机械制造、电气、飞机、药品和生物技术、纳米技术和新材料等。捷克工业产品以出口为主，主要出口市场为欧盟成员国，特别是德国。根据 2022 年捷克国家统计局发布的统计报告，2015~2022 年捷克工业生产指数曲线呈现出先缓慢下降后逐步回升的 V 形态势，总体波动幅度较小（见图 5）。

[①] 《2022 年德国虫害材预计减少 50%：预示欧洲地区虫害材将显著减少》，纸视界，2022 年 4 月 13 日，http://www.paperinsight.net/ljz/9778.html，最后访问日期：2024 年 3 月 25 日。

图5　捷克工业生产指数

资料来源：Czech Statistical Office, *Statistic Yearbook of the Czech Republic*, Prague, November 2023。

　　如图6所示，2022年上半年捷克制造业维持在50%的荣枯线之上，但已经出现下滑态势，下半年进一步下降，整体发展状况不佳。2022年初捷克制造业采购经理人指数（PMI）为59%，6月PMI降到49%，下半年继续下跌。尽管12月相较11月上升了1个百分点，整体水平仍然处于50%荣枯线之下，经济仍处于收缩区间。

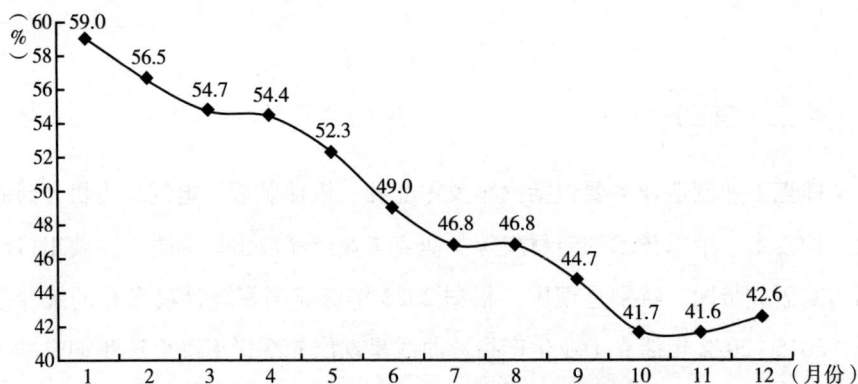

图6　2022年捷克制造业采购经理人指数

资料来源：笔者根据标普公司统计数据计算而得，参见标准普尔2022年刊《经济数据》。

电气电子工业是捷克最具竞争力的制造产业之一，销售额仅次于交通运输制造业和冶金业，居第 3 位，产值占捷克制造业总产值的 14%。全国电气电子企业超 1.7 万家，员工总数逾 18 万人。电气电子工业主要包括强电流电气技术，计算机，无线电、电视和通信设备，仪器和自动化设备四大行业，其中强电流电气技术行业产值占电气电子工业总产值的 44%。

电气电子工业也是捷克制造业第一大出口产业，出口产品主要有强电流设备、计算机设备和电子配件等，主要出口目的地有德国、荷兰、法国等欧盟国家以及英国；主要进口来源国有德国、中国、荷兰和日本，主要进口产品包括影音设备、电子元件和计算机设备等。电气电子工业吸引外资总量仅次于汽车工业。

汽车工业是捷克国民经济支柱产业，世界汽车零部件厂商 50 强有一半在捷克投资。捷克汽车工业产值在工业总值和出口额中占比均为 21%，直接就业总人数超过 15 万人，有近 40 万人在与汽车生产相关的行业中工作。

受新冠疫情和关键零部件短缺的严重影响，2021 年捷克汽车产量为 110.5 万辆，同比下降 4.1%。2022 年汽车工业继续受到零部件短缺以及经济衰退的影响，汽车减产使捷克新车销量同比下降 7.2%，至 192087 辆。但捷克汽车出口额实现了近 5 年来最大幅度增长，同比上涨 21.69%，为 240 亿欧元。

（三）第三产业

捷克央行报告显示，2016 年服务业总产值同比增长约 23%，达到 1070 亿克朗，2017 年实现 16.8% 的增长，达到 1250 亿克朗。随后基本呈现逐年下降的趋势，2022 年跌破 1000 亿克朗，仅为 900 亿克朗，为 5 年内最低水平。

捷克大型餐饮住宿企业（雇佣人数超过 250 人）近年来总体发展情况不佳，企业数量、就业人数和薪资水平相较以往都有所下降。大型餐饮住宿企业数量从 2019 年的 26 家减少到 2021 年的 20 家，下降幅度达到 23%。大型餐饮住宿企业的销售额及再销售额也出现了较大幅度的下降，从 2019 年的 262.25 亿克朗下降到 2020 年的 154.3 亿克朗，降幅达到 41.16%。大型餐饮住宿企业雇佣人数从 2019 年的 14100 人下降到 11407 人。捷克住宿和餐饮服务业的整体情况如表 13 所示。

表 13　捷克住宿和餐饮业

指标	2015 年	2019 年	2020 年	2021 年
企业数量（家）	58612	59913	59497	58656
就业人数（人）	165277	184189	171448	164361
平均注册员工数量（人）	112891	125830	113695	107003
平均月工资（克朗）	14009	19605	18375	20333
商品服务销售额（百万克朗）	140470	206798	127960	136300
产值增加额（百万克朗）	46270	66315	28293	33104

资料来源：Czech Statistical Office，*Statistic Yearbook of the Czech Republic*，Prague，November 2023。

捷克通信产业近年来发展势头迅猛，行业前景良好，潜力巨大。捷克通信产业产值不断增加，2022 年为 3113.87 亿克朗，产值增加额为 1403.55 亿克朗。2019 年捷克有 58012 家通信公司，2021 年有 64310 家通信公司，整个行业充满活力。这也为捷克国内提供了更多就业机会，在一定程度上缓解了国内就业压力。2021 年捷克通信行业的就业人数为 204085 人，平均月收入为 60727 克朗，均稳步上涨（见表 14）。

表 14　捷克通信行业情况

指标	2010 年	2015 年	2018 年	2019 年	2020 年	2021 年
企业总数（家）	42182	44555	55491	58012	61322	64310
就业人数（人）	158629	165926	188627	195156	198566	204085
平均月工资（克朗）	39042	44394	52067	54787	57519	60727
产值增加额（百万克朗）	175167	190417	237334	262941	280561	301321

资料来源：Czech Statistical Office，*Statistic Yearbook of the Czech Republic*，Prague，November 2023。

捷克拥有丰富的旅游资源，有"中欧花园"的美誉。首都布拉格有"金色布拉格"和"百塔之城"的称号。旅游业是捷克经济收入的重要来源，2019年捷克旅游业收入占GDP的2.9%，其中国际旅游业总收入为3082.42亿克朗，相较2015年上涨23.24%；国内旅游业收入为1313.51亿克朗，相较2015年上涨28.73%。

新冠疫情使捷克旅游业受到严重冲击，产业收入急剧下降。2020年捷克国际旅游业总收入仅为1364.86亿克朗，不到2019年的一半（见表15）。国内旅游业收入为875.3亿克朗，相较上年下降33.36%。2021年捷克旅游业回升，国际旅游业总收入达到1551.53亿克朗，但仍只有疫情前的一半（见表15）；国内旅游业收入达到1051.39亿克朗，上涨20.12%。

2022年捷克旅游业继续好转，但未达到预期水平。2022年共有1950万名游客，与2021年相比增长了71%，但仍低于疫情前水平，其中有730万人是外国游客，占比为37.4%。

表15　捷克旅游卫星账户

指标	2018年	2019年	2020年	2021年
国际旅游业总收入（百万克朗）	250107	308242	136486	155153
国内旅游商品消费额（百万克朗）	72171	85295	37529	43392
旅游业余额（百万克朗）	84372	92400	25251	12128
旅游业对总增加值贡献（%）	2.7	2.8	1.5	1.5

资料来源：Czech Statistical Office，*Statistic Yearbook of the Czech Republic*，Prague，November 2023。

捷克交通运输以公路、铁路、水路和航空为主。2022年公路客运量总计3.34亿人次，货运量总计4.74亿吨；铁路客运量总计1.76亿人次，货运量总计9338.5万吨；水运货运量总计126.6万吨；空运客运量总计406.5万人次，货运量总计7.33万吨。

2021~2022年捷克铁路运输货物进口量高于出口量，出口量从2426.2万吨下降到1945.9万吨，进口量从3357.4万吨下降到2549.3万吨（见表16）。

表 16　捷克铁路运输量

单位：千吨

项目	出口		进口	
	2021 年	2022 年	2021 年	2022 年
总量	24262	19459	33574	25493
农业、畜牧业和林业产品,鱼类及其他渔业产品	2683	2344	309	455
煤和褐煤,原油和天然气	1473	1167	3608	3864
金属矿石和其他矿石,采石产品,泥炭,铀和钍	389	383	6417	5556
焦炭和精炼石油产品	2394	1283	2651	3050
种类不明商品	9448	7985	14081	8091

资料来源：Czech Statistical Office，*Statistic Yearbook of the Czech Republic*，Prague，November 2023。

2020 年，受新冠疫情影响，捷克航空班次相较 2019 年出现断崖式下降，降幅达到 83.84%，仅有 12197 次。尽管 2021 年国际航空业逐渐复苏，但捷克航空运输量进一步下滑至 11231 次，同比下降 7.92%，但下降速度减缓。2022 年捷克航空运输班次增加，达到 14313 次，涨幅达到 27.44%，行业整体态势向好。

表 17　捷克航空业运输量

年份	2015 年	2019 年	2020 年	2021 年	2022 年
总航班数(次)	62227	75473	12197	11231	14313
总飞行时长(小时)	127207	153711	26960	32078	44282
总飞行里程(千公里)	97463	81376	17058	21255	29482
总运输乘客数量(千人)	5393	6922	1117	2075	4065
总运输货物量(千吨)	5790	4333	1007	400	65

资料来源：Czech Statistical Office，*Statistic Yearbook of the Czech Republic*，Prague，November 2023。

（四）产业政策

在《2030 年捷克共和国战略框架》中，捷克政府确定了经济政策的基本方向为加大吸引外国直接投资力度，大力发展本国经济，寻找新的经济增长来源。例如，推动创业创新；实施以研究、开发和创新为重点的促进增长措施，并增强基础设施的韧性；提高自然资源的利用效率，防止资源消耗和污染物造成的损害。[①]《2019～2030年捷克共和国创新战略》和《2020～2030年捷克共和国经济战略》提出通过绿色转型和数字化转型，采用最先进的技术，努力保持原有的强大工业基础和能源自给自足的高附加值经济；在改革和公共投资的支持下，使用最先进的技术增强经济和社会的融合，提高经济竞争力，提高人民生活质量。

四　外贸外资

2021年，捷克进出口总额约为78724.4亿克朗（约合3398.9亿美元）。其中，出口额约为39354.9亿克朗（约合1699.1亿美元），同比增长8.2%；进口额约为39369.5亿克朗（约合1699.76亿美元），同比增长19.9%；贸易逆差约为15亿克朗（约合0.65亿美元）。这是捷克自2010年以来首次出现贸易逆差。[②] 根据捷克国家统计局的分析，原油和天然气价格上涨是出现贸易逆差的主要原因。

2022年，捷克进出口总额约为104706.3亿克朗（约合4474.6亿美元）。其中，出口额约为52686.24亿克朗（约合2251.54亿美元），进口额约为52020.06亿克朗（约合2223.07亿美元），贸易顺差约为666.18亿克朗（约合28.47亿美元）。

捷克主要贸易伙伴国有德国、中国、波兰、斯洛伐克、意大利、法国、奥地利、俄罗斯等。捷克主要出口商品有汽车、机械设备、电子产品、化工

---

① 《捷克国家复苏计划》，中华人民共和国驻捷克共和国大使馆经济商务处网站，2021年8月18日，http://cz.mofcom.gov.cn/article/ztdy/202108/20210803189318.shtml，最后访问日期：2024年3月25日。

② 《对外投资合作国别（地区）指南：捷克（2022年版）》，中华人民共和国商务部网站，2022年12月，http://www.mofcom.gov.cn/dl/gbdqzn/upload/jieke.pdf，最后访问日期：2024年2月27日。

与医药产品等；主要进口商品有机械产品、电子产品、电信设备、通用机械、石油及石油产品、轻工产品、食品等。

受疫情影响，捷克的国际投资受到一定阻碍，自 2020 年捷克外国直接投资连续两年下降，但仍然保持在 90 亿美元的水平之上。2022 年随着经济进一步恢复，捷克外国直接投资相较上年增长 8.86%，达到 98.53 亿元，虽仍不及疫情前水平，但整体投资环境在欧盟中仍然表现良好。

尽管欧洲发生能源危机，全球供应链也出现一系列问题，但捷克的外商投资收益实现增长。在经历了疫情造成的短期收益下降后，2022 年捷克外国直接投资收益实现了 9.6% 的增长（见图 7）。相较欧元区其他国家，捷克仍然保持着吸引外资的优势地位。

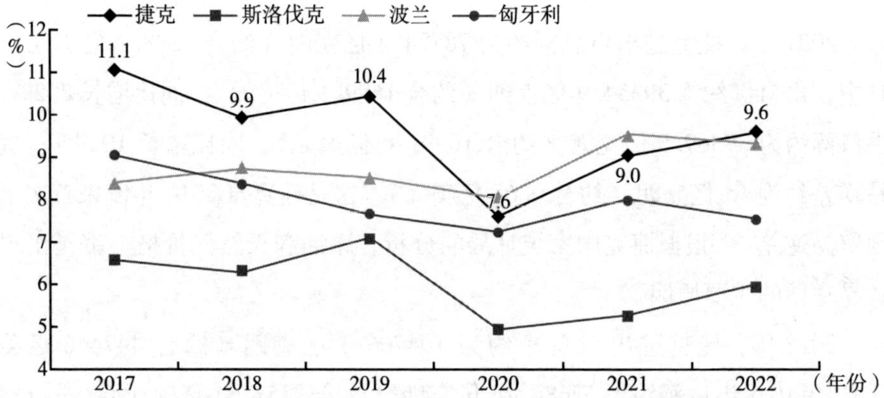

图 7　捷克、斯洛伐克、波兰及匈牙利外国直接投资收益增长情况对比

资料来源：Czech National Bank, *Balance of Payments Report 2022*, Prague, June 2023, p.15。

近年来捷克对外投资额出现较大幅度的波动。根据联合国贸易和发展会议《2023 世界投资报告》① 公布的数据，早在疫情前捷克对外投资就出现大幅下跌。2017 年捷克对外投资总额为 75.6 亿美元，2018 年达到 86.63 亿美元，增长 14.59%；2019 年捷克对外投资额骤降，仅为 41.28 亿美元。

---

① 《2023 世界投资报告》，联合国贸易和发展会议网站，2023 年 8 月 8 日，https://unctad.org/publication/world-investment-report-2023，最后访问日期：2024 年 4 月 12 日。

疫情发生后，2020 年捷克对外投资额又大幅下降到 29.9 亿美元，约下降 27.57%。2021 年捷克对外投资额大幅上涨，总额达到 77.34 亿美元，但此次增长后劲不足，2022 年再次跌落到 24.74 亿美元，并未达到经济恢复预期。

长期以来，捷克的外国直接投资远远高于其对外投资，外资控股的本国企业数量超过海外投资企业数量，高度依赖外资。2015~2022 年捷克外资占 GDP 比重的均值为 7.75%，外资占比除 2020 年略微下降到 6.4% 外，其余年份波动不大；同时捷克对外投资额占 GDP 比重的均值为 1.57%，远低于外资的占比。

中国是捷克第二大贸易伙伴，同时捷克是中国在中东欧地区的第二大贸易伙伴。在捷中资企业涉及制造、信息通信、金融、交通运输和仓储、体育、商业服务、科研、批发零售等多个行业领域。此外，中欧班列连接中国与捷克，海外仓和物流中心带动跨境电子商务发展。

中捷两国克服疫情等不利因素的影响，促进双边贸易往来，进出口额均出现增长。2021 年，两国双边贸易总额约为 383 亿美元，同比增长 14.2%，占捷克外贸总额的 8.7%。其中，捷克对华出口额为 650 亿克朗，同比增长 12.3%，占捷克出口总额的 1.3%；捷克自华进口额为 7666 亿克朗，同比增长 14.3%，占捷克进口总额的 16.7%。[1]

捷克自华进口额远远超过对华出口额，中国对捷克保持贸易出超的优势地位。2022 年中国对捷克继续保持出口优势。中国海关统计数据显示，2022 年 1~12 月，中国对捷克的出口额远高于自捷克进口额（见表 18）。

表 18 2022 年中捷贸易往来额

单位：百万美元

时间	中国对捷克出口	中国自捷克进口
2022 年 1 月	1532	517.94
2022 年 2 月	1124	377.27
2022 年 3 月	1511	428.18

[1] 《2021 年中国与捷克贸易增长 14.2%》，中华人民共和国驻捷克共和国大使馆经济商务处网站，2022 年 2 月 8 日，http://cz.mofcom.gov.cn/article/jmxw/202202/20220203278598.shtml，最后访问日期：2024 年 4 月 12 日。

续表

时间	中国对捷克出口	中国自捷克进口
2022 年 4 月	1250	415.01
2022 年 5 月	1353	488.75
2022 年 6 月	1597	516.91
2022 年 7 月	1576	486.79
2022 年 8 月	1691	458.64
2022 年 9 月	1811	446.78
2022 年 10 月	1452	380.5
2022 年 11 月	1764	413.78
2022 年 12 月	1550	483.74

资料来源：笔者根据海关总署数据整理制作，参见《2022 年中捷进出口贸易额》，中华人民共和国海关总署海关统计数据在线查询平台，http：//stats.customs.gov.cn，最后访问日期：2024 年 4 月 12 日。

结　语

2024 年 1 月，捷克财政部发布宏观经济预测，将 2024 年经济增长预期由此前的 1.9% 下调至 1.2%，年平均通胀率由 3.3% 下调至 3.1%，失业率将保持在 2.8% 的较低水平，实际工资将在两年后实现恢复性增长。公共财政赤字率将下降至 2.2%，捷克将满足引入欧元的标准之一。捷克央行也下调了宏观经济预测，将 2024 年经济增长预期由 2023 年 11 月预测的 1.2% 下调至 0.6%，将 2025 年经济增长预期由 2.8% 下调至 2.4%。[1] 未来，捷克政府将实施更多的经济改革措施，促进创新和科技发展，提高经济竞争力。

---

[1] 《欧委会、捷克央行下调 2024 年捷克经济增长预期》，中华人民共和国驻捷克共和国大使馆经济商务处网站，2024 年 2 月 27 日，http：//cz.mofcom.gov.cn/article/jmxw/202402/20240203475067.shtml，最后访问日期：2024 年 3 月 25 日。

B.5
2022年斯洛伐克经济发展报告

李航 潘玉冰 王嘉欣[*]

摘 要： 2022年，斯洛伐克经济在内外部挑战中实现增长，但增速放缓。宏观经济层面，人均GDP和消费支出增长，反映出其经济的内在活力。就业方面，劳动力总数增加，劳动参与率提高，尽管失业率略有上升，但整体就业状况保持稳定。通货膨胀率受全球经济影响而上升，财政状况保持稳健，税收总额有所增长。产业结构方面，农业、制造业和服务业三大产业维持稳定发展态势。外贸方面，货物贸易进出口总额增长，主要贸易伙伴为德国、捷克等国。外国直接投资净流入显著增长，显示出斯洛伐克对投资者的吸引力。

关键词： 斯洛伐克 就业 税收 制造业 投资

一 宏观经济发展

（一）经济总量及增长速度

如图1所示，2018~2022年，斯洛伐克经济总体呈现增长趋势，国内生产总值（GDP）增长率存在波动。

2018年，斯洛伐克GDP达到1061.4亿美元，增长率为4.0%，展现出

---

* 李航，北京第二外国语学院欧洲学院副教授，主要研究方向为斯洛伐克、捷克国别研究、维谢格拉德集团、中国中东欧国家合作；潘玉冰，北京第二外国语学院区域国别学院（中国"一带一路"战略研究院）硕士研究生，主要研究方向为"一带一路"国际合作；王嘉欣，北京第二外国语学院区域国别学院（中国"一带一路"战略研究院）硕士研究生，主要研究方向为"一带一路"国际合作。

强劲的经济活力。2019 年，尽管 GDP 略下降至 1057.1 亿美元，但仍然实现了 2.5%的增长。2020 年，受新冠疫情影响，斯洛伐克经济经历了-3.3%的负增长。尽管 GDP 相较 2019 年小幅增长至 1067.3 亿美元，但这主要是受到通货膨胀等因素的影响，实际上经济收缩了。随着疫情缓解，2021 年斯洛伐克经济实现强劲复苏，GDP 大幅增长至 1185.8 亿美元，增长率为 4.8%。2022 年，斯洛伐克的经济增长放缓，GDP 为 1154.6 亿美元，增长率下降至 1.8%。这与全球经济的多种不确定性因素有关，包括供应链的断裂、原材料和能源价格的上涨以及国际地缘政治紧张局势等。

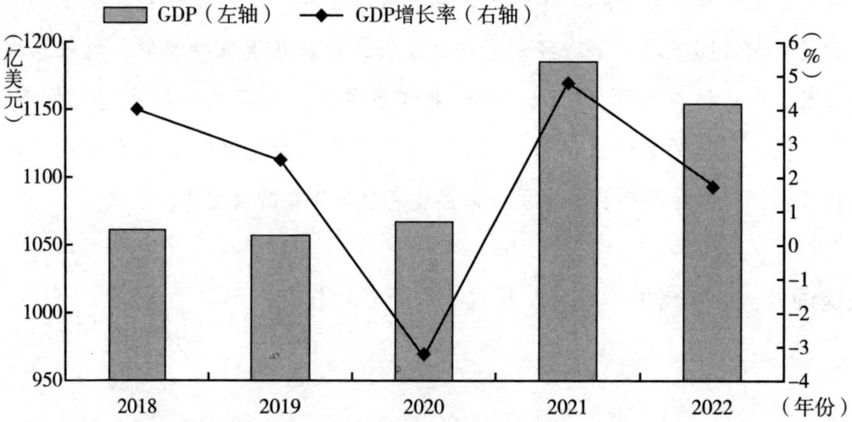

图 1　2018~2022 年斯洛伐克 GDP 及增长率

资料来源："GDP（Current US$），GDP Growth（Annual %）"，The World Bank，https：//data. worldbank. org/indicator?tab＝all，accessed April 12，2024。

（二）人均 GDP 及增长率

如图 2 所示，2018~2022 年，斯洛伐克的人均 GDP 整体上呈现增长态势，但人均 GDP 增长率存在波动。

2018 年，人均 GDP 为 19486.4 美元，增长率为 3.9%。2019 年，人均 GDP 下滑至 19381.9 美元，增长率降至 2.4%。然而，2020 年，受新冠疫情影响，人均 GDP 增长率转为-3.4%的负增长，但人均 GDP 略上升至 19552.1 美元，反映出人口动态的变化以及货币价值和购买力平价的调整。

2021 年，随着经济逐渐复苏，人均 GDP 大幅增长至 21768.1 美元，增长率高达 5.0%。2022 年，人均 GDP 增长率为 2.0%，但人均 GDP 下降至21256.8 美元。

斯洛伐克 2018~2022 年的经济表现反映出其面对外部冲击和经济波动时的韧性。持续的政策支持和全球市场环境的改善是影响斯洛伐克经济保持稳定和持续增长的重要因素。

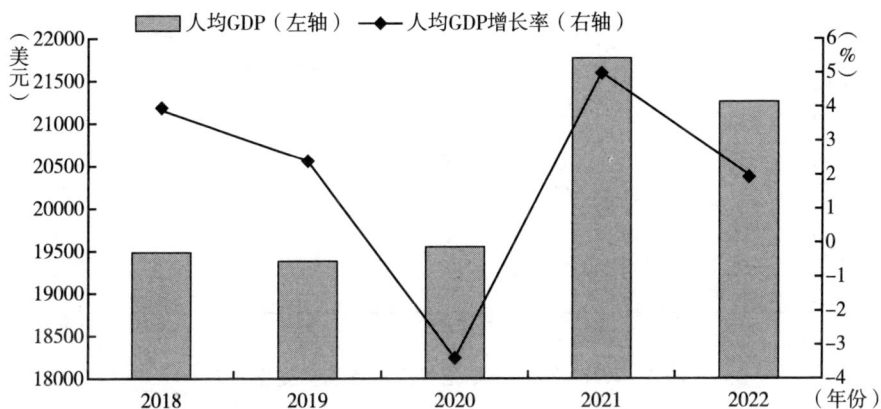

图 2　2018~2022 年斯洛伐克人均 GDP 及增长率

资料来源："GDP per Capita（Current US$），GDP per Capita Growth（Annual %）"，The World Bank，https：//data. worldbank. org/indicator?tab＝all，accessed April 12, 2024。

（三）消费

如图 3 所示，2018~2022 年，斯洛伐克的最终消费支出呈现稳定增长的趋势。2018 年斯洛伐克的最终消费支出为 793.7 亿美元。2019 年，最终消费支出略上涨至 802.9 亿美元，反映出在全球经济面临诸多挑战的背景下斯洛伐克消费领域的稳健。2020 年，即便在新冠疫情导致的经济震荡下，斯洛伐克最终消费支出仍增长至 837.7 亿美元，这主要得益于政府增加社会福利支出和采取刺激措施，以及居民增加了对必需品和家庭用品的消费。2021年，随着全球经济和斯洛伐克国内经济逐渐从疫情中恢复，斯洛伐克的最终消费支出显著增加，达到 924.2 亿美元。这一显著增长可能与消费者信心回升、商店重新开张以及旅游业的逐步复苏有关。此外，积累的储蓄和延迟的消费需求在这一年得到释放，也推动了最终消费支出的增加。2022年，斯洛伐克的最终消费支出进一步增长至948.2亿美元，尽管全球经济依然面临供应链不稳、原材料价格上涨和地缘政治紧张等挑战。这一增长体现了斯洛伐克抗击经济逆风的能力，也与该国就业市场改善和居民收入增长有关。

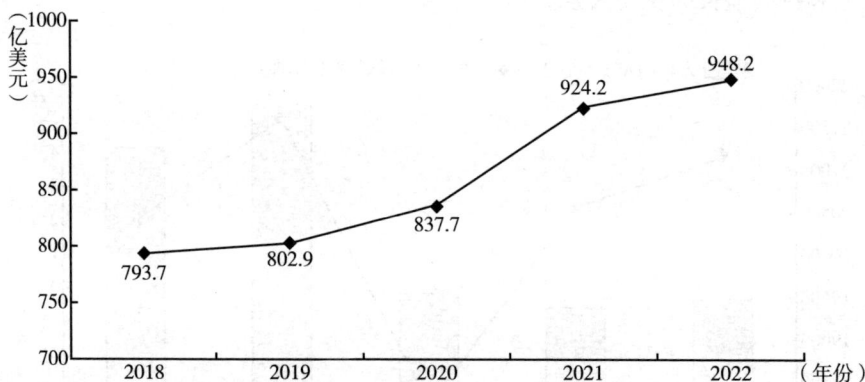

图3　2018~2022年斯洛伐克最终消费支出总额

资料来源："Final Consumption Expenditure（Current USD）"，The World Bank，https：//data. worldbank. org/indicator?tab＝all，accessed April 12，2024。

如图4所示，2018~2022年，斯洛伐克的一般政府最终消费支出和居民最终消费支出都呈现出不同程度的增长趋势。2018年，一般政府最终消费支出为197.9亿美元，居民最终消费支出为595.8亿美元，居民最终消费支出构成了国内需求的主要部分，促进了经济活动。2019年，一般政府最终消费支出上升至207亿美元，政府对公共服务和社会福利的投入增加。同年，居民最终消费支出没有显著变化。2020年，为应对新冠疫情带来的挑战，缓解疫情对社会经济造成的影响，一般政府最终消费支出增长至223.6亿美元；居民最终消费支出上升到614.1亿美元，原因是个人和家庭在健康、食品和住宿上的支出增加。2021年，随着疫情缓解和经济逐步复苏，一般政府最终消费支出达到250.5亿美元，居民最终消费支出大幅增长至673.7亿美元。2022年，一般政府最终消费支出回落至238.2亿美元，但仍显著高于 2018 年和 2019 年的水平。居民最终消费支出则继续增长至 710.1 亿美元，显示出消费者需求的强劲以及居民购买力的提升。

政府消费支出的增长是对社会经济挑战（尤其是疫情影响）的反应，而居民消费支出的持续增长则反映了经济信心的逐步恢复和消费动力的强劲，展现出斯洛伐克经济面对外部冲击时的韧性和适应能力，为其未来经济发展奠定了基础。

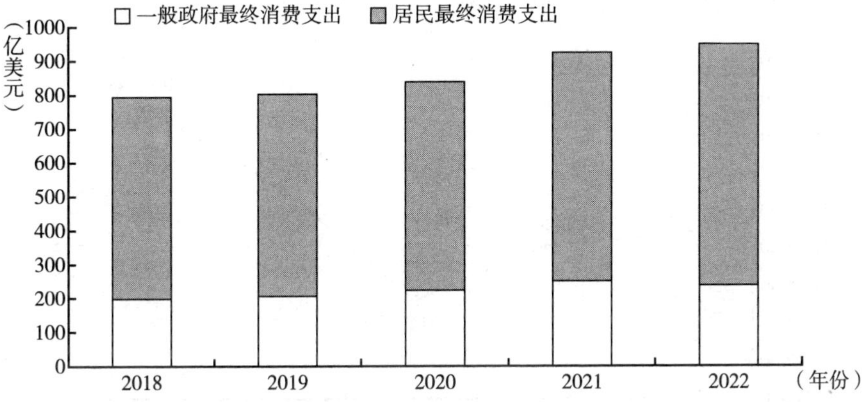

图 4　2018~2022 年斯洛伐克一般政府最终消费支出与居民最终消费支出

资料来源："General Government Final Consumption Expenditure（Current USD），Final Consumption Expenditure of Residents（Current Price in US Dollars）"，The World Bank，https：//data. worldbank. org/indicator?tab＝all，accessed April 12，2024。

（四）就业

1. 劳动力总数

如图 5 所示，2018~2022 年，斯洛伐克的劳动力总数经历了波动，但总体呈现出增长趋势。2018 年，斯洛伐克经济相对稳定，劳动力市场表现出较强的吸纳能力，劳动力总数为 2746932 人。2019 年，劳动力总数略有下降，减少到 2742063 人。这个微小的变化与影响劳动力市场流动的因素有关，如人口老龄化、年轻人教育投入的增加以及其他经济因素的微调。2020 年，劳动力总数显著减少，为 2712322 人。这一下降与新冠疫情的冲击有直接关系。疫情导致的经济停滞和就业市场的不确定性不仅影响了现有工作岗位的稳定性，也减缓了新就业机会的创造。2021 年，劳动力总数上升到 2773127 人。这一增长反映了斯洛伐克经济逐步从疫情中恢复，以及政府采取的经济刺激措施和就业保障政策开始奏效。随着疫苗的广泛接种和公共卫生情况的改善，企业活动复苏，劳动力市场逐渐回暖，就业机会增加，到 2022 年，劳动力总数进一步增长至 2814741 人。未来，维持这种增长势头需要持续关注劳动力市场的供需动态以及采取相应的支持措施来促进就业和经济活动。

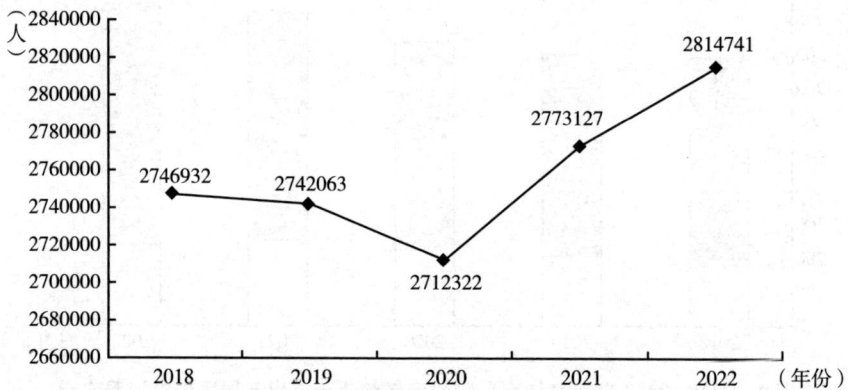

图 5　2018~2022 年斯洛伐克劳动力总数

资料来源："Labor Force, Total Number", The World Bank, https://data. worldbank. org/indicator?tab=all, accessed April 12, 2024。

2. 劳动参与率

如图 6 所示，2018~2022 年，斯洛伐克的劳动参与率总体呈现出上升趋势。2018 年，斯洛伐克的劳动参与率为 72.7%，这表示国家经济状况稳定，大部分劳动年龄人口进入了劳动力市场。2019 年，劳动参与率有所上升，达到 72.9%。然而，2020 年，新冠疫情对斯洛伐克经济产生了严重影响，造成就业市场紧张和工作岗位不稳定，劳动参与率回落到 72.7%，与 2018 年持平。2021 年劳动参与率显著提高，达到 75.0%，这主要得益于疫情逐步得到控制和经济复苏措施的推动。随着就业市场的改善，越来越多的人重返工作岗位或开始寻找工作，到 2022 年，劳动参与率进一步上升至 75.8%。

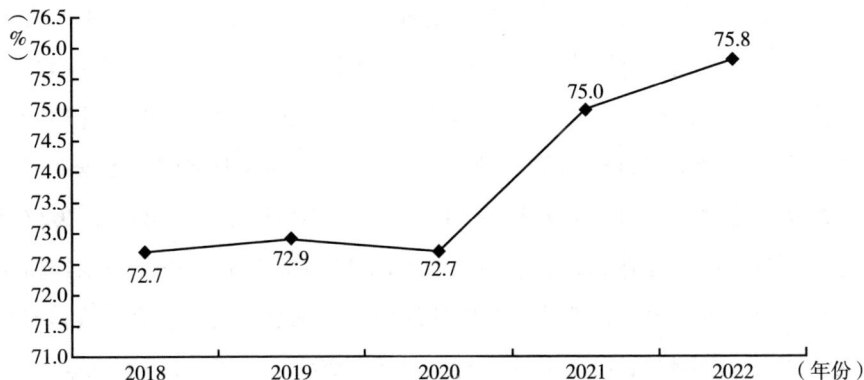

图 6　2018~2022 年斯洛伐克劳动参与率

资料来源："Labor Force Participation Rate, Total（Percentage of Total Population Aged 15-64）", The World Bank, https：//data. worldbank. org/indicator？tab＝all, accessed April 12, 2024。

3. 就业结构

如图 7 所示，斯洛伐克的就业结构相对稳定，服务业从业人员占比（占就业人数的比重）始终占据主导，工业从业人员占比紧随其后，农业从业人员占比则相对较小。

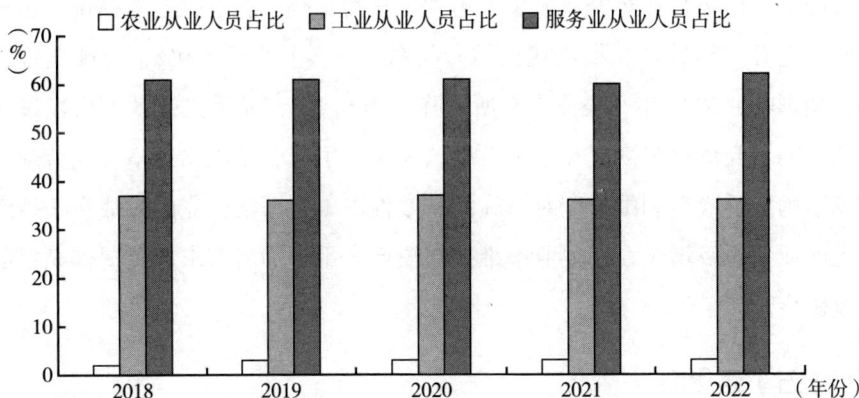

图 7　2018~2022 年斯洛伐克就业结构

资料来源："Agricultural Employed Personnel（Percentage of Total Employment）, Industrial Employed Personnel（Percentage of Total Employment）, Service Industry Employees（Percentage of Total Employment）", The World Bank, https：//data. worldbank. org/indicator？tab＝all, accessed April 12, 2024。

斯洛伐克农业部门的劳动力需求相对稳定，2018~2022 年，农业从业人员占比较小，并且变化不大，保持在 2%~3% 的区间内。斯洛伐克拥有发达的制造业和汽车产业，工业领域拥有较好的就业吸纳能力，2018~2022 年，工业从业人员保持在 36%~37%。服务业在斯洛伐克就业结构中占据主导地位，2018 年服务业从业人员占比为 61%，2021 年略微下降至 60%，2022 年上升至 62%。服务业作为斯洛伐克经济的重要组成部分，随着国家经济的发展和社会的现代化，在就业市场中的地位也越来越重要。未来，维持经济和就业结构的健康发展需要继续支持服务业的增长，同时保持工业竞争力，并促进农业的现代化。

4. 失业率

如图 8 所示，2018~2022 年，斯洛伐克的失业率起伏较大，此期间的经济环境和外部因素对劳动力市场产生了显著影响。2018 年，斯洛伐克的失业率为 6.5%，反映出斯洛伐克经济稳定增长和劳动力市场相对平衡。2019 年，失业率下降至 5.8%，反映出斯洛伐克经济的积极增长和就业市场的良好表现，表明更多的劳动力成功找到了工作。然而，2020 年，失业率上升至 6.7%，这一上升与新冠疫情的发生有直接关系。疫情对经济活动造成了极大冲击，许多行业暂停或减缓了运营，从而影响了就业机会的提供，造成失业率上升。2021 年，斯洛伐克的失业率进一步上升至 6.9%，反映出疫情的长期影响，2022 年，失业率有所下降，为 6.1%，显示出劳动力市场逐渐复苏。随着经济逐步恢复和稳定发展，失业率下降，反映出斯洛伐克劳动力市场结构的适应性和国家应对措施的有效性。未来斯洛伐克的挑战在于持续促进就业和经济增长，使失业率维持在较低水平，为所有求职者提供充足的就业机会。

（五）通货膨胀

如图 9 所示，2018~2021 年，斯洛伐克的通货膨胀率相对稳定，维持在 2%~2.5%，处于欧洲央行设定的目标附近，这通常被认为是经济健康的标志。2018 年的通货膨胀率为 2.0%，2019 年略微上升至 2.5%，2020 年下降

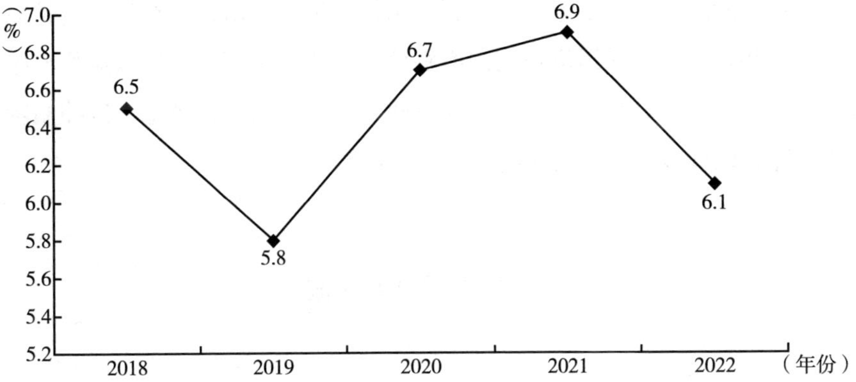

图8　2018~2022年斯洛伐克失业率

资料来源："Total Unemployment（Proportion to Total Labor Force）"，The World Bank，https：//data. worldbank. org/indicator?tab＝all，accessed April 12，2024。

至2.4%，2021年维持在2.4%的水平。稳定的通货膨胀率反映了斯洛伐克政府的宏观经济政策有效地维持了物价水平的平稳。

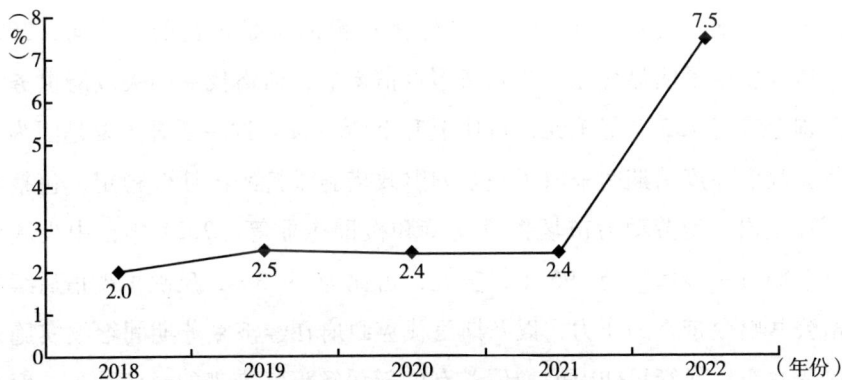

图9　2018~2022年斯洛伐克通货膨胀率

资料来源："Inflation Measured by GDP Deflator（Annual Inflation Rate）"，The World Bank，https：//data. worldbank. org/indicator?tab＝all，accessed April 12，2024。

　　然而，2022年斯洛伐克的通货膨胀率急剧上升至7.5%，这主要受到全球经济复苏、能源和商品价格上涨以及供应链不稳定等因素的影响。全球性的供应短缺与需求增长在这一年产生叠加效应，导致了价格的普遍上涨。国际能源价格的飙升尤其是天然气和石油价格上涨对斯洛伐克经济产生了显著影响。这些外部冲击对斯洛伐克国内物价水平构成了压力，导致通货膨胀率飙升。斯洛伐克政府采取包括货币和财政政策在内的综合措施，以控制物价过快上涨，确保经济的平稳运行。

二 财政与金融

（一）债务

如图 10 所示，2017~2021 年，斯洛伐克中央政府债务总额呈现增长趋势，特别是 2020 年和 2021 年增长显著。2017 年，斯洛伐克中央政府债务总额为 544.9 亿美元，占 GDP 比重为 64.4%。2018~2019 年，中央债务总额分别增长至 573.3 亿美元和 596.3 亿美元，但得益于国内经济增长，债务占 GDP 比重略微下降，分别为 63.8% 和 63.2%。这表明在这段时间内，斯洛伐克的债务相对于其经济规模而言是可控的。然而，2020 年，情况发生了明显变化。受到新冠疫情影响，斯洛伐克中央政府债务总额急剧上升至 732.7 亿美元，占比上升至 78.4%。这一跃升主要是因为斯洛伐克政府在疫情期间采取了一系列财政措施维持经济社会稳定，包括增加医疗支出、为劳动力市场提供支持和援助企业等。2021 年，中央政府债务总额进一步增长至 795.1 亿美元，占比为 79.3%，反映了疫情后续影响给公共财政带来的压力，以及斯洛伐克政府在经济复苏期间继续实施财政刺激政策。尽管短期内增加债务有助于缓解疫情带来的经济冲击，但从长期来看，持续高水平的债务会给国家的财政持续性带来挑战。因此，斯洛伐克政府需要在促进经济增长和确保财政稳定之间寻找平衡，并采取适当措施应对未来可能的风险。

（二）税务

如图 11 所示，2017~2021 年，斯洛伐克的税收总额总体呈现增长趋势，

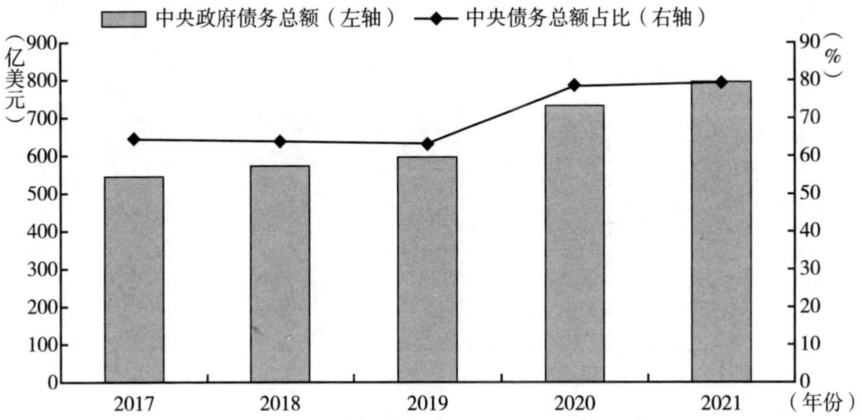

图10 2017~2021年斯洛伐克中央政府债务总额及占GDP的比重

资料来源："Total External Debt Stock（DOD，Current USD）；Central Government Debt，Total（as a Percentage of GDP）"，The World Bank，https：//data. worldbank. org/indicator?tab =all，accessed April 12，2024。

但税收占比波动较大。斯洛伐克的税收结构和税收政策在这一时期基本保持一致性，反映出经济活动及税率等宏观经济因素对税收收入的影响。2017年，斯洛伐克税收总额为157.2亿欧元，占GDP比重为18.6%。2018年，税收总额增长到166.7亿欧元，占GDP比重略下降至18.5%。2019年，税收总额增长至177.4亿欧元，占GDP比重也有所上升，达到18.8%。这一增幅反映了经济活动的增加和税基的扩大，也与税收合规性改善及税收收缴效率提高有关。2020年，受到新冠疫情影响，税收总额有所下降，降至174.2亿欧元，但占GDP比重相对稳定，为18.6%。这与疫情期间政府的税收减免措施有关，以支持受疫情影响的企业和个人。2021年，斯洛伐克的税收总额增长至193.5亿欧元，占GDP比重上升至19.3%。随着疫情缓解和经济活动的回暖，经济逐步复苏，企业和消费者信心增强，进而带动了税收增长。

如表1所示，从税收结构来看，2017年，所得税、利润税和资本收益税占税收总额的比重为37.9%，2021年上升到了39.8%，这一增长与政府税收政策的调整、国内经济增长和企业盈利能力的提高有关。

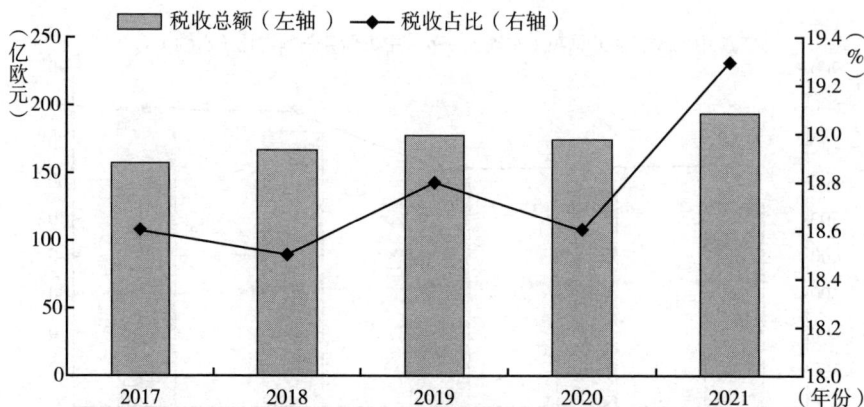

图 11　2017~2021 年斯洛伐克税收及占 GDP 比重

资料来源："Tax（Present Value in Local Currency），Taxation（as a Percentage of Gross Domestic Product）"，The World Bank，https：//data. worldbank. org/indicator?tab＝all，accessed April 12，2024。

表 1　2017~2021 年斯洛伐克税收结构

单位：%

年份	所得税、利润税和资本收益税	货物和服务税	国际贸易税	关税及其他进口税
2017	37.9	31.8	0	0
2018	38.2	31.5	0	0
2019	37.5	31.7	0	0
2020	37.5	31.3	0	0
2021	39.8	30.6	0	0

资料来源："Income Tax，Profit Tax，and Capital Gains Tax（as a Percentage of Total Tax Revenue）；Tax on Goods and Services（as a Percentage of Total Tax Revenue）；International Trade Tax（as a Percentage of Total Tax Revenue）；Tariffs and Other Import Taxes（as a Percentage of Tax Revenue）"，The World Bank，https：//data. worldbank. org/indicator?tab＝all，accessed April 12，2024。

如表 2 所示，2017~2021 年，斯洛伐克所得税、利润税和资本收益税收入整体呈现出上升趋势。2017 年，所得税、利润税和资本收益税收入为 59.6 亿欧元，2018 年增长到 63.7 亿欧元，2019 年进一步增长至 66.6 亿欧元。2020 年，由于新冠疫情的冲击，所得税、利润税和资本收益税下降至 65.3 亿欧元。2021 年，随着疫情缓解和经济复苏，所得税、利润税和资本收益税显著上升到 77 亿欧元, 反映出斯洛伐克政府税收政策的有效性和税收体系的适应性。

表 2   2017~2021 年斯洛伐克主要税收种类的收入金额

年份	所得税、利润税和资本收益税(亿欧元)	货物和服务税(亿欧元)	国际贸易税(欧元)	关税及其他进口税(欧元)
2017	59.6	97.6	10000	10000
2018	63.7	103	19000	19000
2019	66.6	110.8	15000	15000
2020	65.3	108.8	16000	16000
2021	77	116.5	10000	10000

资料来源: "Income Tax, Profit Tax, and Capital Gains Tax (Present Value in Local Currency); Tax on Goods and Services (Present Value in Local Currency); International Trade Tax (Present Value in Local Currency); Tariffs and Other Import Taxes (Present Value in Local Currency)", The World Bank, https://data.worldbank.org/indicator?tab=all, accessed April 12, 2024。

货物和服务税占比从 2017 年的 31.8% 下降至 2021 年的 30.6%, 反映出消费税在斯洛伐克税收结构中的重要性有所降低。

2017~2021 年, 斯洛伐克货物和服务税收入总体呈现出较为稳定的增长趋势。2017 年, 货物和服务税收入为 97.6 亿欧元, 2018 年增长至 103 亿欧元, 2019 年货物和服务税收入进一步上升至 110.8 亿欧元。2020 年受新冠疫情影响, 货物和服务税收入略微下降至 108.8 亿欧元, 这种小幅回落也反映出斯洛伐克税收体系具有一定弹性和稳定性。2021 年, 货物和服务税收入增长至 116.5 亿欧元, 反映出消费者信心的恢复、经济活动的回暖以及税收征收能力的持续提高。

(三)净资本账户

如图 12 所示, 2018 年斯洛伐克净资本账户为 9.9 亿美元, 反映出外部投资者对斯洛伐克的兴趣变大, 以及斯洛伐克较好的经济增长态势、较有吸引力的投资政策促进了外国直接投资和其他形式的资金流入。2019 年, 净资本账户下降至 7.5 亿美元, 主要受到全球经济的不确定性、投资环境短期波动的影响。2020年，世界经济受到新冠疫情的巨大冲击，但斯洛伐克的净资本账户小幅上升至8亿美元，反映出斯洛伐克经济面对震荡具有一定抵抗力，并维持了其吸引外资的能力。2021年净资本账户大幅上升到13.8亿美元，主要是因为全球经济开始复苏，投资者的信心增强，以及斯洛伐克政府采取了积极的政策措施以吸引更多外国投资。2022年，净资本账户下降至12.8亿美元，但依旧保持在较高水平。这表明斯洛伐克保持了对投资者的吸引力，尽管全球经济面临供应链不稳、通货膨胀压力以及潜在的货币政策紧缩等挑战。

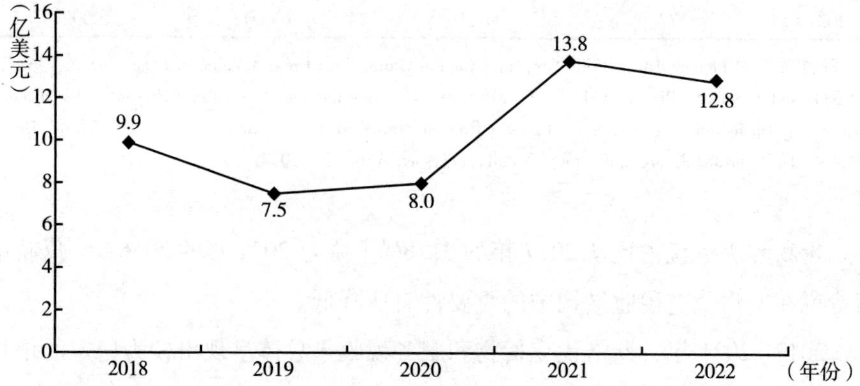

图12 2018~2022年斯洛伐克净资本账户

资料来源："Net Financial Flow, IBRD, (NFL, Current USD)", The World Bank, https://data.worldbank.org/indicator?tab=all, accessed April 12, 2024。

三 产业发展

（一）第一产业

如图13所示，2018~2022年，斯洛伐克的农业增加值占GDP比重呈现出先下降再回升的趋势，从2018年的2.1%下降到2020年的1.7%，2022年回升至2.2%。与此同时，欧盟的农业增加值占GDP比重在

2018~2022 年保持相对稳定，为 1.6%~1.7%，世界的农业增加值占GDP 比重则介于 4%~4.4%。

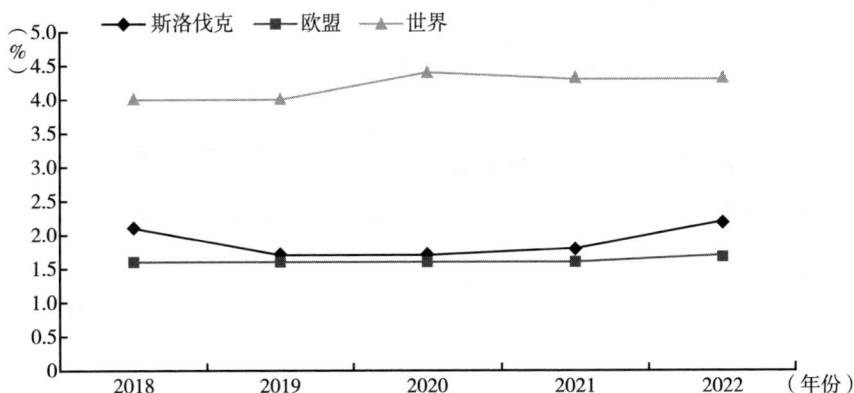

图 13　农业增加值占 GDP 比重的比较

资料来源："The Proportion of Agricultural Added Value to GDP（Annual %）"，The World Bank，https：//data. worldbank. org. cn/indicator/NV. AGR. TOTL. ZS?view = chart，accessed April 12，2024。

斯洛伐克的农业面临多重挑战，包括土地利用不合理、农业生产方式落后、农业科技创新不足等问题。此外，斯洛伐克的农业产业结构比较单一，以种植业为主，畜牧业和渔业发展相对滞后。这些问题都制约了斯洛伐克农业的发展。

农业是斯洛伐克的重要产业之一，农业增加值的下降会导致农民收入减少，农村地区经济发展受到影响。农业发展也与环境保护和可持续发展密切相关，斯洛伐克需要加强农业科技创新和改进生产方式，提高农业生产效率和质量，同时保护环境和促进可持续发展。

（二）第二产业

如图 14 所示，2018~2022 年，斯洛伐克制造业增加值占 GDP 比重保持在较高水平，且超过了欧盟和世界的平均水平。这表明斯洛伐克的制造业发展较为强劲，这得益于其优越的地理位置和劳动力成本优势，以及政府对制造业的支持和鼓励。2018~2022年，斯洛伐克工业增加值占GDP比重存在一定波动性，2021年小幅增长，2020年和2022年略微下降，而欧盟的平均水平保持稳定（见图15）。

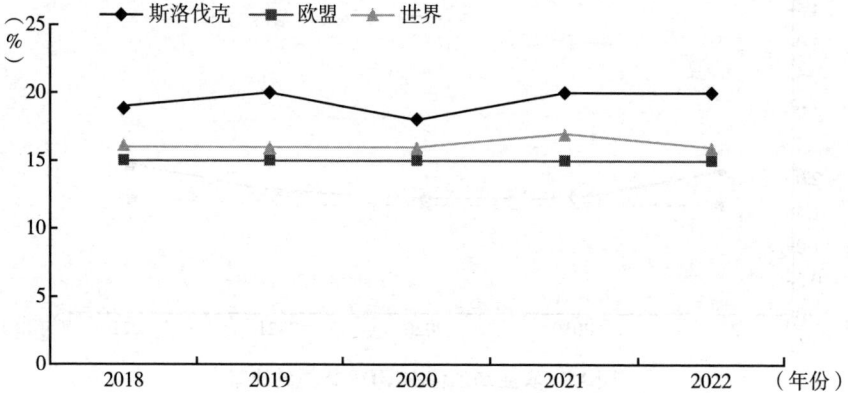

图14　制造业增加值占GDP比重的比较

资料来源："The Proportion of Manufacturing Value-Added to GDP（Annual %）"，The World Bank，https：//data. worldbank. org. cn/indicator/NV. IND. MANF. ZS? view = chart，accessed April 12，2024。

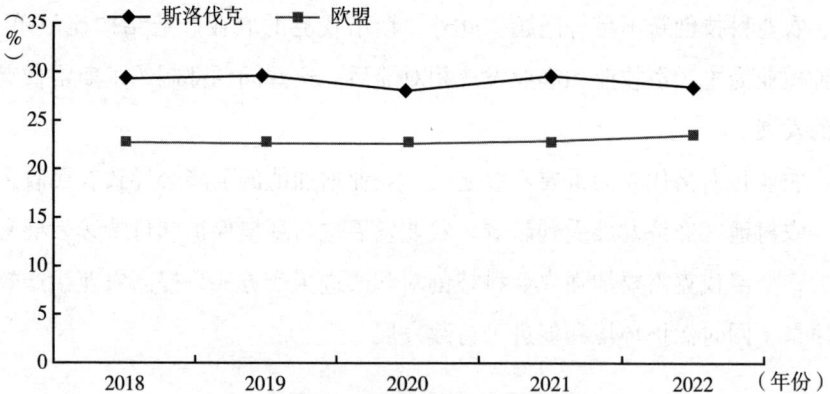

图15　工业增加值占GDP比重的比较

资料来源："The Proportion of Industrial Added Value to GDP（Annual %）"，The World Bank，https：//data. worldbank. org. cn/indicator/NV. IND. TOTL. ZS? view = chart，accessed April 12，2024。

斯洛伐克的第二产业主要集中在汽车、电子和机械制造等领域，其中汽车制造业是最大的制造业部门。斯洛伐克的汽车制造业在欧洲市场上占有重要地位，其主要客户有大众、PSA、Kia 等国际知名汽车品牌。斯洛伐克积极发展电子和机械制造业，以提高其制造业的多样性和竞争力。制造业发展对斯洛伐克经济增长和就业创造具有重要作用。随着全球经济形势的不确定性增强和贸易保护主义抬头，斯洛伐克的制造业也面临一些挑战，如原材料价格上涨、市场需求下降等。因此，斯洛伐克需要加大力度促进制造业的创新和升级，以提高其竞争力和可持续发展能力。

（三）第三产业

2018~2019 年，斯洛伐克的服务贸易额占比有所上升，从 21.7%上升到 22%，2020 年下降到 18.3%，2021 年回升至 18.5%，2022 年增长至 21.5%（见图 16）。2020 年服务贸易额下降是因为新冠疫情的影响。

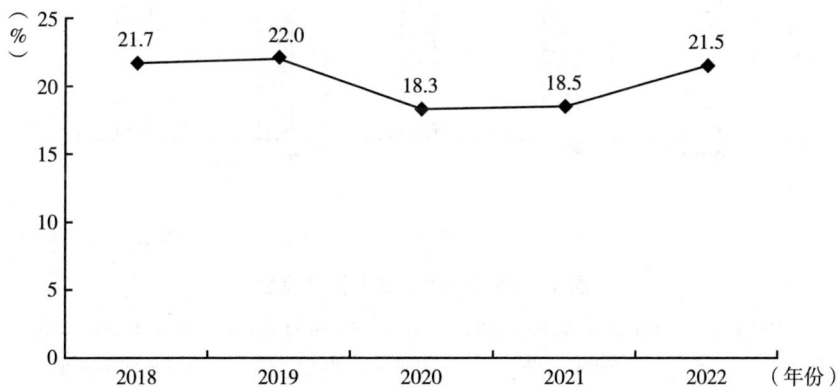

图 16　服务贸易额占 GDP 比重

资料来源："Service Trade Volume（as a Percentage of GDP）（Annual %）"，The World Bank，https：//data. worldbank. org. cn/indicator/BG. GSR. NFSV. GD. ZS，accessed　April 12，2024。

四 外贸外资

（一）进出口

1. 进出口贸易

2018~2022 年，斯洛伐克的货物进出口总额总体呈现增长趋势，但货物贸易差额在大多数年份为负值，表明斯洛伐克的货物进口额大于出口额，2022 年的货物贸易差额达到了-42 亿欧元（见图17）。这是因为斯洛伐克的制造业主要集中在汽车、电子和机械制造等领域，需要大量进口原材料和零部件，而出口产品主要是汽车和电子产品等高附加值产品，出口量相对较少。

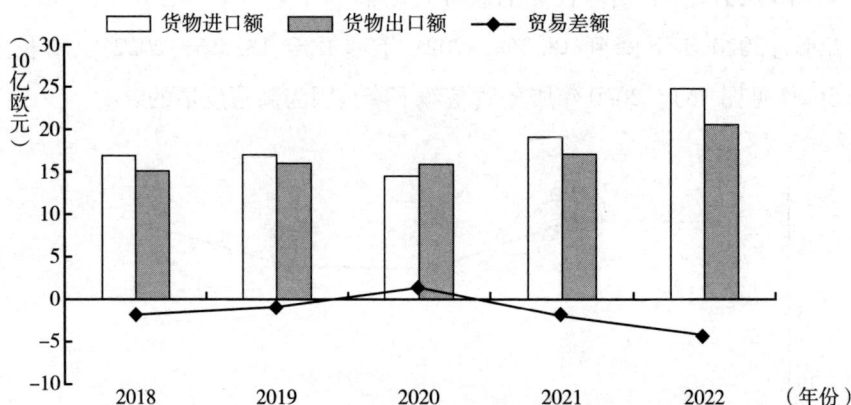

图 17 货物进出口额及贸易差额

资料来源："Import of Goods（Billion Euros），Export of Goods（Billion Euros），Trade Balance of Goods（Billion Euros）"，Eurostat，https://ec.europa.eu/eurostat/cache/visualisations/keyfigures/，accessed April 12，2024。

2018~2022 年，斯洛伐克的服务贸易进出口额呈现出浮动变化趋势，服务贸易差额则始终为正值，表明斯洛伐克的服务出口额大于进口额（见图18）。斯洛伐克的服务业发展迅速，特别是信息技术和商业服务等领域，吸引了大量外国投资和客户。

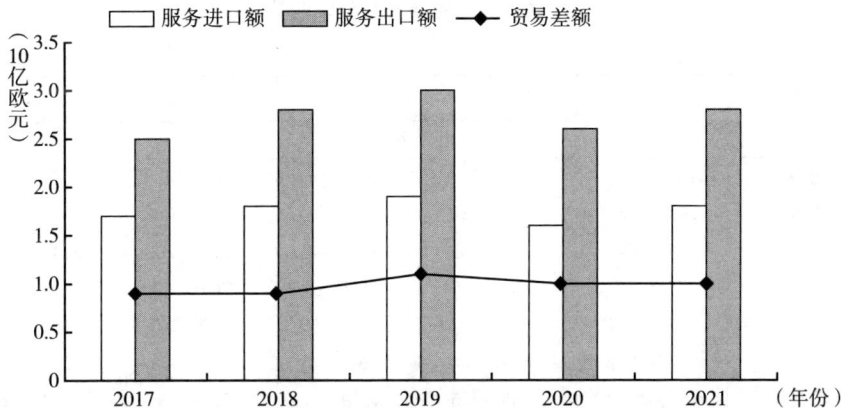

图18　服务进出口额及贸易差额

资料来源："Import of Service（Billion Euros），Export of Service（Billion Euros），Trade Balance of Service（Billion Euros）"，Eurostat，https：//ec. europa. eu/eurostat/cache/visualisations/keyfigures/，accessed April 12, 2024。

斯洛伐克需要进一步促进制造业的创新和升级，以提高其出口产品的附加值和竞争力，同时推动服务业的国际化发展，以提高服务出口的规模和质量。此外，斯洛伐克还需要加强与欧盟和其他国家的贸易合作，扩大出口市场，降低进口成本。

2. 贸易伙伴

2018~2022年，斯洛伐克的主要出口目的地包括德国、捷克、匈牙利、波兰、法国、奥地利、意大利、英国、美国和中国，而主要进口来源地包括德国、捷克、波兰、奥地利、匈牙利、俄罗斯、中国、韩国、法国和意大利。其中，德国是斯洛伐克的最大出口市场。同时，中国对斯洛伐克出口额也逐年增长，从2018年的1590.212百万美元增长到2022年的2745.267百万美元（见表3）。

德国也是斯洛伐克的最大进口市场。中国自斯洛伐克进口额整体呈现增长趋势，从2018年的3357.601百万美元增长到2022年的4805.223百万美元。

表3　斯洛伐克与主要贸易伙伴的贸易额

单位：百万美元

国家	2018 年	2019 年	2020 年	2021 年	2022 年
出口额					
德国	19820.8	19246.04	18792.79	24086.88	25614.47
捷克	20749.18	19801.25	19681.21	22760.5	22675.27
匈牙利	11135.04	9932.563	9115.442	12176.73	13149.75
波兰	5681.24	5807.085	5471.159	7601.464	9466.768
法国	7306.214	6782.404	6833.656	8779.259	8481.503
奥地利	5921.832	6297.088	6301.62	6762.428	6329.433
意大利	5404.622	5080.726	4760.227	5774.276	5819.862
英国	5428.913	4168.82	3720.871	4875.495	5203.085
美国	4213.915	4385.439	3796.438	3796.083	4108.962
中国	1590.212	1889.095	2357.424	2588.729	2745.267
进口额					
德国	18511.58	17702.16	16576.51	19572.27	19979.93
捷克	14815.46	14692.09	14834.94	18161.11	19480.56
波兰	6465.533	6776.462	6527.608	8398.86	10168.53
奥地利	9339.767	8055.416	7324.144	8012.696	8439.845
匈牙利	6164.519	6449.809	6162.088	6951.967	7641.286
俄罗斯	4655.792	3702.243	2799.395	4958.368	6613.834
中国	3357.601	3243.298	3170.199	4233.708	4805.223
韩国	4412.015	3962.788	3197.76	4163.667	4340.795
法国	3752.785	3705.043	3753.155	4063.34	3911.072
意大利	3286.922	3126.772	3027.845	3926.591	3909.954

注：该排名由作者计算得出。

资料来源："Foreign Trade Volume of Major Countries（Million US Dollars）"，Statistical Office of the Slovak Republic，https://datacube.statistics.sk/#!/view/en/VBD_INTERN/zo0004rs/v_zo0004rs_00_00_00_en，accessed April 12, 2024。

　　斯洛伐克的外贸发展受到多种因素的影响，包括国际贸易形势、全球经济形势、汇率波动、市场需求变化等，以及其国内经济结构和产业布局，如斯洛伐克的汽车制造业和电子产业在出口中占据重要地位。

　　外贸是斯洛伐克的重要经济支柱之一，对其经济发展具有重要意义。外贸也是斯洛伐克与其他国家开展合作和交流的重要途径。

3. 贸易结构

斯洛伐克的贸易结构以工业制成品为主，主要进口工业原材料和制成品、燃料和润滑油、资本货物（运输设备除外）及其零部件，主要出口运输设备及其零部件、消费品、资本货物（运输设备除外）及其零部件。

进口方面，2022 年，其他地方未规定的工业用品进口总额为 27141.4 百万欧元，占进口总额的 25.3%。燃料和润滑油进口总额为 15197.1 百万欧元，占进口总额的 14.2%。其中，初级燃料和润滑油进口总额为 9878.7 百万欧元，占燃料和润滑油总额的 65%。资本货物（运输设备除外）及其零部件进口总额为 23353.3 百万欧元，占进口总额的 21.8%。其中，资本货物（运输设备除外）的进口总额为 14925.7 百万欧元，占资本货物及其零部件总额的 63.9%（见表 4）。

出口方面，2022 年，运输设备及其零部件出口总额为 36973.3 百万欧元，占出口总额的 36%。其中乘用车的出口总额为 24850.3 百万欧元，占运输设备及其零部件总额的 67%。其他地方未规定的消费品出口总额为 13409.6 百万欧元，占出口总额的 13%。资本货物（运输设备除外）及其零部件出口总额为 20150.9 百万欧元，占出口总额的 20%。其中，资本货物（运输设备除外）出口总额为 12924.4 百万欧元，占资本货物（运输设备除外）及其零部件总额的 64%（见表 4）。

表 4　2022 年按广泛经济类别划分的对外贸易

单位：百万欧元

类别	进口	指数 （2022/2021）	出口	指数 （2022/2021）
总计	107310.3	123.8	102786.0	116.1
食品和饮料	5673.8	126.1	4053.5	127.4
主要食品和饮料	1271.5	124.5	1364.6	133.7
主要用于工业的初级食品和饮料	307.5	156.6	1019.1	137.0
主要用于家庭消费的初级食品和饮料	964.0	116.9	345.5	125.1
加工食品和饮料	4402.3	126.6	2688.9	124.4
主要用于工业的加工食品和饮料	394.8	157.8	589.3	137.0
主要供家庭消费的加工食品和饮料	4007.5	124.1	2099.6	121.2

续表

类别	进口	指数 （2022/2021）	出口	指数 （2022/2021）
其他地方未规定的工业用品	27141.4	122.3	22693.2	117.7
其他地方未规定的初级工业用品	2253.4	105.9	1880.3	135.5
未另行规定的加工工业用品	24888.0	124.1	20812.9	116.3
燃料和润滑油	15197.1	204.0	4979.0	192.3
初次燃料和润滑油	9878.7	188.5	32.9	135.1
加工燃料和润滑油	5318.4	240.6	4946.2	192.9
发动机汽油	187.0	139.8	833.2	178.2
其他加工燃料和润滑油	5131.4	247.0	4113.0	196.2
资本货物（运输设备除外）及其零部件	23353.3	105.8	20150.9	109.2
资本货物（运输设备除外）	14925.7	110.8	12924.4	107.4
资本货物的零部件	8427.6	97.8	7226.5	112.6
运输设备及其零部件	23137.9	119.2	36973.3	112.3
乘用车	2799.2	136.4	24850.3	110.4
其他运输设备	1284.7	120.2	1423.8	113.8
工业运输设备	1067.0	120.8	1283.1	113.0
非工业运输设备	217.7	117.4	140.8	122.7
运输设备零部件	19054.0	117.0	10699.2	116.9
其他地方未规定的消费品	12540.7	116.0	13409.6	112.2
其他地方未规定的耐用消费品	3059.4	112.8	6387.4	106.4
其他地方未规定的半耐用消费品	5035.2	123.4	4120.6	119.1
其他地方未规定的非耐用消费品	4446.1	110.7	2901.6	116.3
其他地方未指定的货物	266.1	112.3	526.5	295.8

资料来源："Foreign Trade Classified by Broad Economic Categories", Statistical Office of the Slovak Republic, https://datacube.statistics.sk/#!/view/en/VBD_INTERN/zo0007ms/v_zo0007ms_00_00_00_en, accessed April 12, 2024。

同时，各类别2022~2021年的指数大多数大于100，说明大多数类别产品的进出口额有所增长。其中，燃料和润滑油的进口、出口指数都相对较大，主要是因为全球油价上涨导致燃料和润滑油的进口额增加。资本货物（运输设备除外）及其零部件的进口、出口指数都相对较小，主要是因为全

球经济增长放缓导致资本货物需求减少。全球经济形势和油价波动等因素都
会对斯洛伐克的贸易结构产生影响。

（二）外国直接投资

如图 19 所示，2018~2022 年，斯洛伐克的外国直接投资净流入波动较
大。2018 年和 2019 年的外国直接投资净流入额分别为 22.5 亿美元和 22.8
亿美元，占 GDP 比重分别为 2.1%和 2.2%。2020 年外国直接投资净流入额
出现了负增长，为-11.4亿美元，占 GDP 比重为-1.1%。主要原因是新冠疫
情的影响导致全球经济放缓和投资者对斯洛伐克的投资信心下降。2021 年，
外国直接投资净流入额有所回升，为 9.7 亿美元，占 GDP 比重为 0.8%。
2022 年外国直接投资净流入额进一步增长，达到 40.5 亿美元，占 GDP 比重
为 3.5%。斯洛伐克政府采取了一系列措施来吸引外国投资，例如推出了
"斯洛伐克投资计划"，采取财务和非财务激励措施，加强与国际投资机构
和企业的合作等。这些措施有望提高斯洛伐克在全球投资市场中的知名度和
吸引力，促进其经济增长和就业机会增加。

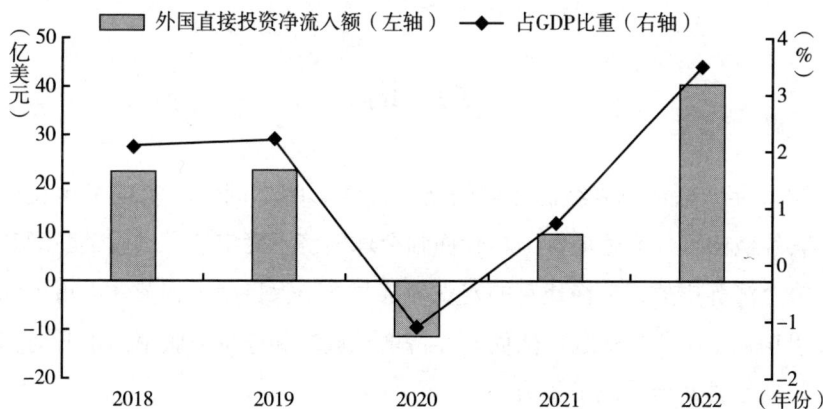

图 19　外国直接投资净流入额及占比

资料来源："Net Inflow of Foreign Direct Investment（USD100mn），as a Percentage of
GDP（Annual ％）"，The World Bank，https：//data. worldbank. org. cn/indicator/
BX. KLT. DINV. WD. GD. ZS，accessed April 12，2024。

斯洛伐克的对外直接投资净流出额占 GDP 比重波动较大（见图 20）。具体来说，2018 年斯洛伐克对外直接投资净流出额占 GDP 比重为 0.9%，2019 年出现了负增长，为-0.2%，但 2020 年和 2022 年实现了增长，占比分别为 1.5%和 1.4%。

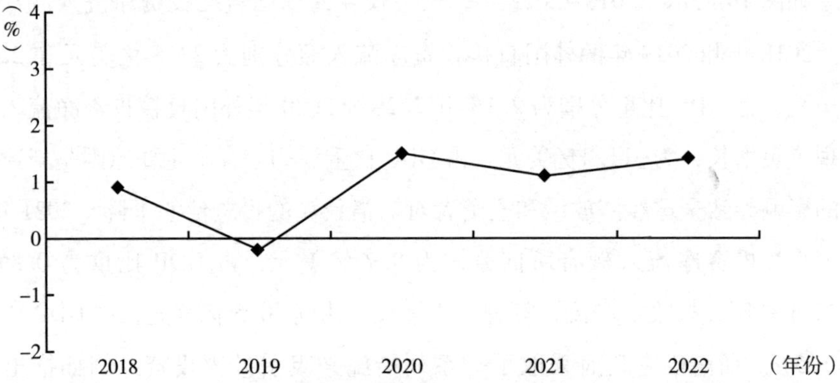

图 20 对外直接投资占 GDP 比重

资料来源："Net Outflow of Outward Foreign Direct Investment（as a Percentage of GDP）（Annual%）"，https：//data. worldbank. org. cn/indicator/BM. KLT. DINV. WD. GD. ZS，accessed April 12，2024。

结　语

2022 年，斯洛伐克经济在克服新冠疫情影响的同时，实现了增长，展现了其经济的韧性和适应性。尽管面临全球经济不确定性、供应链断裂和能源价格上涨等挑战，斯洛伐克的宏观经济基本面保持稳定，劳动力市场和消费支出均显示出积极迹象。然而，经济增长放缓和通货膨胀率的上升对其经济的长期健康发展构成了压力。

展望未来，斯洛伐克需要继续推动经济结构的优化和产业升级，特别是在制造业和服务业领域。政府应加大对创新和技术的投资，以提高生产效率和增强国际竞争力。同时，斯洛伐克应加强与国际市场的联系，通过多元化贸易伙伴和优化贸易结构来降低外部风险。

在财政政策方面，斯洛伐克需要平衡债务增长和财政可持续性，通过提高税收效率和优化公共支出来支持经济增长。此外，应对人口老龄化和提高教育及医疗水平也是促进社会公平与和谐发展的关键。

在国际合作方面，中国与斯洛伐克的合作关系具有巨大的潜力和广阔的前景。两国可以在基础设施建设、绿色能源、科技创新、教育和文化交流等领域深化合作。斯洛伐克在汽车制造、信息技术和金融服务等领域的技术优势与中国在资金、市场和制造能力方面的优势相结合，将为双方带来互利共赢的成果。

随着共建"一带一路"的推进，中斯两国在贸易、投资和人文交流方面的合作将进一步加强。通过加强政策沟通、设施联通、贸易畅通、资金融通和民心相通，中斯合作将为两国经济发展注入新动力，为两国人民带来更多福祉。

B.6
2022年匈牙利经济发展报告

段双喜　李鑫岩*

摘　要：　2018~2022年，宏观经济发展方面，匈牙利GDP与人均GDP均保持稳定增长，失业率持续下降，但通货膨胀率持续上涨，且显著高于欧盟和世界水平；政府财政方面，匈牙利政府收入占GDP比重不断下降，政府支出占GDP比重不断上升，政府债务则不断增长；外资外贸方面，匈牙利货物和服务进口额、出口额都实现了稳步增长，匈牙利外国直接投资也稳步增长，具有较强的增长韧性。

关键词：　匈牙利　经济增长　通货膨胀　政府债务　外汇管理

一　宏观经济发展

（一）经济总量及增速

匈牙利经济呈现良好发展态势。2022年匈牙利的国内生产总值（GDP）达到了666158.8亿福林（约合1800.1亿美元），同比增长4.55%。2022年的经济增速低于2021年的7.09%，但与2019年的4.86%和2018年的5.36%相比差距不大，显示出该国经济在2022年保持了稳健增长的态势（见表1）。

匈牙利GDP占世界份额保持稳定，2018年和2020年占比为0.24%，

---

*　段双喜，北京第二外国语学院欧洲学院讲师，主要研究方向为匈牙利国别研究、V4集团次区域合作研究；李鑫岩，北京第二外国语学院区域国别学院（中国"一带一路"战略研究院）硕士研究生，主要研究方向为"一带一路"国际合作。

2019 年、2021 年和 2022 年占比均为 0.25%（见表 1）。

匈牙利人均 GDP 稳健增长。2022 年匈牙利的人均 GDP 达到 6875413.05 福林（约合 18579.08 美元），同比增长 5.28%。2022 年的人均 GDP 增速低于 2021 年的 7.53%（2020 年新冠疫情影响），但与 2019 年的 4.91% 和 2018 年的 5.50% 相比差距不大（见表 1）。

表 1　核心经济指标

指标	2018 年	2019 年	2020 年	2021 年	2022 年
GDP(现价,10 亿美元)	160.57	164.01	157.23	182.28	180.01
GDP(现价,10 福林)	43386.71	47674.19	48425.42	55255.13	66615.88
GDP 增长率(不变价,%)	5.36	4.86	−4.54	7.09	4.55
GDP 占世界 GDP 比重(不变价,%)	0.24	0.25	0.24	0.25	0.25
人均 GDP(现价,福林)	4437176.31	4878152.77	4956783.06	5678391.19	6875413.05
人均 GDP(现价,美元)	16421.11	16782.01	16093.63	18731.86	18579.08
人均 GDP 增长率(不变价,%)	5.50	4.91	−4.33	7.53	5.28

资料来源："GDP Current Price（Billion USD）；GDP Current Price（Billion Hungarian Forints）；GDP Growth Rate，Constant Price（%）；GDP % of World GDP，Constant Price（%）；CDP Current Price per Capita（Hungarian Forint）；GDP per Capita Current Price（US$）；GDP per Capita Growth Rate，Constant Price（%）"，The World Bank，https：//data.worldbank.org/indicator/AG.YLD.CREL.KG，accessed April 12，2024。

如表 2 所示，匈牙利 GDP 增长率与人均 GDP 增长率均高于欧盟以及世界的平均水平。2018~2022 年，匈牙利 GDP 增长率均高于欧盟 GDP 增长率，且高于世界 GDP 增长率（2020 年除外）。这反映出匈牙利较强的经济韧性以及较大的经济增长潜力。2018~2022 年，匈牙利人均 GDP 增长率均高于欧盟和世界人均 GDP 增长率（2020 年除外），这反映出匈牙利的经济活力在世界范围内处于领先水平，人均生产能力发展较快。

表 2　GDP 增长率对比

单位：%

经济体	2018 年	2019 年	2020 年	2021 年	2022 年
匈牙利	5.36	4.86	−4.54	7.09	4.55
欧盟	2.07	1.81	−5.65	6.02	3.44

续表

经济体	2018 年	2019 年	2020 年	2021 年	2022 年
世界	3.28	2.59	-3.07	6.2	3.09

资料来源: "Annual GDP Growth Rate, Hungary; Annual GDP Growth Rate, EU; Annual GDP Growth Rate, World", The World Bank, https://data.worldbank.org/indicator/AG.YLD.CREL.KG, accessed April 12, 2024。

表 3　人均 GDP 增长率对比

单位: %

经济体	2018 年	2019 年	2020 年	2021 年	2022 年
匈牙利	5.50	4.91	-4.33	7.53	5.28
欧盟	1.89	1.72	-5.72	6.14	3.4
世界	2.15	1.51	-4.04	5.29	2.27

资料来源: "Annual GDP per Capita Growth Rate, Hungary; Annual GDP per Capita Growth Rate, EU; Annual GDP per Capita Growth Rate, World", The World Bank, https://data.worldbank.org/indicator/AG.YLD.CREL.KG, accessed April 12, 2024。

（二）经济增长结构

2018~2022 年，匈牙利经济增长结构呈现出口导向和投资导向的特点。

消费占 GDP 比重整体平稳。具体而言，一般政府最终消费支出和居民最终消费支出占 GDP 比重轻微波动，整体变化不大，分别在 20% 和 49.5% 上下浮动。

资本形成总额占 GDP 比重呈现出上升态势（2020 年除外），从 2018 年的 26.81% 上升到 2022 年的 33.77%，上升了 6.96 个百分点（见表 4）。

货物和服务出口额占 GDP 比重从 2018 年的 83.76% 上升到 2022 年的 91.21%，上升了 7.45 个百分点。货物和服务进口额占 GDP 比重从 2018 年的 79.51% 上升到 2022 的 95.52%，上升了 16.01 个百分点。贸易总额占 GDP 比重从 2018 年的 163.26% 上升到 2022 年的 186.72%，上升了 23.46 个百分点，上升幅度较大（见表 4）。匈牙利经济结构反映出匈牙利贸易依赖程度较高。

表 4　匈牙利经济发展结构

单位：%

指标	2018 年	2019 年	2020 年	2021 年	2022 年
一般政府最终消费支出占 GDP 比重	19.69	20.09	21.33	20.86	20.56
居民最终消费支出占 GDP 比重	49.25	49.21	49.5	48.28	49.97
最终消费支出占 GDP 比重	68.94	69.3	70.82	69.14	70.54
资本形成总额占 GDP 比重	26.81	28.39	27.25	30.67	33.77
货物和服务出口额占 GDP 比重	83.76	81.53	78.71	79.95	91.21
货物和服务进口额占 GDP 比重	79.51	79.22	76.78	79.76	95.52
贸易总额占 GDP 比重	163.26	160.75	155.48	159.71	186.72

资料来源："General Government Final Consumption Expenditure as a Percentage of GDP ［％］, Household Final Consumption Expenditure as a Percentage of GDP ［％］, Final Consumption Expenditure as a Percentage of GDP ［％］, Gross Capital Formation as a Percentage of GDP ［％］, Exports of Goods and Services as a Percentage of GDP ［％］, Imports of Goods and Services as a Percentage of GDP ［％］, Overall Trade as a Percentage of GDP ［％］", The World Bank, https：//data.worldbank.org/indicator/AG.YLD.CREL.KG, accessed April 12, 2024。

如表 5 所示，与欧盟对比，匈牙利经济增长结构呈现投资导向和贸易导向的特征。匈牙利最终消费支出占 GDP 比重低于欧盟。其中，匈牙利一般政府最终消费支出占 GDP 比重与欧盟相比区别不大，但匈牙利居民最终消费支出占 GDP 比重低于欧盟。匈牙利资本形成总额占 GDP 比重高于欧盟。欧盟资本形成总额占 GDP 比重从 2018 年的 22.19%上升到 2022 年的 24.65%，分别低于匈牙利 2018 年的 26.81%和 2022 年的 33.77%，反映出匈牙利经济增长的投资导向。匈牙利货物和服务进出口额占 GDP 比重显著高于欧盟，反映出匈牙利经济增长的贸易导向。

表 5　欧盟经济增长结构

单位：%

指标	2018 年	2019 年	2020 年	2021 年	2022 年
一般政府最终消费支出占 GDP 比重	20.52	20.58	22.37	21.9	21.35
居民最终消费支出占 GDP 比重	53.48	53.03	51.53	50.82	52.15
最终消费支出占 GDP 比重	74	73.61	73.9	72.72	73.5
资本形成总额占 GDP 比重	22.19	22.9	22.45	23.47	24.65
货物和服务出口额占 GDP 比重	49.12	49.4	46.46	50.51	56.31

续表

指标	2018 年	2019 年	2020 年	2021 年	2022 年
货物和服务进口额占 GDP 比重	45.3	45.92	42.81	46.69	54.5
贸易总额占 GDP 比重	92.14	92.27	85.27	92.98	105.94

资料来源："General Government Final Consumption Expenditure as a Percentage of GDP〔%〕, Household Final Consumption Expenditure as a Percentage of GDP〔%〕, Final Consumption Expenditure as a Percentage of GDP〔%〕, Gross Capital Formation as a Percentage of GDP〔%〕, Exports of Goods and Services as a Percentage of GDP〔%〕, Imports of Goods and Services as a Percentage of GDP〔%〕, Overall Trade as a Percentage of GDP〔%〕", The World Bank，https：//data.worldbank.org/indicator/AG.YLD.CREL.KG, accessed April 12, 2024。

如表 6 所示，与世界对比，匈牙利经济增长结构呈现政府导向、投资导向和贸易导向的特征。匈牙利最终消费支出占 GDP 比重与世界相比差距不大。匈牙利居民最终消费支出占 GDP 比重低于世界均值，而一般政府最终消费支出占 GDP 比重高于世界均值。这反映出在消费结构中，相对而言，匈牙利偏政府导向，而非居民导向。匈牙利资本形成总额占 GDP 比重高于世界均值，反映出匈牙利经济增长的投资导向。匈牙利货物和服务进出口额占 GDP 比重显著高于世界均值，反映出匈牙利经济增长的贸易导向。

表 6　世界经济发展结构

单位：%

指标	2018 年	2019 年	2020 年	2021 年	2022 年
一般政府最终消费支出占 GDP 比重		16.67	17.82	17.15	16.36
居民最终消费支出占 GDP 比重	56.21	56.32	55.43	54.91	54.26
最终消费支出占 GDP 比重	72.76	72.99	73.25	72.06	70.62
资本形成总额占 GDP 比重	26.58	26.55	26.47	27.13	26.88
货物和服务出口额占 GDP 比重	29.19	28.32	26.45	29.07	30.96
货物和服务进口额占 GDP 比重	28.53	27.76	25.69	28.13	30.48
贸易总额占 GDP 比重	57.71	56.5	52.44	56.79	73.64

资料来源："General Government Final Consumption Expenditure as a Percentage of GDP〔%〕, Household Final Consumption Expenditure as a Percentage of GDP〔%〕, Final Consumption Expenditure as a Percentage of GDP〔%〕, Gross Capital Formation as a Percentage of GDP〔%〕, Exports of Goods and Services as a Percentage of GDP〔%〕, Imports of Goods and Services as a Percentage of GDP〔%〕, Overall Trade as a Percentage of GDP〔%〕", The World Bank，https：//data.worldbank.org/indicator/AG.YLD.CREL.KG, accessed April 12, 2024。

（三）失业情况

如表 7 所示，2018～2022 年，匈牙利总失业率于 2020 年达到高点，为 4.25%，2022 年下降至 3.42%，反映出匈牙利已摆脱新冠疫情影响，就业情况向好。

从按性别划分的失业率来看，2018～2021 年，女性失业率均高于总失业率，男性失业率均低于总失业率，反映出匈牙利女性在就业市场上的窘境。这一情况在 2022 年有所好转。2022 年，女性失业率下降，且低于总失业率，说明 2022 年匈牙利女性就业情况有所改善。

表 7　匈牙利失业情况

单位：%

指标	2018 年	2019 年	2020 年	2021 年	2022 年
总失业率（占 15～24 岁劳动力比重）	3.71	3.42	4.25	4.05	3.42
女性失业率（占 15～24 岁女性劳动力比重）	3.99	3.5	4.48	4.24	3.33
男性失业率（占 15～24 岁男性劳动力比重）	3.48	3.36	4.06	3.88	3.5

资料来源："Total Unemployment Rate (Proportion of Labour Force Aged 15-24) (ILO Model Estimate) [%], Female Unemployment Rate (Proportion of Female Labour Force Aged 15-24) (ILO Model Estimate) [%], Male Unemployment Rate (Proportion of Male Labour Force Aged 15-24) (ILO Model Estimate) [%]", The World Bank, https://data.worldbank.org/indicator/AG.YLD.CREL.KG, accessed April 12, 2024。

如表 8 所示，与欧盟对比，匈牙利整体失业情况明显好于欧盟。2018～2022 年，匈牙利总失业率均低于欧盟，且普遍低近 3 个百分点。从按性别划分的失业率来看，匈牙利男性、女性的失业率也均低于欧盟水平。从欧盟来看，女性失业率普遍高于男性失业率，反映出女性就业情况不容乐观。

表8 欧盟失业情况

单位：%

指标	2018 年	2019 年	2020 年	2021 年	2022 年
总失业率(占 15~24 岁劳动力比重)	7.25	6.68	7.05	7	6.1
女性失业率(占 15~24 岁女性劳动力比重)	7.56	7.01	7.36	7.33	6.47
男性失业率(占 15~24 岁男性劳动力比重)	6.99	6.39	6.79	6.71	5.78

资料来源："Total Unemployment Rate (Proportion of Labour Force Aged 15-24) (ILO Model Estimate) [%], Female Unemployment Rate (Proportion of Female Labour Force Aged 15-24) (ILO Model Estimate) [%], Male Unemployment Rate (Proportion of Male Labour Force Aged 15-24) (ILO Model Estimate) [%]", The World Bank, https://data.worldbank.org/indicator/AG.YLD.CREL.KG, accessed April 12, 2024。

如表9所示，与世界对比，匈牙利整体失业情况明显好于世界。2018~2022年，匈牙利总失业率均低于世界失业率，低近2个百分点。从按性别划分的失业率来看，匈牙利男性、女性的失业率也低于世界水平。从世界范围来看，女性失业率普遍高于男性失业率（2020年除外），但差距不断缩小。这反映出世界范围内女性就业情况虽较为严峻，但不断好转。

表9 世界失业情况

单位：%

指标	2018 年	2019 年	2020 年	2021 年	2022 年
总失业率(占 15~24 岁劳动力比重)	5.7	5.54	6.9	6.2	5.77
女性失业率(占 15~24 岁女性劳动力比重)	5.72	5.62	6.72	6.25	5.8
男性失业率(占 15~24 岁男性劳动力比重)	5.68	5.49	7.02	6.17	5.76

资料来源："Total Unemployment Rate (Proportion of Labour Force Aged 15-24) (ILO Model Estimate) [%], Female Unemployment Rate (Proportion of Female Labour Force Aged 15-24) (ILO Model Estimate) [%], Male Unemployment Rate (Proportion of Male Labour Force Aged 15-24) (ILO Model Estimate) [%]", The World Bank, https://data.worldbank.org/indicator/AG.YLD.CREL.KG, accessed April 12, 2024。

（四）物价

如表10所示，2018~2022年，匈牙利通货膨胀率呈现出持续上升的趋势，从2018年的2.85%飙升至2022年的14.61%，显著高于欧盟2018年的1.74%、2022年的8.83%，以及世界2018年的2.45%、2022年的7.97%，反映出匈牙利物价水平有所失控。

表10　通货膨胀率（按消费价格指数衡量）

单位：%

经济体	2018年	2019年	2020年	2021年	2022年
匈牙利	2.85	3.34	3.33	5.11	14.61
欧盟	1.74	1.63	0.48	2.55	8.83
世界	2.45	2.21	1.94	3.47	7.97

资料来源："Inflation as Measured by the Consumer Prices Index y/y ［%］, Hungary；Inflation as Measured by the Consumer Prices Index y/y ［%］, EU；Inflation as Measured by the Consumer Prices Index y/y ［%］, World", The World Bank, https：//data.worldbank.org/indicator/AG.YLD.CREL.KG, accessed April 12, 2024。

二　财政与金融

（一）政府收支

2018~2022年，匈牙利政府收入不断增长，但政府收入占GDP比重总体呈现下降态势。匈牙利政府收入占GDP比重从2018年的44.04%下降至2021年的41.2%，2022年小幅上升至41.6%（见表11）。

2018~2022年，匈牙利政府支出不断上涨，政府支出占GDP比重在2020年新冠疫情期间达到高点，为51.08%，此后逐渐下降，但2022年政府支出占GDP比重仍高于疫情前水平（见表11）。

2018~2022年，匈牙利政府赤字率较高。匈牙利政府支出与政府收入差额占 GDP 比重在 2020 年到达高点，为 7.53%，此后逐年下降，2022 年为6.25%，仍处于高位运行（见表 11）。

表 11　匈牙利政府收支

指标	2018 年	2019 年	2020 年	2021 年	2022 年
政府收入(10 亿福林)	19107.1	20994.68	21091.53	22762.62	27714.72
政府收入占 GDP 比重(%)	44.04	44.04	43.55	41.2	41.6
政府支出(10 亿福林)	19999.37	21970.42	24734.46	26712.9	31874.02
政府支出占 GDP 比重(%)	46.1	46.09	51.08	48.34	47.85
政府支出与政府收入差额占 GDP 比重(%)	2.06	2.05	7.53	7.14	6.25

资料来源："Government Revenue (Billion National Currency), Government Revenue as a Percentage of GDP (%), Government Expenditure (Billion National Currency), Government Expenditure as Percentage of GDP (%), Difference between Government Expenditure and Government Revenue as Percentage of GDP (%)", The World Bank, https://data.worldbank.org/indicator/AG.YLD.CREL.KG, accessed April 12, 2024.

（二）政府债务

2018~2022年，匈牙利政府净债务额和债务总额不断上涨，占 GDP 比重在 2020 年新冠疫情期间达到高点，分别达到 72.3%和 79.25%，随后占比不断下降，政府净债务额占 GDP 比重降至 2022 年的 66.4%，政府债务总额占 GDP 比重降至 2022 年的 73.3%，但政府净债务额占 GDP 比重和债务总额占 GDP 比重仍高于疫情前水平（见表 12）。

表 12　匈牙利政府债务

指标	2018 年	2019 年	2020 年	2021 年	2022 年
政府净债务额(10 亿福林)	26954.46	27832.8	35012.23	38479.19	44206.03
政府净债务额占 GDP 比重(%)	62.13	58.38	72.3	69.64	66.4
政府债务总额(10 亿福林)	29970.68	31147.08	38378.74	42320.5	48837.13
政府债务总额占 GDP 比重(%)	69.08	65.33	79.25	76.59	73.3

续表

指标	2018 年	2019 年	2020 年	2021 年	2022 年
经常账户收支(10 亿美元)	0.26	−1.28	−1.79	−7.4	−14.47
经常账户收支占 GDP 比重(%)	0.16	−0.78	−1.14	−4.06	−8.04

资料来源："Net Government Debt（Billion NYS），Net Government Debt as a Percentage of GDP（%），Total Government Debt（Billion NYS），Total Government Debt as a Percentage of GDP（%），Current Account Balance（Billion US Dollars），Current Account Balance as a Percentage of GDP（%）"，The World Bank，https：//data. worldbank. org/indicator/AG. YLD. CREL. KG，accessed April 12，2024。

（三）利率

如表 13 所示，2018 年~2021 年，匈牙利利率呈现较为平稳的上升趋势，存款利率从 0.06% 上涨到 1.01%，贷款利率从 1.47% 上涨到 2.96%。2022 年，匈牙利政府为了遏制通货膨胀，将存款利率提升到 8.36%，将贷款利率提升到 10.66%。2018~2022 年，匈牙利存贷款利差始终为正。

2018~2022 年，匈牙利实际利率均为负数，且在 2020 年新冠疫情期间达到高点，此后有所下降，但仍高于疫情前水平，反映出匈牙利通货膨胀率过高，而利率较低，不利于货币所有者，而有利于资本所有者。

匈牙利广义货币占 GDP 比重呈波动式上升态势，从 2018 年的 59.07% 上升至 2021 年的 72.06%，2022 年下降至 65.28%，但仍高于 2018 年水平。

2018~2022 年，匈牙利广义货币年增长率波动较大，在 2020 年新冠疫情期间达到高点，为 21.09%，而后逐年下降至 2022 年的 8.45%。匈牙利政府在新冠疫情期间超发货币引发通胀，而后通过紧缩货币供给控制通胀。

表 13　匈牙利利率

单位：%

指标	2018 年	2019 年	2020 年	2021 年	2022 年
存款利率	0.06	0.1	0.47	1.01	8.36
贷款利率	1.47	1.79	1.96	2.96	10.66
实际利率	−3.22	−2.86	−4.18	−3.27	−3.35

指标	2018 年	2019 年	2020 年	2021 年	2022 年
利差(贷款利率减去存款利率,百分点)	1.41	1.69	1.49	1.95	2.3
广义货币占 GDP 比重	59.07	58.14	69.31	72.06	65.28
广义货币年增长率	11.82	8.15	21.09	18.5	8.45

资料来源："Deposit Rates〔%〕, Loan Interest Rate〔%〕, Real Interest Rates〔%〕, Spreads (the Loan Interest Rate Minus the Deposit Interest Rates〔%〕, Broad Money (of GDP)〔%〕, Broad Money Annual Growth Rate〔%〕", The World Bank, https://data.worldbank.org/indicator/AG.YLD.CREL.KG, accessed April 12, 2024。

（四）汇率

匈牙利福林外汇管制较松，资金进出不设限。根据匈牙利《外汇自由化及相关法修订法案》（Act XCIII of 2001），自 2001 年起在所有交易中都可以自由兑换匈牙利福林。同时，匈牙利政府公布法令废除所有外汇管制，与欧盟法规一致，并允许资本自由流动。公司及个人可以自由拥有外汇。匈牙利法律允许利润汇回及利润再投资。此外，匈牙利对利润、还本付息、资本金、资本利得及知识产权补偿等资金的进出没有设限。

匈牙利汇率波动幅度较大。2018~2020 年，匈牙利福林兑换美元汇率从270.21 跌到 308，2021 年小幅上涨至 303.14，2022 年又跌至 372.6（见表14）。匈牙利政府为稳定汇率，实行较高的利率，但这会带来外汇储备风险以及国内资产泡沫风险，需要警惕。

2018~2022 年，匈牙利资本账户净额略有波动，但整体呈现上涨趋势。匈牙利资本账户净额从 2018 年的 3614835005 美元下降至 2019 年的3062120033 美元，2021 年上涨至 4566138782 美元，2022 年又下降至3946998606 美元。资本账户余额占 GDP 比重从 2018 年的 2.25%下降至2019 年的 1.87%，2021 年上升至 2.51%，2022 年又下降至 2.23%（见表14）。该指标反映出匈牙利售出金融债权较多，属于金融资产流入国。

2018~2022 年，匈牙利经常账户余额仅 2018 年为盈余，此后赤字越来越大。匈牙利经常账户余额从 2018 年的 415010400.1 美元盈余转向 2022 年

的 14240071440 美元赤字。经常项目余额占 GDP 比重也从 2018 年的 0.26%
下降至 2022 年的-8.03%（见表 14）。

表 14　匈牙利资本账户、经常账户与汇率

指标	2018 年	2019 年	2020 年	2021 年	2022 年
资本账户净额（BoP） （现价,美元）	3614835005	3062120033	3325413324	4566138782	3946998606
资本账户余额占 GDP 比重(%)	2.25	1.87	2.12	2.51	2.23
经常账户余额（BoP） （现价,美元）	415010400.1	−1283430268	−1582169454	−7290457171	−14240071440
经常账户余额占 GDP 比重(%)	0.26	−0.78	−1.01	−4	−8.03
官方汇率（期间平均 值）（本币/美元）	270.21	290.66	308	303.14	372.6

资料来源："Net Capital Account（BoP）〔US\$（Current Price）〕, Capital Account Balance（% of
GDP）, Current Account Balance（BoP）〔US\$（Current Price）〕, Current Account Balance（% of
GDP）, Official Exchange Rate（Period Average）〔Local Currency/US\$〕", The World Bank, https：//
data. worldbank. org/indicator/AG. YLD. CREL. KG, accessed April 12, 2024。

三　产业发展

（一）产业结构

匈牙利产业结构较为稳定，服务业占主导地位。具体来看，农林渔业增
加值占 GDP 比重最小，从 2018 年的 3.49%略微下降至 2022 年的 3.24%；
工业（包括建筑业）增加值占 GDP 比重从 2018 年的 25.08%下降至 2022 年
的 24.61%；服务业是匈牙利经济的主要产业，增加值占比从 2018 年的
55.88%上升至 2022 年的 57.19%，略有上升（见表 15）。

表 15　匈牙利产业结构

单位：%

指标	2018 年	2019 年	2020 年	2021 年	2022 年
农林渔业增加值占 GDP 比重	3.49	3.33	3.39	3.49	3.24
工业(包括建筑业)增加值占 GDP 比重	25.08	24.71	24.39	24.18	24.61
服务业增加值占 GDP 比重	55.88	56.42	56.63	56.97	57.19

资料来源："Value Added of Agriculture, Forestry and Fisheries as a Percentage of GDP［%］, Value Added of Industry (Including Construction) as a Percentage of GDP［%］, Value Added of Services as a Percentage of GDP［%］", The World Bank, https：//data.worldbank.org/indicator/AG.YLD.CREL.KG, accessed April 12, 2024。

如表 16 所示，与欧盟比较，欧盟服务业增加值占比更高，农林渔业增加值和工业（包括建筑业）增加值占比更低。欧盟农林渔业增加值占比从 2018 年的 1.62% 略微上升至 2022 年的 1.71%，工业（包括建筑业）增加值占比从 2018 年的 22.72% 上升至 2022 年的 23.47%，服务业增加值占比从 2018 年的 65.04% 略微降低至 2022 年的 64.75%。

表 16　欧盟经济结构

单位：%

指标	2018 年	2019 年	2020 年	2021 年	2022 年
农林渔业增加值占 GDP 比重	1.62	1.59	1.63	1.6	1.71
工业(包括建筑业)增加值占 GDP 比重	22.72	22.65	22.6	22.91	23.47
服务业增加值占 GDP 比重	65.04	65.18	65.63	64.97	64.75

资料来源："Value Added of Agriculture, Forestry and Fisheries as a Percentage of GDP［%］, EU; Value Added of Industry (Including Construction) as a Percentage of GDP［%］, EU; Value Added of Services as a Percentage of GDP［%］, EU", The World Bank, https：//data.worldbank.org/indicator/AG.YLD.CREL.KG, accessed April 12, 2024。

如表 17 所示，匈牙利农林渔业、工业（包括建筑业）、服务业增加值占比和世界相近。世界农林渔业增加值占比从 2018 年的 3.95% 上升到 2022 年的 4.32%，工业（包括建筑业）增加值占比从 2018 年的 27.25% 上升到 2022 年的 28.04%，服务业增加值从 2018 年的 64.12% 下降到 2021 年的 63.97%。

表 17　世界经济结构

单位：%

指标	2018 年	2019 年	2020 年	2021 年	2022 年
农林渔业增加值占 GDP 比重	3.95	4.02	4.36	4.28	4.32
工业（包括建筑业）增加值占 GDP 比重	27.25	26.74	26.21	27.22	28.04
服务业增加值占 GDP 比重	64.12	64.72	65.26	63.97	

资料来源："Value Added of Agriculture, Forestry and Fisheries as a Percentage of GDP ［％］, World; Value Added of Industry (Including Construction) as a Percentage of GDP ［％］, World; Value Added of Services as a Percentage of GDP ［％］, World", The World Bank, https：//data.worldbank.org/indicator/AG.YLD.CREL.KG, accessed April 12, 2024。

（二）特色产业

制造业在匈牙利国民经济中占有重要地位，2021 年加工制造业产值约为 39 万亿福林（约合 1036.2 亿美元），在工业中占比高达 91.5%。[1]

汽车及零部件工业是匈牙利支柱产业，2021 年产值近 9.4 万亿福林（约合 249.1 亿美元），在制造业中占比达 22.1%。匈牙利共有 740 多家汽车及零部件生产企业，2021 年从业人数达 15.8 万人。该产业 89.4% 的产值来自出口，占匈牙利出口总额的 1/5，最大的出口市场为德国。外资在匈牙利汽车工业中占据举足轻重的地位，大多数乘用车和发动机生产企业为外资，本土企业主要从事商用车和汽车零部件的生产。匈牙利汽车配套产业较为完整。截至 2021 年底，匈牙利共有 740 余家汽车及零部件供应企业，数千家间接服务商，形成了体系完备、配套齐全的汽车工业产业链。

匈牙利制药业历史悠久，在匈牙利经济中起着重要作用。2021 年匈牙利制药业产值为 1 万亿福林（约合 26.2 亿美元），同比增长 4.8%。匈牙利

---

[1] 《对外投资合作国别（地区）指南：匈牙利（2022 年版）》，中华人民共和国商务部网站，http：//www.mofcom.gov.cn/dl/gbdqzn/upload/xiongyali.pdf，最后访问日期：2024 年 2 月 27 日。

登记注册的制药企业有 70 余家，药品生产种类有 1400 种左右。匈牙利生产的药品 83% 出口到国外，2021 年药品出口额为 8382.3 亿福林（约合 22 亿美元），同比增长 4%。[①]

在政府的大力扶持下，匈牙利生物技术产业迅速发展。匈牙利约有 85 家核心生物科技企业，从业人员近千人，研发领域包括土壤和水污染处理、生物质能的生产和处理、再生处理、基因工程、纳米技术、分子化学等。

匈牙利是中东欧地区最大的电子产品生产国和世界电子工业主要生产基地，2021 年计算机电子工业产值约为 4.5 万亿福林（约合 118.1 亿美元），同比增长 8.3%。2015~2021 年，匈牙利 IT 市场年增长率达 8.7%。世界众多知名原始设备制造商与电子产品代工企业在匈牙利设立生产基地和研发中心。匈牙利生产的电子产品主要包括手机、电视机、电脑、电冰箱、电工器材、小家电、汽车电子配件等。[②]

匈牙利是中东欧地区重要的交通枢纽之一。加强物流基础设施建设是匈牙利国家战略发展方向之一，政府不断推进多式联运物流中心建设。2021 年，匈牙利已建成 10 余个多式联运物流中心，每个物流中心可提供两种以上运输方式。

四　外贸外资

（一）外贸

2018~2022 年，匈牙利货物和服务进口额与出口额都实现了稳步增长。其中，货物和服务进口额从 2018 年的 127659014444.67 福林增长到 2021 年的 145058400731.01 福林，2022 年又跃升至 169198751799.18 福

---

① 《对外投资合作国别（地区）指南：匈牙利（2022 年版）》，中华人民共和国商务部网站，http://www.mofcom.gov.cn/dl/gbdqzn/upload/xiongyali.pdf，最后访问日期：2024 年 2 月 27 日。

② 《对外投资合作国别（地区）指南：匈牙利（2022 年版）》，中华人民共和国商务部网站，http://www.mofcom.gov.cn/dl/gbdqzn/upload/xiongyali.pdf，最后访问日期：2024 年 2 月 27 日。

林；货物和服务出口额从 2018 年的 134559699755.26 福林增长到 2021 年的145538892453.4 福林，2022 年又跃升至 161760688376.6 福林（见表18）。2018~2021 年为贸易顺差，2022 年出现贸易逆差。

表18　匈牙利进出口额情况

单位：福林

指标	2018 年	2019 年	2020 年	2021 年	2022 年
货物和服务进口额（BoP）	127659014444.67	129900596301.04	121015580097.65	145058400731.01	169198751799.18
货物和服务出口额（BoP）	134559699755.26	133736168610.97	124110863301.82	145538892453.4	161760688376.6

资料来源："Imports of Goods and Services（BoP），Exports of Goods and Services（BoP）"，The World Bank，https：//data.worldbank.org/indicator/AG.YLD.CREL.KG，accessed April 12，2024。

2022 年，匈牙利前五大进口来源地为德国、奥地利、中国、斯洛伐克、俄罗斯，前五大出口目的地为德国、意大利、罗马尼亚、斯洛伐克、奥地利。匈牙利与主要贸易伙伴的贸易往来情况如表 19 所示。

表19　2022 年匈牙利与主要贸易伙伴的贸易往来情况

伙伴国	贸易额（亿欧元）	市场份额（%）	同比增长（%）
德国	676	24.9	15.1
意大利	188	5.4	24.5
罗马尼亚	148.6	5.2	24.1
意大利	145.3	5.1	32.0
波兰	140.7	5.0	21.1
中国	135.7	4.8	11.7
捷克	127.7	4.5	19.6
荷兰	121.2	4.3	19.9
罗马尼亚	118.4	4.2	23.9
法国	106.3	3.7	14.6

资料来源："Themes of Summary Tables"，Hungarian Central Statistical Office，2023，accessed April 12，2024。

匈牙利主要出口商品有电机、电气及零件，机械产品及零件，车辆（铁道车辆除外）及零部件，药品，塑料及其制品，矿物燃料，橡胶及其制品，光学、照相、医疗等设备及零件，家具，钢铁制品；主要进口商品有电机、电气及零件，机械产品及零部件，车辆（铁道车辆除外）及零部件，矿物燃料，药品，塑料及其制品，光学、照相、医疗等设备及零件，钢铁及钢铁制品，铝及其制品等。匈牙利服务贸易主要包括运输、旅行、商务相关服务、维修及知识产权等，服务贸易主要伙伴包括德国、美国、英国、奥地利等。

（二）外国直接投资

2018～2022 年，匈牙利外国直接投资额稳步增长，从 2018 年的 8746.20 增长至 2022 年的 15342.80，增长了 75.4%。匈牙利外国直接投资额增长率从 2018 年的 27.16% 下降至 2020 年的 4.15%，2022 年大幅增长至 21.56%（见表 20）。

截至 2022 年底，匈牙利全国约有 3 万多家外商投资企业，外资企业产值增加值约占匈牙利 GDP 的 1/3，出口额占匈牙利出口总额的 70% 以上。从投资领域来看，零售、金融、通信、汽车、电子等行业是外商主要投资领域，约占匈牙利吸收外资总额的 2/3。

表 20 匈牙利吸引外商投资情况

指标	2018 年	2019 年	2020 年	2021 年	2022 年
外国直接投资额（亿福林）	8746.20	10404.30	10835.60	12621.10	15342.80
外国直接投资额增长率（%）	27.16	18.96	4.15	16.48	21.56

资料来源："Foreign Investment，Growth Rate of Foreign Investment"，The World Bank，https：//data. worldbank. org/indicator/AG. YLD. CREL. KG，accessed April 12, 2024。

结　语

匈牙利经济面临的挑战主要包括外需不稳定、通胀压力上升、汇率不稳定。为了促进经济可持续发展，匈牙利政府应加大结构改革力度，推动创新和技术进步，提高产业竞争力，促进出口多元化，同时实施稳健的货币政策，控制通胀压力，维持汇率稳定，保持金融市场的稳定。此外，政府还应该加强教育、培训和基础设施建设投资，提高劳动力素质和生产效率。

中国与匈牙利两国经济互补性强，合作前景广阔。中国可以在汽车、新能源、金融等领域加强同匈牙利的合作，推动双边贸易和投资的便利化，鼓励中国企业到匈牙利投资兴业，共同促进经济的可持续发展。同时，两国还可以在教育、旅游、文化等领域加强人文交流，增进相互了解和友谊。

B.7
2022年塞尔维亚经济发展报告

马媛也　王嘉欣*

摘　要： 2022年，塞尔维亚经济形势相对平稳，逐渐复苏。具体而言，在宏观经济方面，政府推行经济恢复计划，经济增速缓慢提升，但通货膨胀率上升，物价上涨，居民最终消费支出下降。在财政与金融方面，2022年塞尔维亚外债总额增加，净金融流动大幅下降，官方汇率显著上升。在产业发展方面，2022年塞尔维亚产业结构稳定，总体呈现增长趋势。在外贸外资方面，2022年塞尔维亚进出口额保持增长态势，货物贸易逆差扩大，外国直接投资较为稳定，对外直接投资净额出现负值。

关键词： 塞尔维亚　经济形势　通货膨胀　制造业　服务业

一　宏观经济发展

（一）经济总量及增长速度

2018~2022年，塞尔维亚GDP增长相对平稳，2018年的GDP为506亿美元，2019年增长至515亿美元，2020年GDP为534亿美元。2021年和2022年GDP分别增长至631亿美元和636亿美元（见图1）。

2018~2022年，塞尔维亚GDP增长率经历了显著波动。2018年和2019年，经济增长保持在相对较高水平，2020年由于新冠疫情的影响，经济出

---

* 马媛也，北京第二外国语学院欧洲学院讲师，主要研究方向为塞尔维亚国别研究、塞尔维亚语言政策与规划；王嘉欣，北京第二外国语学院区域国别学院（中国"一带一路"战略研究院）硕士研究生，主要研究方向为"一带一路"国际合作。

现负增长。随着疫情得到控制和政府实行经济恢复计划，2021 年经济迅速反弹，增长显著。然而，2022 年增长率又出现了明显回落（见图1）。总体而言，这一时期的经济增长率波动反映了外部环境与政策影响的复杂性。

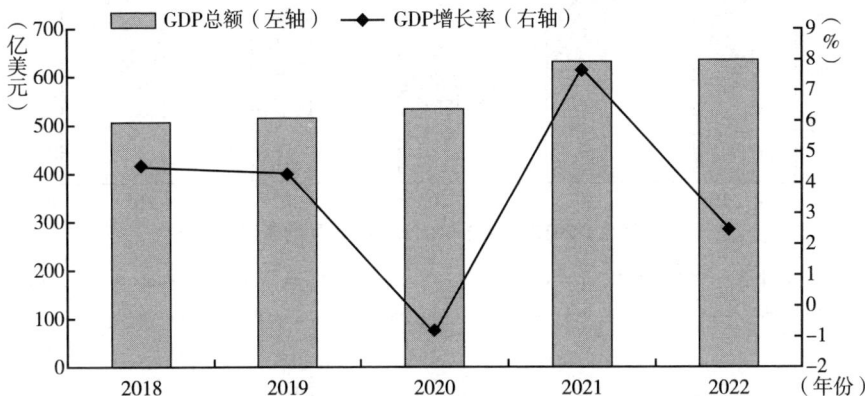

图 1　2018~2022 年经济总量及增长率

资料来源：《塞尔维亚 1995—2022 年间国内生产总值（GDP）走势》，Best Data Analytics，http：//cn. bestdataanalytics. com/gdp/3270/serbia-gdp-by-year/；"GDP Growth（Annual %）"，The World Bank，https：//data. worldbank. org. cn/indicator/NY. GDP. MKTP. KD. ZG？end ＝ 2023&locations＝RS&start＝1961&view＝chart，最后访问日期：2024 年 4 月 12 日。

（二）人均 GDP 及增长率

2018~2022 年，塞尔维亚的人均 GDP 呈现出增长趋势，但人均 GDP 增长率波动较大。2018 年的人均 GDP 为 7252 美元，2019 年增长至 7417 美元，增长率为 4.9%。2020 年，人均 GDP 增长至 7733 美元，增长率为 -0.2%。2021 年，人均 GDP 达到 9233 美元，增长率为 8.7%。2022 年，人均 GDP 进一步增长至 9538 美元，增长率为 5.2%（见图 2）。

（三）消费

2018~2022 年，塞尔维亚的最终消费支出呈现逐年上升趋势，从 2018 年的 452.5 亿美元稳步增长至 2022 年的 561.4 亿美元（见图 3），年均增长率超过 7%。这一增长主要由居民最终消费支出驱动，其金额从 357.5 亿美

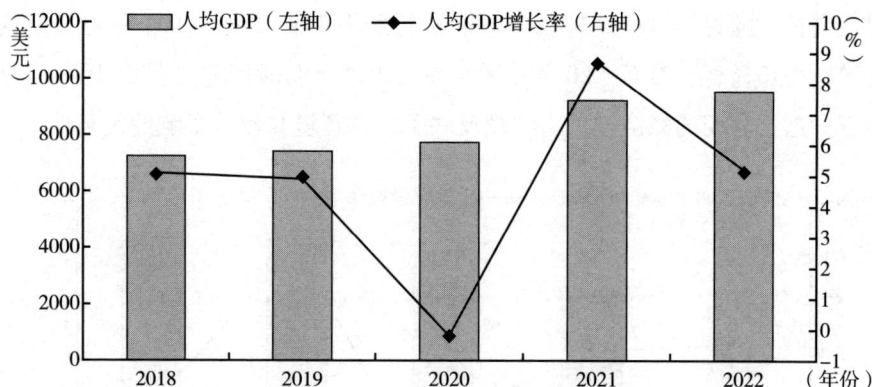

图 2 2018~2022 年人均 GDP 及增长率

资料来源："GDP per Capita（Current US\$），GDP per Capita Growth（Annual %）"，The World Bank，https：//data. worldbank. org/indicator?tab＝all，accessed April 12, 2024。

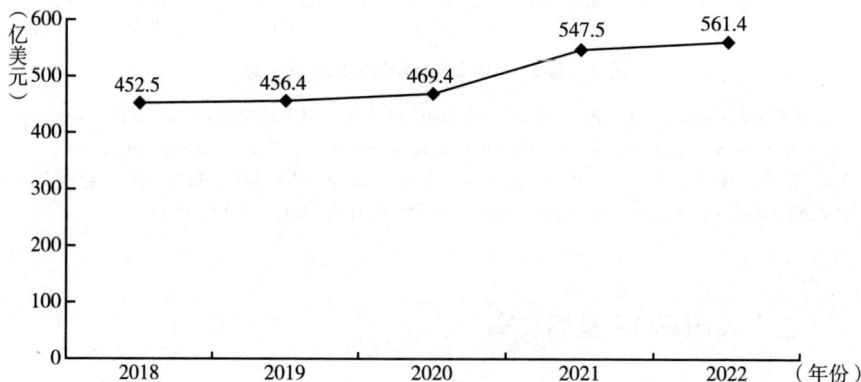

图 3 2018~2022 年最终消费支出

资料来源："Final Consumption Expenditure（Current USD）"，The World Bank，https：//data. worldbank. org. cn/indicator/NE. CON. TOTL. CD?locations＝RS，accessed April 12, 2024。

元增长至 438.8 亿美元，增幅超过 22.7%，表明居民可支配收入的增长和消费信心的增强。2020 年疫情发生初期，虽然最终消费支出增长短暂停滞，但居民最终消费支出的韧性使其迅速恢复，并继续保持强劲增长，这可能与政府实施的财政刺激政策以及相对较低的疫情管控强度有关。与居民最终消费支出形成对比的是，政府最终消费支出在 2018~2022 年的增长相对温和，从 95 亿美元增长到 122.6 亿美元。2020~2021 年，政府最终消费支出有所增长，这与疫情期间的公共卫生支出和经济刺激计划有关；2022年政府最终消费支出出现小幅下降，反映了政府财政政策的调整，例如在疫情后的财政收紧或优先支出领域的变化（见图4）。

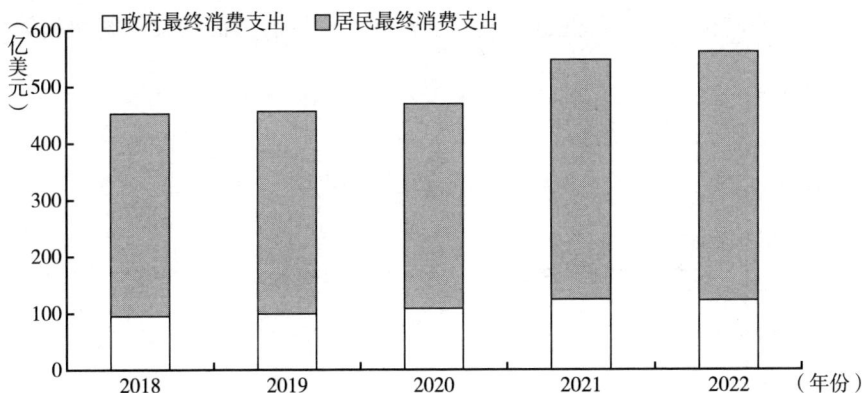

图4　2018～2022年一般政府最终消费支出与居民最终消费支出

资料来源："General Government Final Consumption Expenditure（Current USD），Final Consumption Expenditure of Residents（Current Price in US Dollars）"，The World Bank，https：//data. worldbank. org. cn/indicator/NE. CON. GOVT. CD?locations＝RS，https：//data. worldbank. org. cn/indicator/NE. CON. PRVT. CD?locations＝RS，accessed April 12, 2024。

2021年，政府最终消费支出降至85.6亿美元，居民最终消费支出下降至351.5亿美元。2022年，政府最终消费支出下降至83.8亿美元，居民最终消费支出为351.6亿美元。居民最终消费支出下降是由多种因素造成的。首先，经济增长放缓导致消费者信心下降，抑制了消费支出的增长。其次，通货膨胀率上升导致物价上涨，进一步影响了消费者的购买力和消费行为。此外，全球经济的不确定性以及国内外环境的变化也对塞尔维亚的消费支出产生影响。例如，全球贸易摩擦、金融市场动荡等因素导致消费者担忧经济前景，减少消费支出。

（四）就业

1. 劳动力与劳动参与率

总体来看，2018～2022年，塞尔维亚的劳动力人数整体呈现出波动上升的趋势。具体来说，2018年劳动力人数为3268842人，2022年，上升至3375988人（见图5）。这一变化反映了塞尔维亚经济发展和就业市场上的一些积极信号，可以看出，塞尔维亚的劳动力市场展现出一定的韧性和增长潜力。这种增长与政府在促进就业、投资和产业发展方面的政策密切相关。

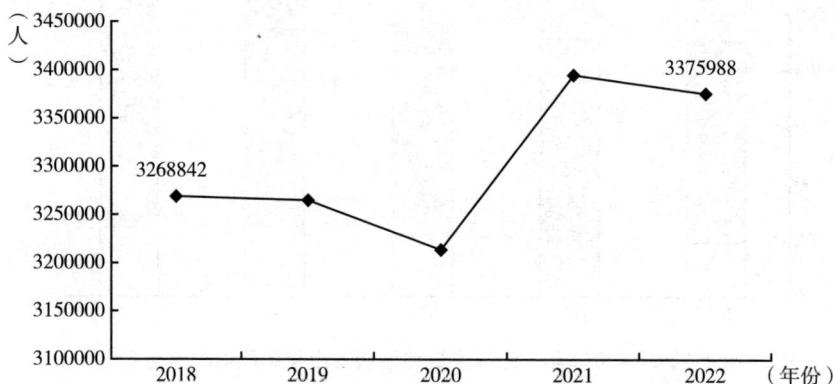

图 5　2018~2022年塞尔维亚劳动力人数

资料来源："Labor Force, Total Number", The World Bank, https://data.worldbank.org/indicator?tab=all, accessed April 12, 2024。

2018年，塞尔维亚的劳动参与率为68.2%，2019年略微增长至68.4%。2020年，劳动参与率略微下降至68.0%。2021年，塞尔维亚的劳动参与率大幅上升至72.0%，远超过前几年的水平。2022年，劳动参与率进一步增长至73.2%（见图6）。劳动力人数与劳动参与率的波动受到多个因素的影响，如人口结构、经济形势和就业机会等。2020年，全球经济受到新冠疫情的影响，就业机会减少，2021年和2022年，随着经济复苏、政府实施支持政策，就业机会增加，人们重新进入劳动力市场。

2. 就业结构

塞尔维亚的就业结构相对稳定。服务业在塞尔维亚经济中占据主导地位，吸纳了众多就业人口，其次是工业部门，而农业部门的就业占比相对较低且基本保持不变。

农业从业人员占就业总人数比重相对稳定，2018年为16%，2022年

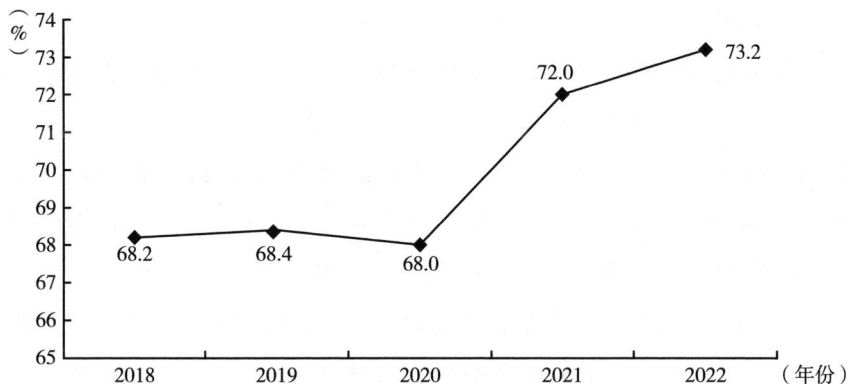

图6 2018~2022年塞尔维亚劳动参与率

资料来源："Labor Force Participation Rate, Total（Percentage of Total Population Aged 15-64）", The World Bank, https：//data. worldbank. org/indicator?tab＝all, accessed April 12, 2024。

为14%。工业从业人员占就业总人数比重从2018年的27%略微上升至2022年的29%。2018~2022年，服务业从业人员占就业总人数比重稳定在57%上下（见图7）。

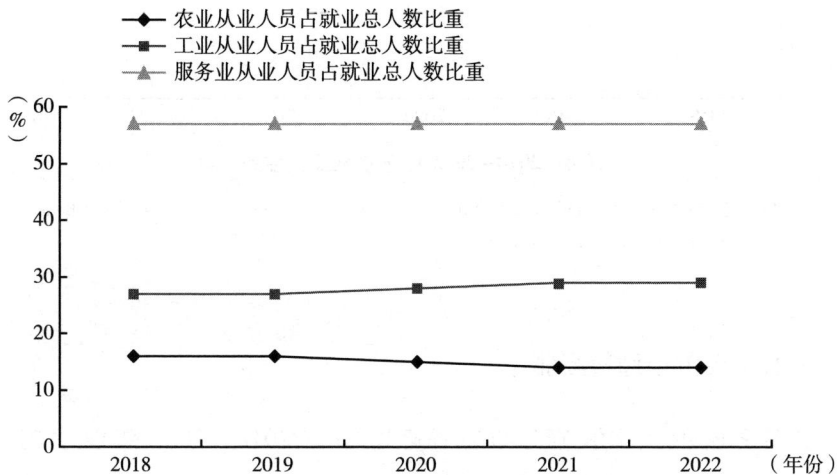

图7 2018~2022年塞尔维亚就业结构

资料来源："Agricultural Employed Personnel（Percentage of Total Employment）, Industrial Employed Personnel（Percentage of Total Employment）, Service Industry Employees（Percentage of Total Employment）", The World Bank, https：//data. worldbank. org/indicator?tab＝all, accessed April 12, 2024。

3.失业率

塞尔维亚的失业率在 2018~2022 年呈现波动下降的趋势。失业率下降意味着塞尔维亚就业机会有所增加，劳动力市场状况有所改善。塞尔维亚 2018 年的失业率为 12.7%，2019 年下降至 10.4%，2020 年进一步下降至 9.0%。受到新冠疫情的冲击，2021 年的失业率上升至 10.1%。随着经济逐渐复苏，2022 年的失业率下降至 8.7%（见图 8）。

2022 年塞尔维亚失业率略高于欧盟水平，但与塞尔维亚过去几年的失业率相比，这仍然是一个相对较低的数字，反映出塞尔维亚政府在促进经济增长和创造就业机会方面取得一定成效。

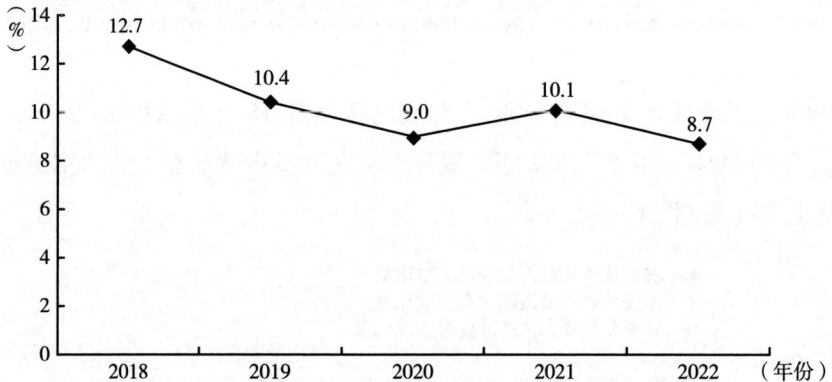

图 8 2018~2022 年塞尔维亚失业率

资料来源："Total Unemployment（Proportion to Total Labor Force）", The World Bank, https：//data.worldbank.org/indicator?tab＝all, accessed April 12, 2024。

（五）物价与通货膨胀

如图 9 所示，塞尔维亚的通货膨胀率在 2018~2022 年波动较大。2018~2020 年的通货膨胀率逐渐下降，分别为 2%、1.8% 和 1.6%，通胀水平相对较低且稳定。受全球粮食价格上涨和 2021 年干旱的影响，自 2021 年起，塞尔维亚通胀率加速上升，2021 年通胀率为 4.1%，2022 年通胀率达 12%，均高于欧盟平均水平。塞尔维亚通胀率持续攀升，基本食品价格上涨幅度较大，如小麦、玉米、燕麦、大豆、烟草、覆盆子、屠宰奶牛、屠宰公牛和屠宰羊等。

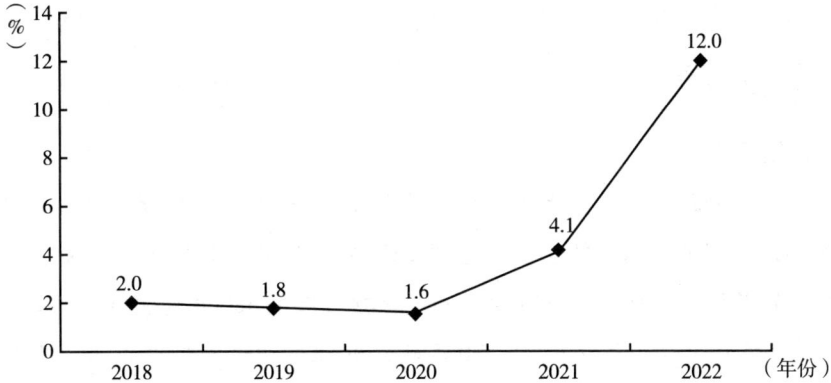

图9　2018～2022年塞尔维亚通货膨胀率

资料来源："Inflation, Consumer Prices（Annual %）"，The World Bank，https：//data. worldbank. org. cn/indicator/FP. CPI. TOTL. ZG? end = 2023&start = 1995&view = chart，accessed April 12, 2024。

表1　2020～2022年塞尔维亚商品价格

单位：第纳尔

商品	2020 年	2021 年	2022 年
小麦	17. 98	21. 92	33. 19
玉米	16. 31	23. 43	31. 06
燕麦	15. 98	22. 15	35. 38
向日葵	32. 45	51. 79	57. 86
大豆	40. 14	67. 21	74. 92
烟草	256. 19	249. 60	330. 90
西红柿	58. 42	72. 01	77. 13
洋葱	28. 59	26. 51	31. 70
苹果	49. 46	50. 79	45. 27
草莓	146. 18	145. 25	190. 85
覆盆子	196. 28	377. 37	488. 13
鸡蛋	8. 02	8. 24	11. 84
屠宰奶牛	133. 09	144. 29	198. 94
屠宰公牛	183. 44	228. 59	307. 87
屠宰羊	113. 10	117. 03	141. 08

资料来源："Average Annual Purchase Prices of Agricultural Products"，Statistical Office of the Republic of Serbia，https：//data. stat. gov. rs/?caller=SDDB&languageCode=en-US, accessed April 12, 2024。

二 财政与金融

（一）债务

1. 债务规模

2018~2022年，塞尔维亚的外债总额存量呈现增长趋势（见图10）。2018年，塞尔维亚的外债总额存量为310.5亿美元。2019年，外债总额略微增长至321.1亿美元。2020年，外债总额增长至380.4亿美元。2021年，外债总额增长至411.7亿美元。2022年，外债总额进一步增长至441.6亿美元。外债总额的增加使塞尔维亚的负债压力变大，影响其信用等级和经济增长。因此，塞尔维亚政府需要谨慎管理外债，同时促进出口、引进外国投资来增加外汇收入，从而减少对外债的依赖。

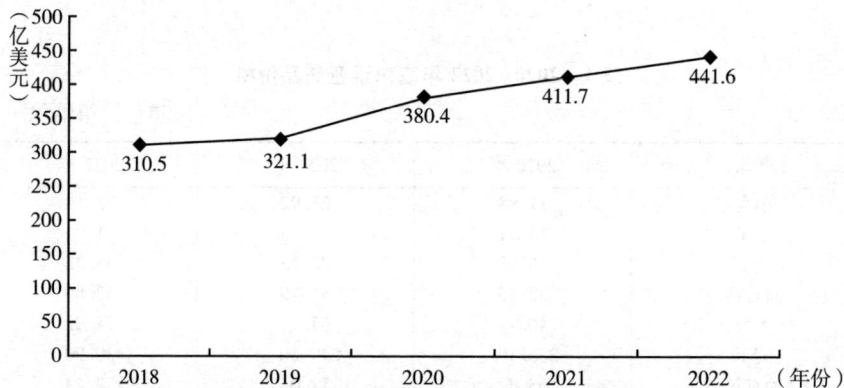

图10　2018~2022年塞尔维亚外债总额存量

资料来源："Total External Debt Stock（DOD, Current USD）", The World Bank, https：//data. worldbank. org/indicator?tab＝all, accessed April 12, 2024。

2. 债务结构

从外债结构来看，如图11所示，2022年塞尔维亚长期外债占外债总额的94%，短期外债占外债总额的6%。长期外债通常用于支持长期投资，如基础设施建设和大型项目。长期外债占比较高反映出塞尔维亚对于推动经济发展和改善基础设施的需求。

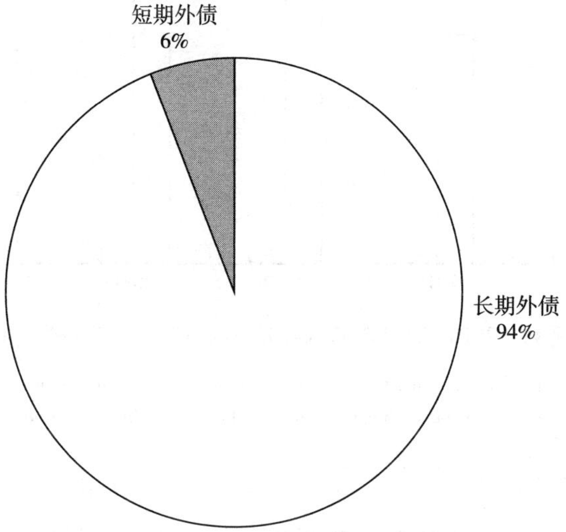

短期外债
6%

长期外债
94%

图 11 2022 年塞尔维亚外债结构

资料来源：笔者根据相关数据制作。

如图 12 所示，2018~2022 年，塞尔维亚的长期外债（2020 年除外）和短期外债都呈现增长的趋势。2018 年，塞尔维亚的长期外债为 288 亿美元，短期外债为 16.3 亿美元。2019 年，长期外债增长至 293.3 亿美元，短期外债增长至 21.6 亿美元。2020 年，长期外债增长至 355 亿美元，而短期外债下降至 19 亿美元。2021 年，长期外债增长至 376.7 亿美元，短期外债为 19.9 亿美元。2022 年，长期外债达到 391.3 亿美元，短期外债增长至 25.6 亿美元。

（二）税收

1. 税收收入情况

2017~2021 年，塞尔维亚的税收收入总体呈现出较为平稳的增长态势，税收收入从 2017 年的 1.15 万亿第纳尔增长至 2019 年的 1.3 万亿第纳尔，

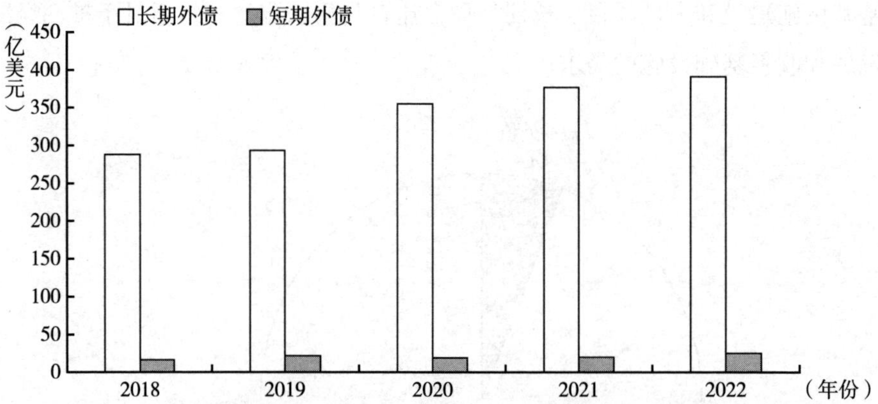

图 12 2018~2022 年塞尔维亚长期外债和短期外债金额

资料来源："Long Term External Debt（DOD，Current USD）；Short Term External Debt（DOD，Current USD）"，The World Bank，https：//data. worldbank. org/indicator?tab＝all，accessed April 12，2024。

增长幅度较大；2020~2021 年，税收收入相对平稳地保持在 1.29 万亿第纳尔的水平，相较 2019 年略微下降。较为平稳的税收收入为塞尔维亚经济的长期发展提供了坚实的基础。

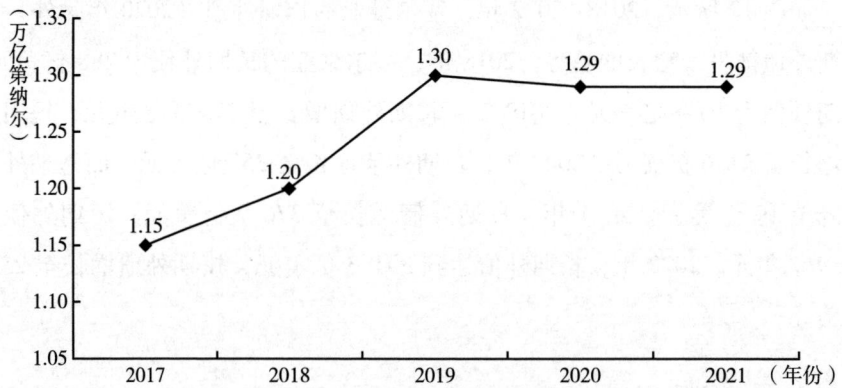

图 13 2017~2021 年塞尔维亚税收收入总额

资料来源："Tax（Present Value in Local Currency）"，The World Bank，https：//data. worldbank. org/indicator?tab＝all，accessed April 12，2024。

2. 税收结构

2018~2021年，塞尔维亚税收结构相对稳定。其中，关税及其他进口税占税收收入比重从2017年的3.5%略微上升至2021年的4.0%；国际贸易税占税收收入比重保持相对稳定，介于2.0%~2.3%；所得税、利润税和资本收益税占税收收入比重相对稳定，介于15.2%~15.4%；货物和服务税占税收收入比重相对稳定，介于39.8%~41.3%（见图14）。

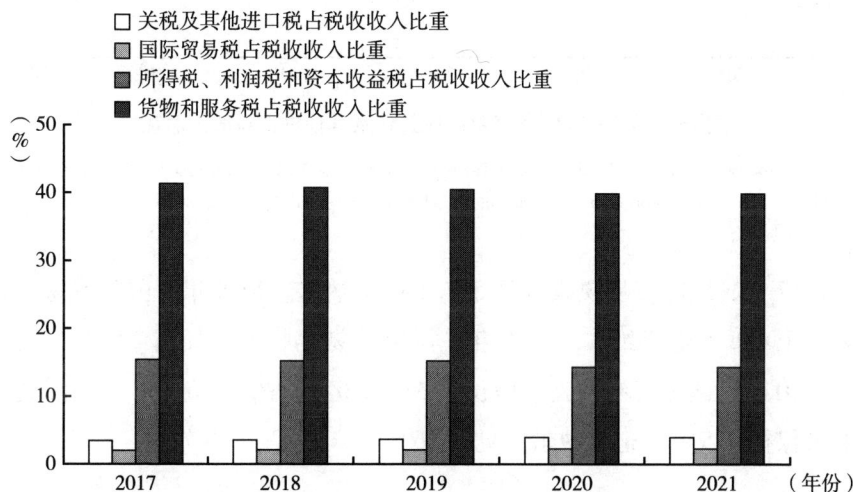

图14 2017~2021年塞尔维亚税收结构

资料来源："Tariffs and Other Import Taxes（as a Percentage of Tax Revenue）；International Trade Tax（as a Percentage of Total Tax Revenue）；Income Tax，Profit Tax，and Capital Gains Tax（as a Percentage of Total Tax Revenue）；Tax on Goods and Services（as a Percentage of Total Tax Revenue）"，The World Bank，https：//data. worldbank. org/indicator? tab = all，accessed April 12，2024。

从税收金额来看，2017年，关税及其他进口税收入为397.1亿第纳尔。2018年，关税及其他进口税收入增长至436.5亿第纳尔。2019年，关税及其他进口税收入增长至480.9亿第纳尔。2020年和2021年，关税及其他进口税收入保持在相同的高水平，为519.2亿第纳尔（见图15）。稳定的税收增长与塞尔维亚的进口贸易活动、进口商品的消费需求和贸易政策有关，有助于支持塞尔维亚的财政收入，维持国内贸易平衡。

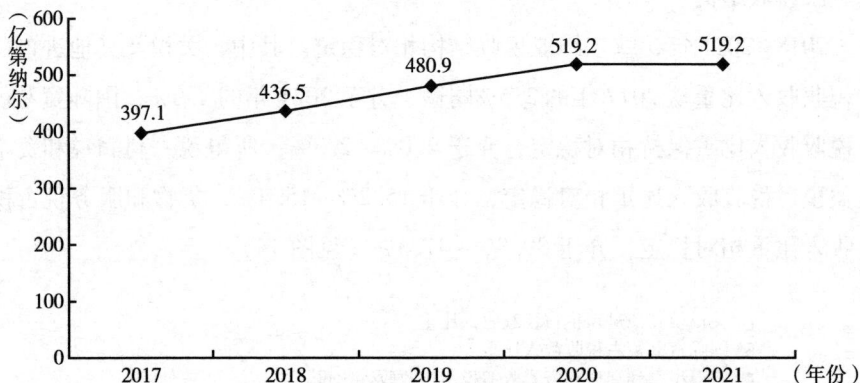

图15　2017～2021年塞尔维亚关税及其他进口税收入总额

资料来源："Tariffs and Other Import Taxes（Present Value in Local Currency）"，The World Bank，https：//data. worldbank. org/indicator? tab＝all，accessed April 12，2024。

2017年，国际贸易税收入为387.1亿第纳尔。2018年，国际贸易税收入增长至436.5亿第纳尔。2019年，国际贸易税收入增长至480.9亿第纳尔。2020年，国际贸易税收入增长至519.2亿第纳尔。2021年，国际贸易税收入保持在519.2亿第纳尔（见图16）。

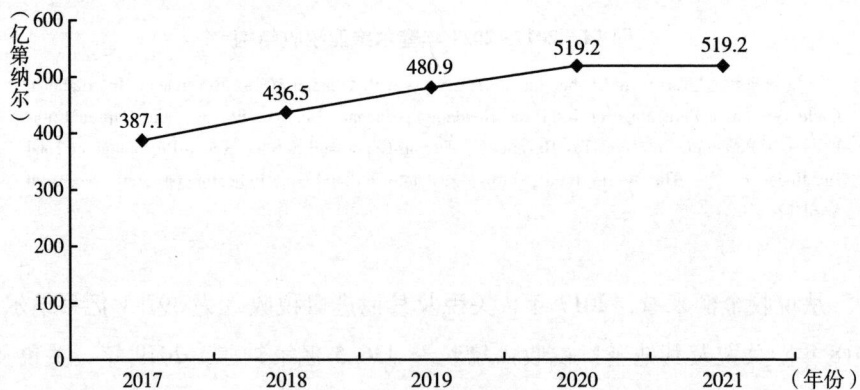

图16　2017～2021年塞尔维亚国际贸易税收入总额

资料来源："International Trade Tax（Present Value in Local Currency）"，The World Bank，https：//data. worldbank. org/indicator?tab＝all，accessed April 12，2024。

2017 年，所得税、利润税和资本收益税收入为 3001.6 亿第纳尔，2018 年增长至 3129.1 亿第纳尔，2019 年增长 3434.1 亿第纳尔。2020 年和 2021 年保持在相同水平的 3273.6 亿第纳尔（见图 17）。稳定的所得税、利润税和资本收益税收入有助于支持塞尔维亚的财政收入，维持社会福利和公共服务的运转，并提供资金支持经济发展和投资。

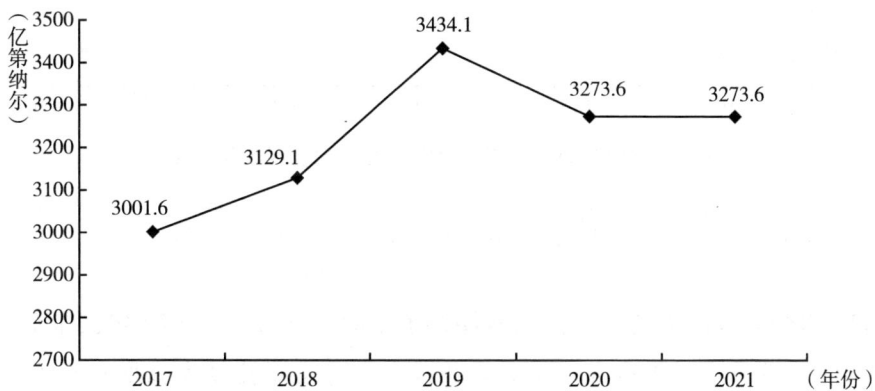

图 17　2017~2021 年塞尔维亚所得税、利润税和资本收益税收入总额

资料来源："Income Tax, Profit Tax, and Capital Gains Tax（Present Value in Local Currency）", The World Bank, https: //data. worldbank. org/indicator? tab = all, accessed April 12, 2024。

2017 年，货物和服务税收入为 8056.2 亿第纳尔。2018 年，货物和服务税收入略微增长至 8398.5 亿第纳尔。2019 年，货物和服务税收入增长至 9119.6 亿第纳尔。2020 年和 2021 年，货物和服务税收入均为 9132.7 亿第纳尔（见图 18）。稳定的税收收入有助于支持塞尔维亚的财政健康和公共投资，也反映了塞尔维亚经济的相对稳定和经济活动的积极表现。

（三）净金融流动

净金融流动指资金在国际金融市场的流入和流出，包括外国直接投资、外汇交易、债券和股票交易等。2018~2022 年，塞尔维亚净金融流动波动较大。2018 年，净金融流动为 5047 万美元。2019 年，净金融流动大

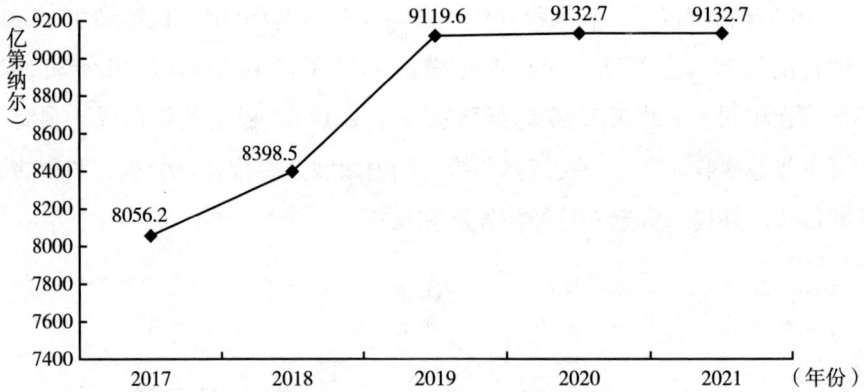

图 18 2017~2021 年塞尔维亚货物和服务税收入总额

资料来源："Tax on Goods and Services（Present Value in Local Currency）"，The World Bank，https：//data. worldbank. org/indicator?tab＝all，accessed April 12, 2024。

幅度下降至 2087 万美元，但仍然保持了正的资金流入。2020 年，净金融流动进一步减少至 806.4 万美元。2021 年，净金融流动大幅增长至 4373 万美元。2022 年，净金融流动大幅下降，降至－1577.2 万美元，出现了资金流出（见图 19）。

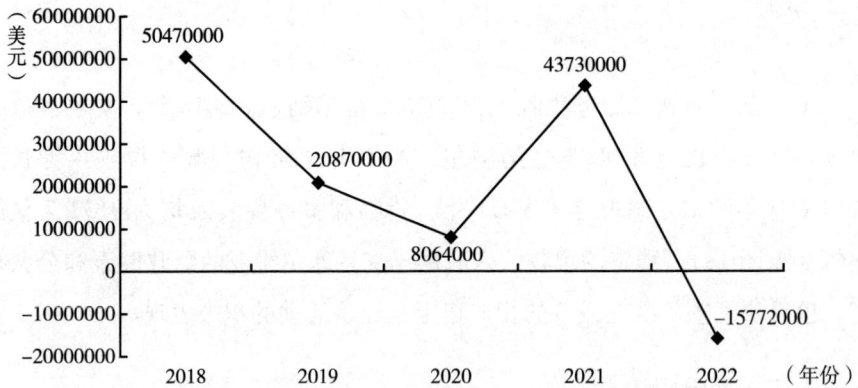

图 19 2018~2022 年塞尔维亚净金融流动

资料来源："Net Financial Flow, IBRD,（NFL, Current USD）"，The World Bank，https：//data. worldbank. org/indicator?tab＝all，accessed April 12, 2024。

（四）汇率

塞尔维亚《外汇管理法》规定第纳尔为可自由兑换货币。塞尔维亚的官方汇率（第纳尔兑换美元）2018年为100.18，2019年上升至105.25。2020年，官方汇率略有下降，为103.16。2021年，官方汇率进一步下降至99.40。2022年，官方汇率显著上升，达到了111.66（见图20）。2018~2022年，塞尔维亚的官方汇率存在波动性，受到经济基本面、国际汇市形势和政府政策等多个因素的影响。

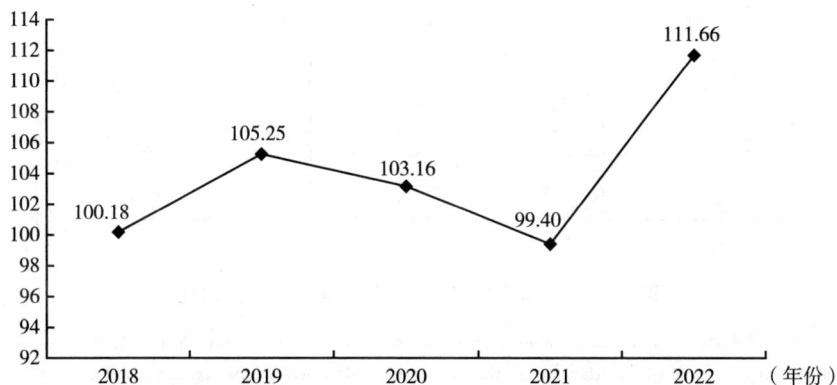

图20　2018~2022年塞尔维亚官方汇率（第纳尔兑换美元）

资料来源："Official Exchange Rate（Equivalent to 1 US Dollar in Local Currency Unit，Period Average）"，The World Bank，https：//data.worldbank.org/indicator?tab=all，accessed April 12，2024。

三　产业发展

（一）第一产业

如图21所示，2018~2022年，塞尔维亚的农业增加值总体上呈现增长趋势。2018年的农业增加值为32.1亿美元，2022年增长到41.1亿美元，反映出塞尔维亚农业部门的增产和提质。塞尔维亚农业部门采取了一系列措

施，如改进农业技术、合理利用耕地、优化农作物品种等，以提高农产品产
量和质量，提升农业的经济效益。农村经济的发展、政策的支持以及农民的
努力也对农业增加值的增长起到了积极的作用。

如图21所示，2018～2022年，农业增加值占GDP比重保持相对稳定，
介于6.0%～6.5%，说明农业在塞尔维亚经济中的占比相对稳定。

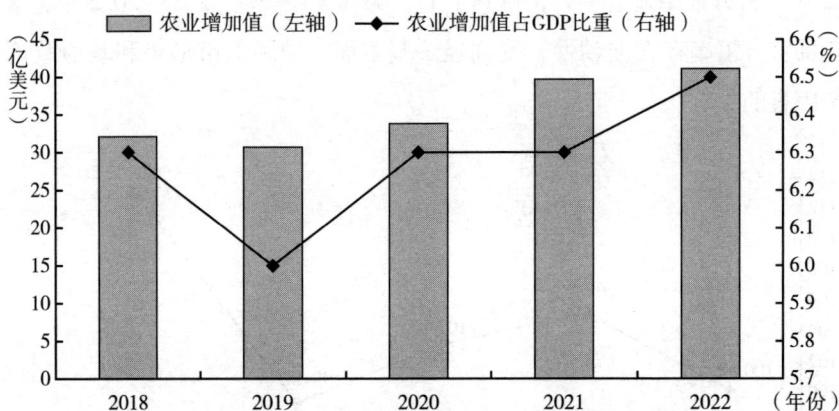

图21 2018～2022年塞尔维亚农业增加值及占比

资料来源："Agriculture Value Added（Current USD），Agriculture Value Added（as a
Percentage of GDP）"，The World Bank，https：//data. worldbank. org/indicator? tab = all，
accessed April 12，2024。

（二）第二产业

如图22所示，2018～2022年，塞尔维亚的工业增加值总体呈现出增长
趋势，从2018年的129.1亿美元增长到2022年的162.5亿美元。2020～
2021年的增长尤为显著，从132.9亿美元跃升到157.8亿美元，展示出疫
情之后塞尔维亚工业较强的恢复能力。

如图22所示，工业增加值占GDP比重2018年为25.5%，2022年上升
到25.6%，整体变化不大，仅2020年因新冠疫情影响略下降至24.9%。

工业增加值的稳定增长使工业对塞尔维亚经济的贡献持续且稳定。

2018～2022年，塞尔维亚的制造业增加值存在一定波动，从2018年的

图22 2018~2022年塞尔维亚工业增加值及占比

资料来源："Industrial Value Added（Current USD），Industrial Value Added（as a Percentage of GDP）"，The World Bank，https：//data. worldbank. org/indicator? tab = all，accessed April 12，2024。

73. 6亿美元下降到2019年的70. 5亿美元，2020年略微增长到70. 9亿美元，2021年和2022年分别为82. 1亿美元和85. 9亿美元（见图23）。

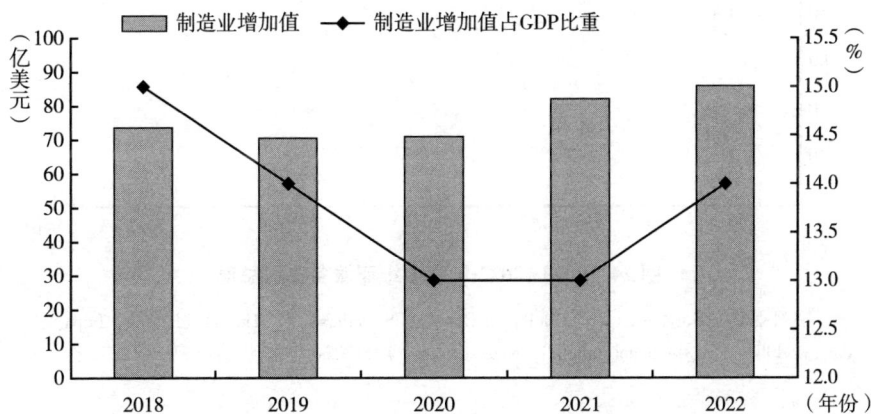

图23 2018~2022年塞尔维亚制造业增加值及占比

资料来源："Manufacturing Value Added（Current USD），Manufacturing Value Added（as a Percentage of GDP）"，The World Bank，https：//data. worldbank. org/indicator?tab＝all，accessed April 12，2024。

2018~2022 年，制造业增加值占 GDP 比重相对稳定。2018 年制造业增加值为 15.0%，2019 年下降到 14.0%，2020 年和 2021 年保持在 13.0% 的水平，2022 年上升到 14.0%。这反映出制造业对塞尔维亚国内生产总值的贡献相对稳定。

（三）第三产业

2018~2022 年，塞尔维亚的服务出口总额总体呈现出增长趋势。2018 年，塞尔维亚的服务出口总额为 71.4 亿美元。2019 年，服务出口总额增长至 77.5 亿美元。2020 年，由于全球经济疲软和新冠疫情的影响，服务出口总额下降到 70.9 亿美元。2021 年，服务出口总额恢复增长，达到 92.1 亿美元。2022 年，服务出口总额进一步增长到 115.9 亿美元（见图 24）。

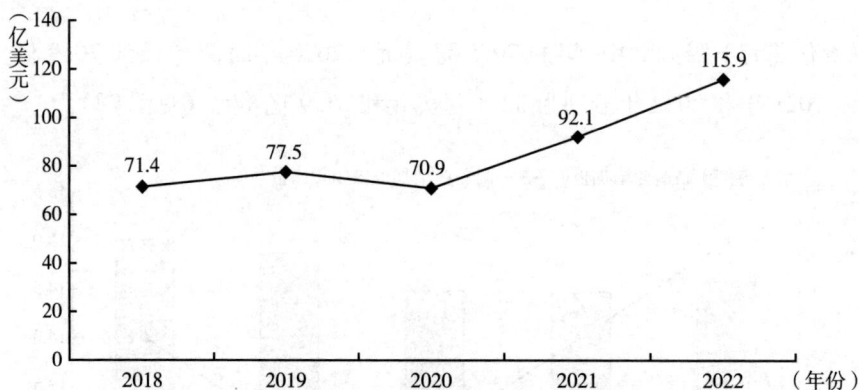

图 24 2018~2022 年塞尔维亚服务出口总额

资料来源："Service Exports（BoP, in Current US Dollars）"，The World Bank，https://data. worldbank. org/indicator?tab＝all，accessed April 12, 2024。

具体来看，如图 25 所示，交通服务出口额占服务出口总额的比重相对较高，从 2018 年的 20% 下降到 2020 年的 16%，2021 年和 2022 年有所回升，分别为 17% 和 18%。保险和金融服务出口额占服务出口总额比重相对较低，维持在 1% 上下。旅行服务出口额占比在 2018~2020 年逐渐下降，从

22%下降到18%，2021年和2022年有所回升，分别为20%和22%。通信、计算机等服务出口额占服务出口总额比重最高，从2018年的57%上升到2020年的65%，2021年和2022年略微下降至62%和59%。

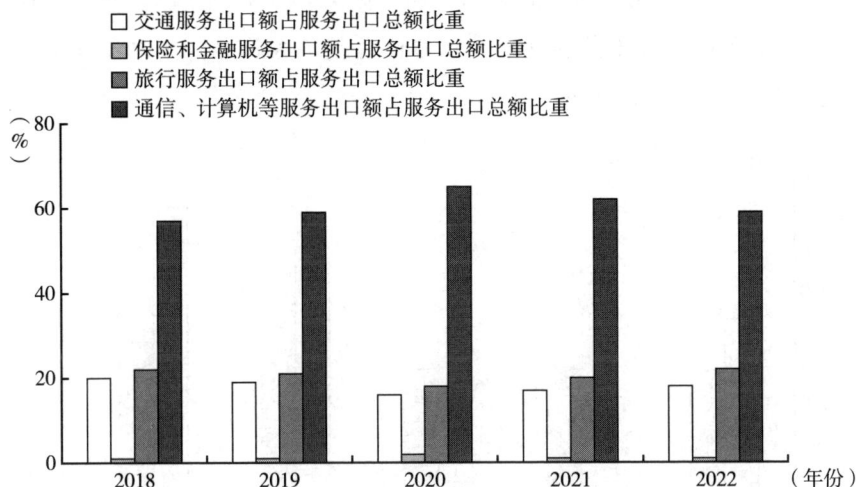

图25　2018~2022年塞尔维亚服务出口结构

资料来源："Transportation Services（Proportion of Service Exports in the International Balance of Payments Statistics），Insurance and Financial Services（Proportion of Service Exports in the International Balance of Payments Statistics），Travel Services（Proportion of Service Exports in the International Balance of Payments Statistics），Information and Communication Technology（ICT）Service Exports（Proportion of Service Exports in the International Balance of Payments Statistics）"，The World Bank，https：//data. worldbank. org/indicator?tab＝all，accessed April 12，2024。

四　外贸外资

（一）进出口贸易

2018~2022年，塞尔维亚进口和出口贸易总体呈现增长态势。具体来看，2018年，进口额为260.44亿美元，出口额为193.66亿美元。2019年，进口额略微增长至269.39亿美元，出口额增长至197.65亿美元。2020年，进口额和出口额都小幅下降，进口额为 263.71 亿美元，出口额为 195.95 亿美元。2021 年，进口额和出口额都出现了明显的增长，进口额为 341.88 亿美元，出口额为 258.43 亿美元。2022 年，进口额和出口额继续增长，进口额达到 411.55 亿美元，出口额达到 290.6 亿美元（见图 26）。塞尔维亚在2018~2022 年一直处于贸易逆差，且总体呈现扩大趋势，从-66.78 亿美元增长到-120.95 亿美元（见表 2）。

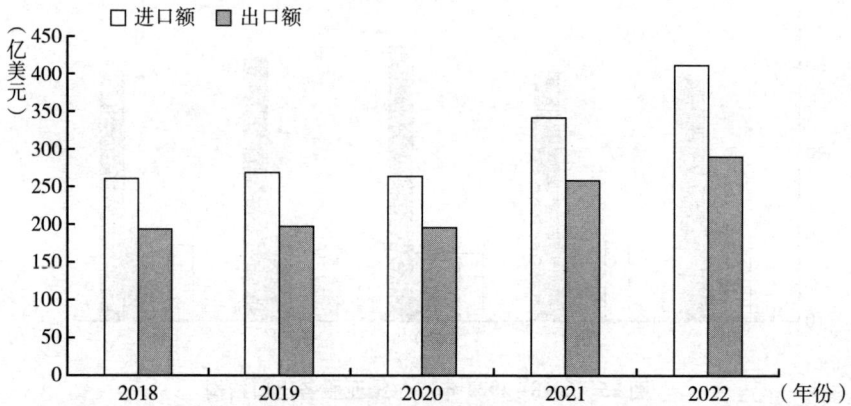

图 26　2018~2022 年进出口总额

资料来源："Exports and Imports-Total", Statistical Office of the Republic of Serbia, https：//data. stat. gov. rs/?caller=SDDB&languageCode=en-US, accessed April 12, 2024。

表 2　近五年塞尔维亚进出口顺逆差

年份	顺逆差(亿美元)	年份	顺逆差(亿美元)
2018	−66.78	2021	−83.45
2019	−71.74	2022	−120.95
2020	−67.76		

资料来源：笔者根据塞尔维亚国家统计局数据计算，参见"Exports and Imports-Ttotal", Statistical Office of the Republic of Serbia, https：//data. stat. gov. rs/?caller=SDDB&languageCode=en-US, accessed April 12, 2024。

　　塞尔维亚的进出口贸易受到国际贸易环境、国内经济发展和市场需求以及政府贸易政策的影响。塞尔维亚政府应关注进出口贸易平衡，推动出口多元化和提高出口产品竞争力，以实现经济可持续增长。

2022 年，塞尔维亚的主要出口伙伴有德国、波斯尼亚和黑塞哥维那、意大利、匈牙利、罗马尼亚等，其中德国为塞尔维亚最大出口目的地，2022 年塞尔维亚对德国出口额为 397704.36 万美元（见表 3）。

表 3　2022 年塞尔维亚主要出口目的地及出口额

单位：千美元

目的地	出口额
德国	3977043.6
波斯尼亚和黑塞哥维那	2167312.6
意大利	2103275.7
匈牙利	1579036.0
罗马尼亚	1280931.9
克罗地亚	1206914.3
俄罗斯	1194492.2
黑山	1174240.9
中国	1166497.9
北马其顿	1023440.6

资料来源："Country of Destination Rank, by Exports Value", Statistical Office of the Republic of Serbia, https://data.stat.gov.rs/?caller=SDDB&languageCode=en-US, accessed April 12, 2024.

塞尔维亚的主要进口伙伴有中国、德国、俄罗斯、意大利和匈牙利等国。中国是塞尔维亚最大的进口来源国，2022 年，塞尔维亚自中国进口额为 498242.0 万美元（见表 4）。

表 4　2022 年塞尔维亚主要进口来源地及进口额

单位：千美元

来源地	进口额
中国	4982420.0
德国	4692370.9
俄罗斯	3083762.7
意大利	2727240.5

续表

来源地	进口额
匈牙利	2315439.7
土耳其	2131388.3
波斯尼亚和黑塞哥维那	1288725.8
波兰	1237705.6
伊拉克	1210302.2
罗马尼亚	1133602.8

资料来源："Country of Origin Rank, by Imports Value", Statistical Office of the Republic of Serbia, https://data.stat.gov.rs/?caller=SDDB&languageCode=en-US, accessed April 12, 2024.

塞尔维亚的主要出口产品有机械及运输设备、按材料分类的制成品、食物和活体动物等类别，反映出塞尔维亚的制造业和农业具有较强的实力与竞争力，对国家经济的发展起到了重要的推动作用。

如表5所示，机械及运输设备是塞尔维亚2022年出口的最大商品类别，出口总额为770020.09万美元，主要包括各种机械设备、交通工具、汽车零部件等。机械及运输设备产业在塞尔维亚制造业中占有重要地位，对经济增长和就业创造具有重要作用。按材料分类的制成品是塞尔维亚2022年出口的第二大商品类别，出口总额为615631.59万美元，主要包括塑料制品、纺织品、皮革制品和金属制品等。食物和活体动物是塞尔维亚2022年出口的第三大商品类别，出口总额为357741.77万美元，主要包括各种农产品（如谷物、蔬菜、水果）、水产品和活体动物产品（如肉类、奶制品、鱼类等）。塞尔维亚的农业和畜牧业是国家经济的重要组成部分，食品出口对塞尔维亚的经济增长贡献巨大。

表5　2022年塞尔维亚主要出口产品及金额

单位：千美元

产品	金额
机械及运输设备	7700200.9
按材料分类的制成品	6156315.9

续表

产品	金额
食物和活体动物	3577417.7
杂项制品	3178231.2
化学品和相关产品	2936731.5
不可食用的原材料(燃料除外)	2520962.6
矿物燃料、润滑剂和相关材料	1579941.5
饮料和烟草	887833.1
动植物油、脂肪和蜡	315846.6
其他产品	206032.1

资料来源:"NSFT Products Rank for Selected Country of Destination, by Exports Value", Statistical Office of the Republic of Serbia, https://data.stat.gov.rs/? caller = SDDB&languageCode = en - US, accessed April 12, 2024。

塞尔维亚主要进口产品有机械及运输设备、矿物燃料、润滑剂和相关材料、按材料分类的制成品等类别。机械及运输设备是塞尔维亚 2022 年进口的最大商品类别,进口总额为 911291.09 万美元。这表明塞尔维亚在工业和交通运输方面对其他国家的依赖较高。矿物燃料、润滑剂和相关材料是塞尔维亚 2022 年进口的第二大商品类别,进口总额为 727579.66 万美元。主要因为塞尔维亚资源相对匮乏,在矿产资源方面依赖进口。按材料分类的制成品是塞尔维亚 2022 年进口的第三大商品类别,进口总额为 719755.13 万美元。

表6 2022 年塞尔维亚主要进口产品及金额

单位:千美元

产品类别	金额
机械及运输设备	9112910.9
矿物燃料、润滑剂和相关材料	7275796.6
按材料分类的制成品	7197551.3
化学品和相关产品	5986767.8
其他产品	4587655.0
杂项制品	2709569.2
食物和活体动物	2463680.3

产品类别	金额
不可食用的原材料（燃料除外）	1203487.7
饮料和烟草	206032.1
动植物油、脂肪和蜡	122091.2

资料来源："NSFT Products Rank for Selected Country of Origin, by Imports Value", Statistical Office of the Republic of Serbia, https: //data. stat. gov. rs/? caller = SDDB&languageCode = en − US, accessed April 12, 2024。

（二）外国直接投资

如图 27 所示，2018~2022 年，塞尔维亚的外国直接投资净流入波动不大，总体上呈现出较为稳定的态势。2018 年和 2019 年，塞尔维亚的外国直接投资净流入分别为 40.7 亿美元和 42.7 亿美元，显示出该国对外资的吸引力。2020 年受新冠疫情和全球经济不确定性的影响，塞尔维亚的外国直接投资净流入略有下降，为 34.9 亿美元。这与全球范围内对外投资减少的趋势一致。2021 年，塞尔维亚的外国直接投资净流入增长至 46.0 亿美元，显示出该国经济的恢复和外国投资者对其经济增长潜力的看好，也与塞尔维亚政府采取引资政策、改善投资环境以及促进产业升级的努力密切相关。2022 年，塞尔维亚的外国直接投资净流入略微下降至 45.9 亿美元，但仍反映出外国投资者对塞尔维亚经济向好的信心。

2018~2022 年，塞尔维亚的外国直接投资净流入占 GDP 比重保持在相对稳定的水平。2018 年，外国直接投资净流入占 GDP 比重为 8.0%，2019 年略微上升至 8.3%。2020 年受到新冠疫情和经济不确定性的冲击，外国直接投资净流入占 GDP 比重下降至 6.5%。2021 年，外国直接投资净流入占 GDP 比重有所回升，达到 7.3%。2022 年，外国直接投资净流入占 GDP 比重为 7.2%（见图 28）。

外国直接投资对塞尔维亚经济发展具有积极的推动作用。外国直接投资不仅为塞尔维亚带来资金来源，还带来技术、先进管理经验和市场机会。塞

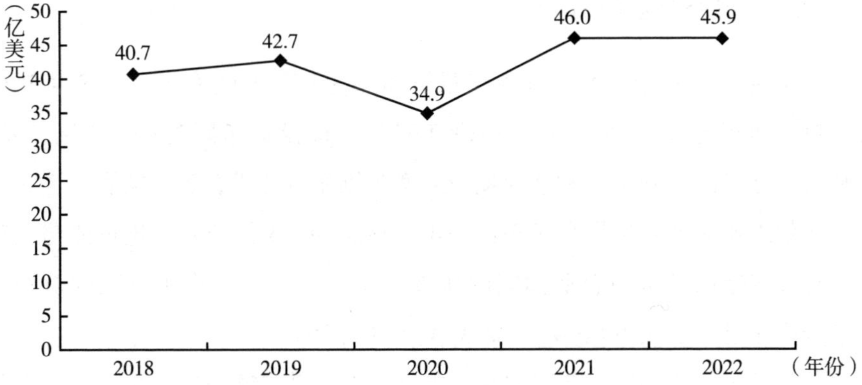

图 27　2018~2022 年塞尔维亚外国直接投资净流入金额

资料来源："Net Inflow of Foreign Direct Investment（BoP, Current USD）", The World Bank, https：//data. worldbank. org/indicator?tab＝all, accessed April 12, 2024。

尔维亚政府应持续改善投资环境、促进产业升级和提高创新能力，以进一步吸引和利用外国直接投资。

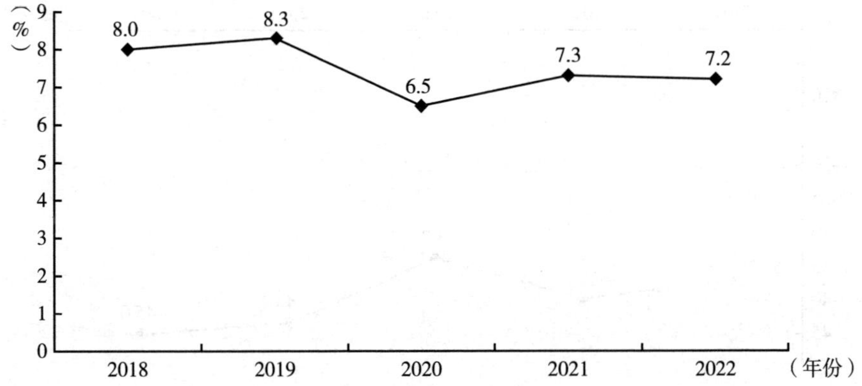

图 28　2018~2022 年外国直接投资净流入占 GDP 比重

资料来源："Net Inflow of Foreign Direct Investment（as a Percentage of GDP）", The World Bank, https：//data. worldbank. org/indicator?tab＝all, accessed April 12, 2024。

（三）对外直接投资

2018 年，塞尔维亚的对外直接投资净额为-37.1 亿美元。2019 年对外直接投资净额为-39.7亿美元。2020 年对外直接投资净额为-33.7 亿美元，反映出全球经济不确定性和新冠疫情对塞尔维亚企业投资意愿的影响。2021 年，塞尔维亚对外直接投资净额进一步下降至-43.3 亿美元。这可能与全球经济复苏缓慢以及国内企业面临的挑战有关。2022 年，塞尔维亚的对外直接投资净额进一步减少至-45.0 亿美元（见图 29）。

总体而言，2018~2022 年塞尔维亚的对外直接投资净额持续呈现负值，反映出塞尔维亚企业或个人在海外的投资超过了外国企业或个人在塞尔维亚的投资。这可能反映了塞尔维亚企业寻求海外市场和机会的意愿，或者塞尔维亚国内经济和市场的一些局限性。塞尔维亚应当鼓励和支持国内企业在本国市场的投资和发展，以实现更加平衡和可持续的经济增长。

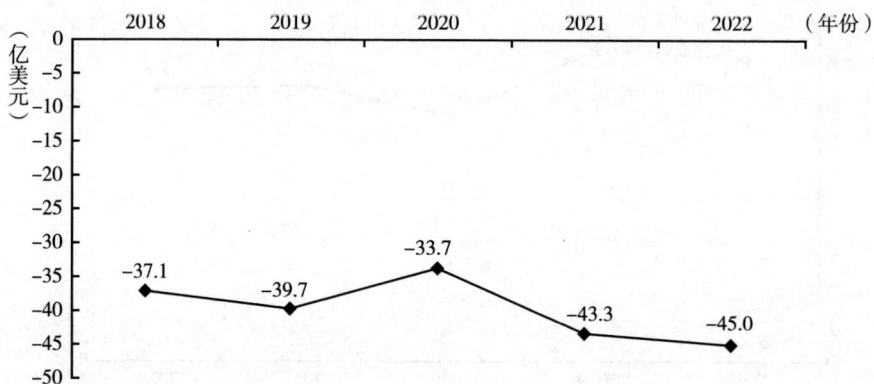

图 29　2018~2022 年塞尔维亚对外直接投资净额

资料来源："Net Outward Investment（Balance of Payments，Current USD）"，The World Bank，https：//data. worldbank. org/indicator?tab＝all，accessed April 12，2024。

2018~2022 年，塞尔维亚的对外直接投资净额占 GDP 比重保持在较低的水平。2018 年，对外直接投资净额占 GDP 比重为 0.7%，2019 年略微下降至 0.6%。2020 年，对外直接投资净额占 GDP 比重进一步下降至 0.2%。2021 年，对外直接投资净额占 GDP 比重略微上升至 0.4%。2022 年，对外直接投资净额占 GDP 比重继续保持在较低的水平，为 0.2%（见图 30）。这表明塞尔维亚企业的对外投资规模相对较小，对国内经济的影响有限。

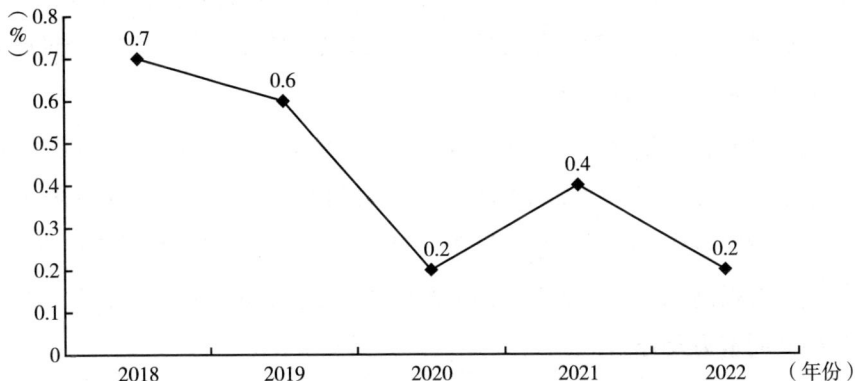

图 30　2018~2022 年对外直接投资净额占 GDP 比重

资料来源："Net Outflow of Outward Foreign Direct Investment（as a Percentage of GDP）"，The World Bank，https：//data. worldbank. org/indicator?tab=all，accessed April 12，2024。

结 语

与大多数欧洲国家相比，塞尔维亚的经济发展相对落后。塞尔维亚经济面临一些结构性问题，包括依赖传统产业和生产率水平较低，贫困、失业率高和人口外流等社会问题也对其经济发展构成挑战。

尽管如此，塞尔维亚有许多潜力可以挖掘以推动经济增长。塞尔维亚地理位置优越，可以发挥其区位优势，吸引外国投资和扩大贸易。塞尔维亚拥有丰富的自然资源，这为其农业、食品加工和能源等领域的发展提供了机会。塞尔维亚还需要增强经济多元化和促进创新。塞尔维亚政府着力推动结构性改革，提供更好的投资环境，以吸引更多的外国投资。塞尔维亚政府还加强了教育和技能培训，以提高劳动力的素质、促进就业。在国际合作方面，塞尔维亚积极参与区域一体化进程。塞尔维亚是中国—中东欧国家合作组织和中欧自由贸易协定的成员，这为其拓展贸易和增加对外投资提供了机会。

然而，塞尔维亚经济发展面临一些风险和不确定性。全球经济不稳定、地缘政治紧张、内部政治和社会环境的变化等因素都可能对其经济前景产生影响。此外，塞尔维亚政府需要进一步加大改革力度，特别是加大治理腐败问题的力度和提高治理水平。

综合来看，塞尔维亚的经济发展前景是积极的，但也面临一些挑战和风险。通过促进经济多元化和加强创新、推动结构性改革、强化教育和技能培训、扩大国际合作等举措，塞尔维亚有望实现可持续、包容和创新驱动的经济增长，并提高人民生活水平。为了实现这一目标，需要政府、企业和社会各界的共同努力及合作。

B.8
2022年罗马尼亚经济发展报告

吴筱钰 齐 实*

摘 要： 罗马尼亚经济增长速度位于中东欧前列，总体呈现平稳向好态势，但也存在不容忽视的风险。本文利用罗马尼亚国家统计局、世界银行、国际货币基金组织等相关数据，从宏观经济发展环境、财政与金融、产业发展和外贸外资方面介绍了罗马尼亚经济情况。2022 年，罗马尼亚失业率得到有效控制，人均收入持续增长，虽然通货膨胀率和物价水平居高不下，但居民消费意愿回升明显，家庭最终消费是拉动经济增长的重要动力。罗马尼亚政府债务率较上一年略有下降，税收收入水平仍然较低，银行业资本充足，资产回报率高于经合组织的平均水平，不良贷款率仍较高。产业结构较为稳定，第三产业增加值占 GDP 比重最高。货物贸易进出口总额继续攀升，贸易逆差显著。外国直接投资占比相较上一年有所下降。

关键词： 罗马尼亚 宏观经济 通货膨胀 服务出口业

一 宏观经济发展环境

（一）经济增长总体情况

2022 年，罗马尼亚 GDP 为 14124.5 亿列伊（约合 22198.97 亿元人民币），相较上年同期增长 4.8%（见图 1）。2022 年罗马尼亚人均 GDP 为

＊ 吴筱钰，北京第二外国语学院欧洲学院助教，主要研究方向为罗马尼亚语言文学与国情研究；齐实，北京第二外国语学院区域国别学院（中国"一带一路"战略研究院）硕士研究生，主要研究方向为"一带一路"国际合作与投资安全。

15786.80 美元（约合 113650.75 元人民币）（见图 2），高于中东欧和东南欧国家的平均水平。

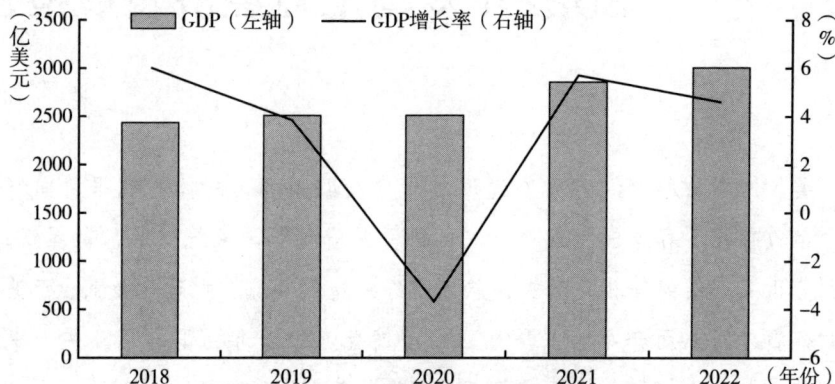

图 1　2018～2022 年罗马尼亚经济增长情况

资料来源："GDP（Current US$）"，The World Bank，https：//data. worldbank. org. cn/indicator/NY. GDP. MKTP. CD？locations＝RO，accessed April 10, 2024。

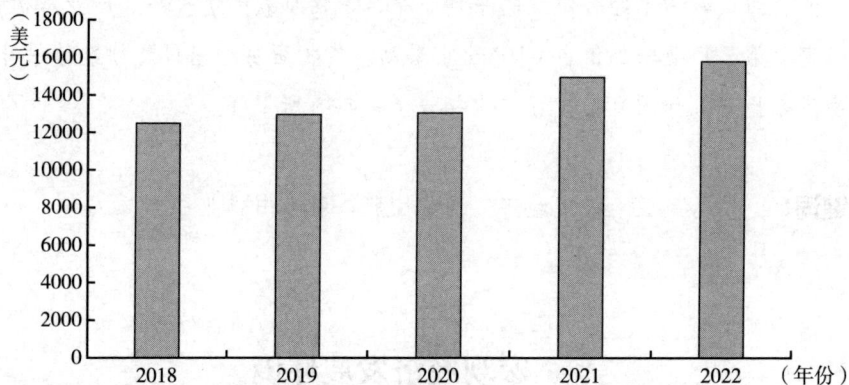

图 2　2018～2022 年罗马尼亚人均 GDP

资料来源："GDP per Capita（Current US$）"，The World Bank，https：//data. worldbank. org/indicator/NY. GDP. PCAP. CD？view＝chart，accessed April 10, 2024。

分部门来看，2022 年罗马尼亚 GDP 增长主要来自家庭最终消费支出。批发和零售贸易业、汽车和摩托车维修业、运输和仓储业、酒店和餐饮业对罗马尼亚经济增长贡献较大，占 GDP 比重为 18.6%，活动量增长了 6.6%；专业、科学和技术活动、行政服务活动和支持服务活动占比为 7.0%，活动量增长了13.2%；信息和通信业占比为6.6%，活动量增长了20.1%；建筑业和房地产交易占比分别为6.3%和7.4%，活动量分别增长了11.2%和8.8%。农业和工业对GDP增长的贡献为-0.5%，活动量分别减少了11.6%和2.3%。居民最终消费支出增长5.5%，对GDP增长贡献为3.4%；净出口对GDP增长的贡献为-0.8%，这是因为商品和服务进口量增长9.2%，而商品和服务出口量增长8.6%。

罗马尼亚最终消费总额在2018~2022年呈现持续上升态势（见图3）。2022年最终消费总额为11123.2亿列伊（约合2255.5亿欧元），占GDP的78.8%，拉动GDP增长3个百分点，家庭消费支出带动经济增长明显。2020年由于新冠疫情导致通货膨胀水平上升，物价上涨，因此2021年最终消费增长态势好于2018~2020年，并且高速增长的趋势延续至2022年。

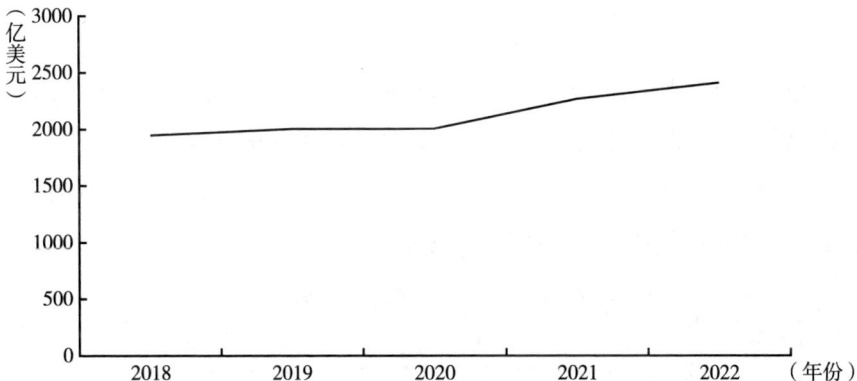

图3　2018~2022年罗马尼亚最终消费支出

资料来源："Final Consumption Expenditure（Current LCU）-Romania"，The World Bank，https：//data. worldbank. org/indicator/NE. CON. TOTL. CN?locations＝RO，accessed April 10，2024。

（二）就业

罗马尼亚的劳动力总人数从2018年的899.9万人逐渐下降至2021年的820万，2022年又略微上涨至830万人，劳动力人口下降与罗马尼亚老龄化问题逐渐加重和经济形势等有关。2018~2020年，罗马尼亚的劳动参与率比较稳定，维持在55%上下；2021年由于新冠疫情对就业市场的冲击，劳动参与率下降到51.07%，2022年略微回升至51.83%，尚未恢复到疫情前的水平（见表1）。

表1　2018~2022年罗马尼亚劳动力及就业情况

指标	2018年	2019年	2020年	2021年	2022年
劳动力总人数(人)	8999055	8972261	8908333	8200518	8295738
女性劳动力占总劳动力比重(%)	43.32	43.14	43.03	42.02	42.66
劳动参与率(%)	54.98	55.14	55.06	51.07	51.83
女性劳动参与率(%)	45.63	45.56	45.33	41.02	42.29
男性劳动参与率(%)	64.94	65.36	65.42	61.80	62.05

资料来源：笔者根据世界银行数据计算而得，参见"Labor Force, Total- Romania""Labor Force, Female（% of Total Labor Force）- Romania""Labor Force Participation Rate, Total（% of Total Population Ages 15-64）（Modeled ILO Estimate）- Romania""Labor Force Participation Rate, Female（% of Female Population Ages 15-64）（Modeled ILO Estimate）- Romania""Labor Force Participation Rate, Male（% of Male Population Ages 15-64）（Modeled ILO Estimate）- Romania"，The World Bank, https：//data. worldbank. org. cn/country/romania?view＝chart, accessed April 10, 2024。

从就业结构来看，如图4所示，2018~2022年罗马尼亚服务业就业人数最多，约占就业人口总数的50%，表明罗马尼亚的服务业较为发达，创造了更多的就业岗位。其次是工业，工业就业人数约占就业人口总数的30%左右。农业就业人数占比仅为20%左右。

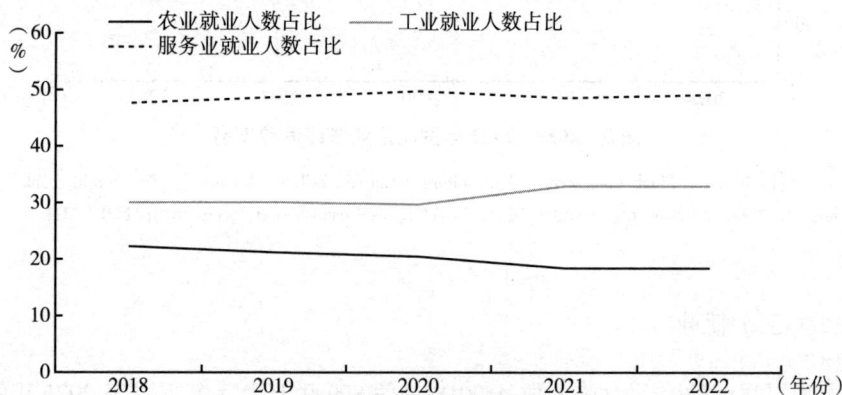

图4　2018~2022年罗马尼亚就业结构

资料来源：笔者根据世界银行数据计算而得，参见"Employment in Agriculture（% of Total Employment）（Modeled ILO Estimate）- Romania""Employment in Industry（% of Total Employment）（Modeled ILO Estimate）- Romania""Employment in Services（% of Total Employment）（Modeled ILO Estimate）- Romania"，The World Bank, https：//data. worldbank. org. cn/country/romania?view＝chart, accessed April 10, 2024。

受新冠疫情影响，全球经济陷入低迷，2020 年罗马尼亚的失业率有所上升。2021～2022 年的失业率虽然仍处于较高水平，但增速较为平缓，控制在 5.6% 上下（见图 5）。主要原因是罗马尼亚政府实施就业支持计划，公共就业岗位在疫情期间得到充分保护，一定程度上控制了失业潮的蔓延。同时，欧盟针对成员国制订的特别财政一揽子计划也起到了一定作用。

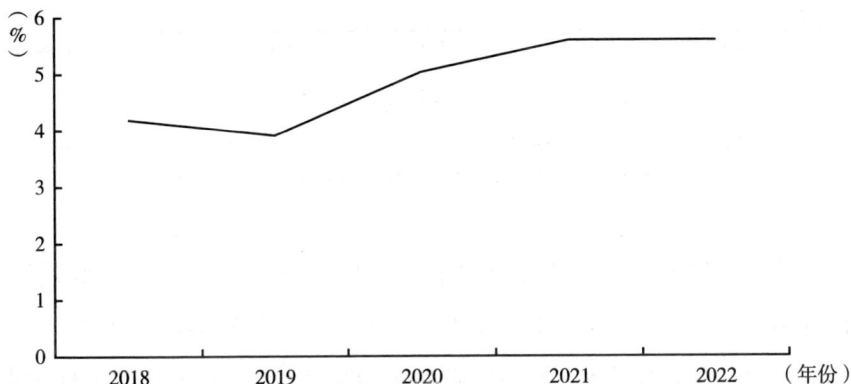

图 5　2018～2022 年罗马尼亚失业率

资料来源：笔者根据世界银行数据计算而得，参见 "Unemployment, Total (% of Total Labor Force) (Modeled ILO Estimate) – Romania", The World Bank, https：//data. worldbank. org. cn/ indicator/SL. UEM. TOTL. ZS?locations＝RO, accessed April 10, 2024。

（三）物价

2018～2022 年，罗马尼亚通货膨胀率总体呈现先下降后上升的趋势。2018 年的通货膨胀率为 4.63%，2020 年下降至 2.63%；新冠疫情发生后，政府采取经济刺激政策，导致通货膨胀加剧，2021 年通货膨胀率上升到 5.05%，2022 年的通货膨胀率更是急剧上升到 13.8%（见图 6）。从类型来看，2022 年，罗马尼亚食品价格涨幅为 15.7%，非食品价格上涨 14.7%，服务价格涨幅为 7.8%。

2022 年罗马尼亚的通货膨胀率远超罗马尼亚央行制定的目标区间的上

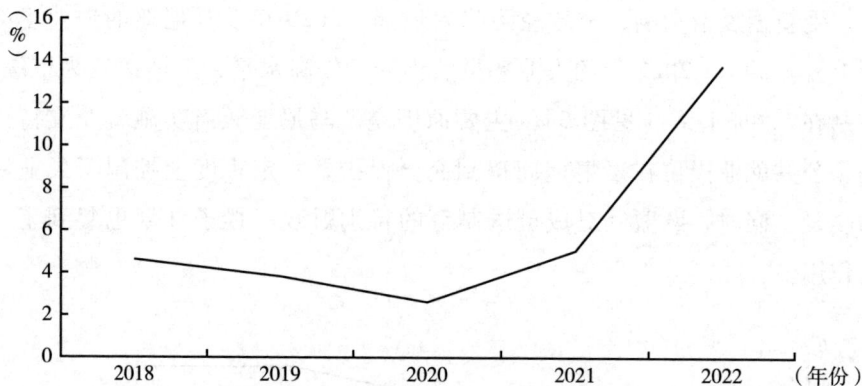

图6 2018~2022年罗马尼亚通货膨胀率

资料来源："Inflation, Consumer Prices（Annual %）-Romania", The World Bank, https://data. worldbank. org/indicator/FP. CPI. TOTL. ZG?locations＝RO, accessed April 10, 2024。

限（2.5%±1个百分点），主要原因来自电力和燃料价格的推动，即供应方面的冲击，包括大宗商品价格上涨、生产和供应链的持续瓶颈，但也有需求方面的原因。在此背景下，罗马尼亚央行2021年10月至2022年1月连续3次上调政策利率至2%，以遏制通货膨胀率。

二 财政与金融

（一）债务

罗马尼亚2018年政府债务率为44.33%，2019年缓慢下降至42.56%，2020年略微上升至43.21%，2021年大幅上升至57.11%，2022年略下降至55.57%，但仍远超2020年的债务率水平（见图7）。从外债结构来看，罗马尼亚的外债主要为长期外债（见图8），约占外债存量总额的86%~88%，短期外债较少，占比为12%~14%。

在新冠疫情期间，罗马尼亚的财政政策和公共开支与西欧国家高度一致。在经济下行时期，公共部门没有裁员或减薪，并且采用了与德国类似

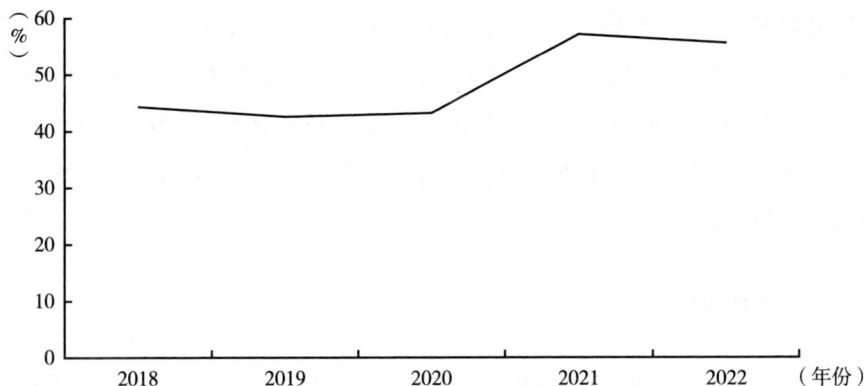

图7　2018～2022年罗马尼亚政府债务率

资料来源："Central Government Debt, Total（% of GDP）", The World Bank, https：// data. worldbank. org/indicator/GC. DOD. TOTL. GD. ZS, accessed April 10, 2024。

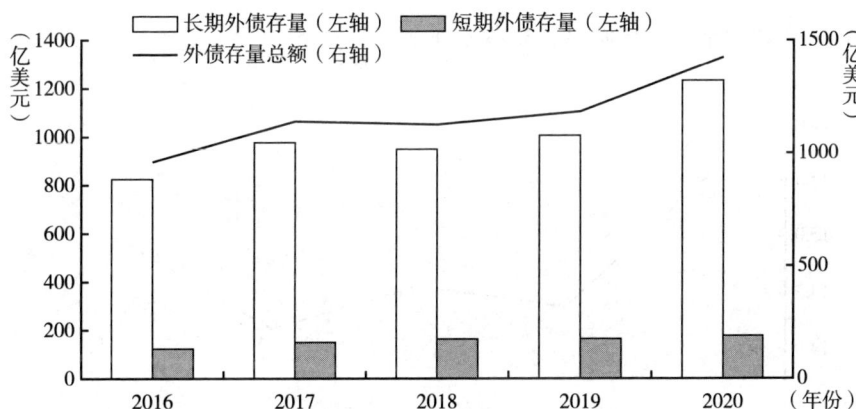

图8　2016～2020年罗马尼亚外债存量

资料来源：笔者根据世界银行数据计算而得，参见"External Debt Stocks, Long－Term （DOD, Current US＄）－ Romania""External Debt Stocks, Short－Term（DOD, Current ＄）－ Romania""External Debt Stocks, Total（DOD, Current ＄）－ Romania", The World Bank, https：//data. worldbank. org. cn/country/romania?view＝chart, accessed April 10, 2024。

的缩短工时计划来补贴私营部门的工作岗位。因此，到2020年底，财政赤字达到了前所未有的9%，远远超过了3%的警戒线。2021年政府赤字开始缓慢减少。罗马尼亚公共债务也从2019年的35.4%猛增至2020年底的43%。上届立法机构通过的大幅增加养老金支出（40%）以及其他增加全民社会福利的立法给新政府带来了更大压力。罗马尼亚政府和欧盟都采取了一系列应对措施，欧盟在 2021～2027 年常规预算提供的 500 亿欧元之外，通过欧洲复苏和恢复基金（RRF）向罗马尼亚拨付约 300 亿欧元，以维持市场信心。罗马尼亚政府则着重对养老金制度进行新的改革以实现公共债务的可持续性。

（二）税收

2018～2022 年，罗马尼亚税收占 GDP 比重存在波动（见图 9）罗马尼亚 2022 年的税收总额为 2304.6 亿列伊（约合 467.3 亿欧元）。由于税收合规不力和税收水平低，按照经合组织的标准，罗马尼亚的税收收入较低。罗马尼亚自 2017 年实施重大财政改革，包括下调增值税、个人所得税税率和社会保障缴费率，大幅降低了税收水平。

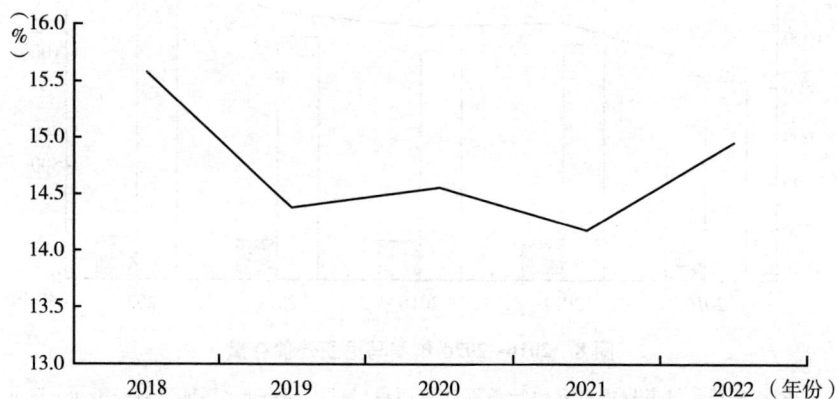

图9　2018～2022 年罗马尼亚税收占 GDP 比重

资料来源："Tax Revenue（% of GDP）"，The World Bank，https：//data. worldbank. org/indicator/GC. TAX. TOTL. GD. ZS，accessed April 10，2024。

税收政策方面，罗马尼亚存在执法力度不足、逃税现象普遍存在、大企业减税以及公共服务支出低等问题，导致税收制度被视为不公平，降低了公民纳税的意愿。罗马尼亚政府出台《国家复苏与韧性计划》，旨在改革税收制度，审查现行的免税政策，打击逃税和欺诈行为，以提高税收收入。

（三）资本市场

2022 年罗马尼亚监管资本与风险加权资产比率为 25.14，经合组织的平均水平为 19.97（见图 10），这表明罗马尼亚银行业的资本充足。2022 年罗马尼亚的资产回报率为 0.95，经合组织的平均水平为 0.58（见图 11），罗马尼亚与其他国家相比可以达到中等偏上的水平，说明罗马尼亚资本市场的盈利能力较好。

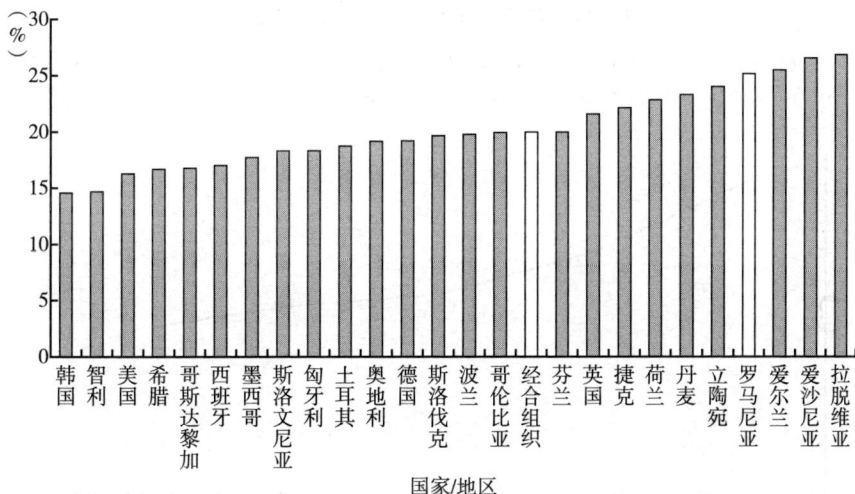

图 10　2022 年部分国家、经合组织监管资本与风险加权资产比率

资料来源："Global Financial Stability Report"，International Monetary Fund，https：//www.imf.org/en/publications/gfsr，accessed April 10，2024。

罗马尼亚不良贷款率大幅下降，从 2013 年高峰期的 21.5%下降至 2021 年的 3.35%（见图 12）。新冠疫情发生后，罗马尼亚的不良贷款率维持在可控范围内，暂停偿还债务发挥了一定作用。然而，与其他国家相比，罗马尼亚不良贷款率仍较高，暂停偿还债务到期结束后，财务脆弱企业的偿债违约风险较高。

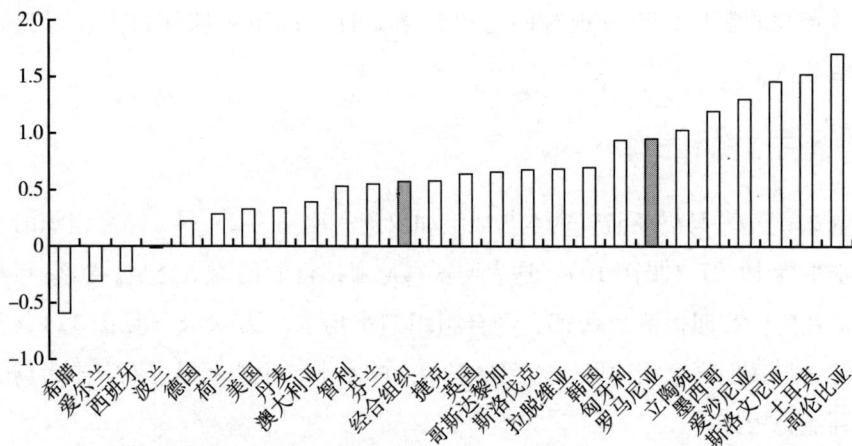

图 11 2022 年部分国家、经合组织资产回报率

资料来源："Global Financial Stability Report"，International Monetary Fund，https：//www.imf.org/en/publications/gfsr，accessed April 10，2024。

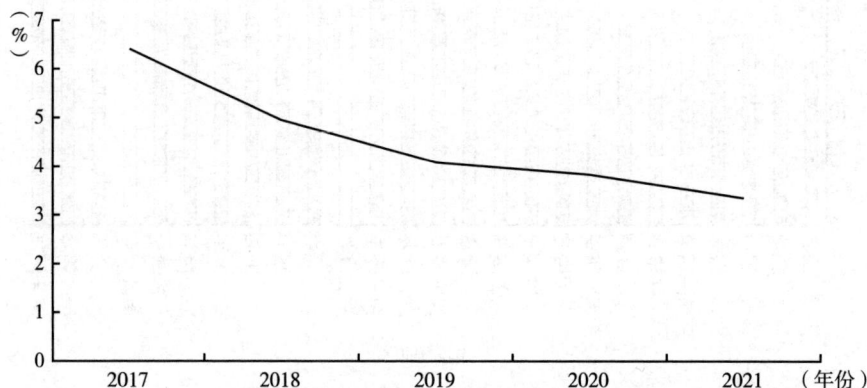

图 12 2017～2021 年罗马尼亚银行不良贷款率

资料来源："Bank Nonperforming Loans to Total Gross Loans（%）"，The World Bank，https：//data.worldbank.org/indicator/FB.AST.NPER.ZS，accessed April 10，2024。

（四）利率

2018～2022 年，罗马尼亚实际利率呈现出先下降后上升再下降的趋势。2018 年实际利率为 0.56%，2019 年下降至 0.33%，2020 年急剧上升至 2.28%，2022 年下降至-4.94%（见表 2）。实际利率的变动与资本外逃、商业周期和经济泡沫等现象相关，在较低的实际利率下，需求将从储蓄转向投资和消费。

表2　2018~2022罗马尼亚利率情况

单位：%

年份	2018年	2019年	2020年	2021年	2022年
实际利率	0.56	0.33	2.28	0.15	-4.94
存款利率	1.30	1.79	1.92	1.58	4.19
贷款利率	6.81	7.16	6.49	5.61	7.76
贷款风险溢价	2.54	2.98	2.92	2.11	0.23

资料来源：笔者根据世界银行数据计算而得，参见"Real Interest Rate（%）- Romania""Deposit Interest Rate（%）- Romania""Lending Interest Rate（%）- Romania""Risk Premium on Lending（Lending Rate Minus Treasury Bill Rate，%）- Romania"，The World Bank，https：//data.worldbank.org.cn/country/romania?view=chart，accessed April 10, 2024。

2020年3月，由于新冠疫情造成经济活动大幅萎缩，罗马尼亚中央银行采取了宽松的货币政策。中央银行将政策利率下调了50个基点，开始进行回购交易，并在二级市场上购买政府债券，这有助于缓解金融市场功能失调、提供流动性和修复货币政策传导机制。由于疫情造成经济持续下行，罗马尼亚中央银行在2021年1月连续3次将政策利率进一步下调至1.25%。这些政策措施为私营部门信贷的恢复提供了支持。

保持宽松货币政策以支持经济复苏的同时，中央银行逐步恢复货币政策正常化，以维持物价稳定，将通胀率控制在2.5%±1个百分点。罗马尼亚中央银行在2021年10月至2022年1月连续3次上调政策利率，以控制通胀率并使其保持与通胀目标一致。

（五）汇率

罗马尼亚官方汇率总体呈现先下降后上升的趋势，2018年罗马尼亚列伊对美元汇率为3.94，2019年上涨至4.24，2021年略微下降至4.16，2022年则大幅上涨至4.68（见图13）。

新冠疫情期间，罗马尼亚对欧元汇率保持相对稳定，这得益于相对较高

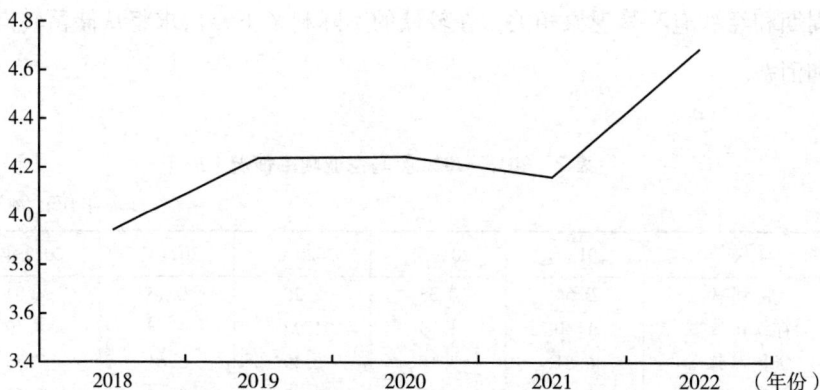

图13 2018~2022年罗马尼亚官方汇率（罗马尼亚列伊对美元）

资料来源："Official Exchange Rate（LCU per US＄，Period Average）-Romania"，The World Bank，https：//data.worldbank.org/indicator/PA.NUS.FCRF？locations＝RO，accessed April 10，2024。

的政策利率以及恢复金融市场稳定的政策措施。罗马尼亚以外币计价的债务比例较高，货币贬值可能会使财富缩水，并增加偿债成本，乃至破坏金融稳定。从中期来看，逐步提高政策利率有助于防止列伊贬值。

三 产业发展

罗马尼亚的产业结构较为稳定。第三产业占GDP比重最高，维持在59%上下。第二产业占GDP比重下降，从2018年的28.2%下降至2020年的26.9%，2021年略微回升至27.8%。第一产业占比维持较低水平，维持在4%上下（见表3）。

如图14所示，2017年的农林牧渔业增加值为93.28亿美元，2018年增长至111.06亿美元，增长率达到9.38%，2019年略降至110.95亿美元，增长率跌至-3.19%。2020年，因新冠疫情对经济的冲击，农林牧渔业增加值显著下滑至105.04亿美元，增长率大幅下跌至-15.27%，显示出行业发展明显疲软。2021年农林牧渔业展现出强劲的恢复力，增加值回升至123.57亿美元，增长率也反弹至13.51%，不仅弥补了前一年的损失，还实现了新的增长。2022 年，由于高温天气造成的长期干旱，罗马尼亚农业毛产值为 630 亿列伊（约合 127.7 亿欧元），同比下降 11.6%。

表3 2018~2021 年罗马尼亚产业结构

单位：%

年份	2018 年	2019 年	2020 年	2021 年	2022 年
第一产业占 GDP 的比重	4.3	4.1	4.0	4.3	3.8
第二产业占 GDP 的比重	28.2	27.0	26.9	27.8	27.3
第三产业占 GDP 的比重	57.8	59.3	59.8	58.2	60.7

资料来源：笔者根据世界银行数据计算而得，参见 "Agriculture, Forestry, and Fishing, Value Added（% of GDP）– Romania" "Industry（Including Construction）, Value Added（% of GDP）– Romania" "Services, Value Added（% of GDP）– Romania", The World Bank, https：//data. worldbank. org. cn/country/romania?view=chart, accessed April 10, 2024。

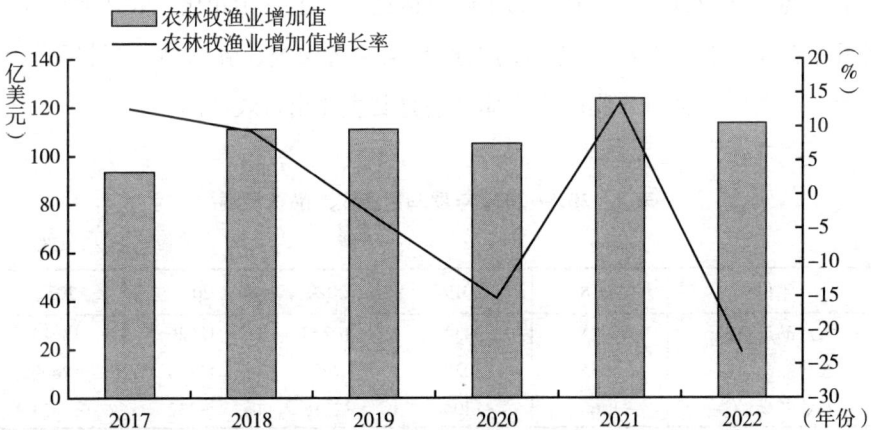

图 14 2017~2021 年罗马尼亚农林牧渔业增加值及其增长率

资料来源：笔者根据世界银行数据计算而得，参见 "Agriculture, Forestry, and Fishing, Value Added（Current US $）– Romania" "Agriculture, Forestry, and Fishing, Value Added（Annual % Growth）– Romania", The World Bank, https：//data. worldbank. org. cn/country/romania?view=chart, accessed April 10, 2024。

农业在罗马尼亚经济中发挥着不可或缺的独特作用。罗马尼亚是欧洲主要的粮食生产国和出口国，曾有"欧洲粮仓"的美誉。约 12% 的罗马尼亚人从事与农业相关的活动，而欧盟的平均比例仅为 4%。

种植业是罗马尼亚农业中最重要的部分，产值占农业总产值的50%以上。主要粮食作物为小麦、玉米、马铃薯等，主要经济作物为向日葵、油菜、葡萄、苹果等。罗马尼亚具备发展传统农业及生态农业的优越自然条件，拥有肥沃的黑土地和充足的阳光，是欧洲最具发展绿色环保农业潜力的国家之一。

近年来，罗马尼亚着力发展智能农业。罗马尼亚农民越来越多地采用土地保护措施、化学绘图以及基于土壤结构和养分水平的可变播种密度。干旱问题促使私营部门和公共部门加快对灌溉基础设施的投资，如翻新陈旧和无法运作的泵站，建设新的灌溉系统。

如表4所示，尽管罗马尼亚在农产品生产方面占有突出地位，但它仍然是粮食净进口国。2022年，罗马尼亚农产品进口额增长了16%，出口额仅增长11.6%，原因是农业产量较小，以及来自其他黑海地区农产品供应国的激烈竞争导致其农产品竞争力下降。因此，与上一年相比，农产品贸易逆差几乎翻了一番。2022年进口的农产品主要有肉类、乳制品、饲料原料和谷物等，谷物、油籽、脂肪和活体动物是其主要出口农产品。

表4　2018~2022年罗马尼亚农产品贸易额

单位：百万美元

年份	2018	2019	2020	2021	2022
农产品进口额	9015	9433	10200	12026	13923
农产品出口额	7655	8029	7982	11294	12600
农业贸易逆差	-1360	-1404	-2218	-732	-1323

资料来源："Agricultural Trade", Trade Data Monitor, https://tradedatamonitor.com/features/, accessed April 10, 2024。

如图15所示，2017~2022年，罗马尼亚的工业增加值及其增长率存在波动。2017年的工业增加值为611.74亿美元，增长率为4.64%，2018年增长至703.64亿美元，2019年工业增加值为692.61亿美元，增长率放缓至2.06%。2020年工业增加值降至667.31亿美元，增长率大幅下跌至-4.21%，反映出工业领域的疲软。2021年工业增加值回升至789.3亿美元，增长率反弹至 4.07%。工业增加值的波动受到多种因素的影响，如全球经济环境的变化、国内政策调整以及市场需求的波动。

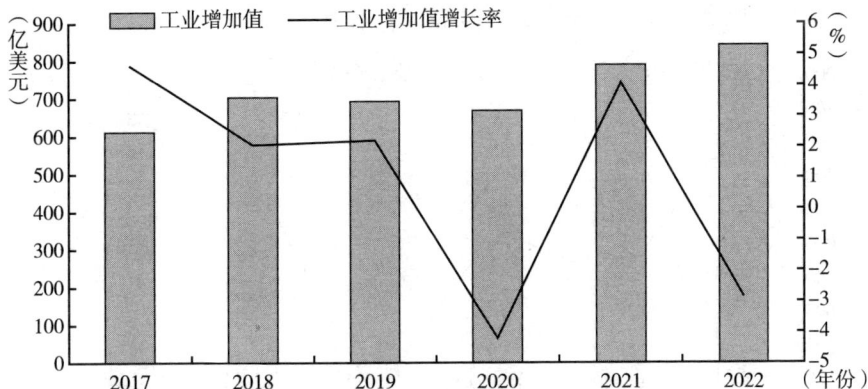

图 15　2017～2021 年罗马尼亚工业增加值及其增长率

资料来源：笔者根据世界银行数据计算而得，参见 "Industry（Including Construction）, Value Added（Current US $）-Romania" "Industry（Including Construction）, Value Added（Annual % Growth）-Romania", The World Bank, https：//data. worldbank. org. cn/country/romania?view＝chart, accessed April 10, 2024。

能源部门是罗马尼亚经济发展的重要动力。罗马尼亚拥有多样化的能源结构，包括煤炭、天然气、核能、水能和其他可再生能源。近年来，风能和太阳能等可再生能源的份额有所增加。《国家复苏与韧性计划》提出，到 2032 年逐步淘汰煤炭，使用可再生能源和低碳能源，如清洁氢气等。

葡萄酒酿制是罗马尼亚的特色产业。罗马尼亚葡萄产量丰富，品种优良，全国各地分布着众多的葡萄种植园，很多公路通向知名种植园或酒窖。罗马尼亚人将自己的国家称为"葡萄酒的土地"。罗马尼亚葡萄种植面积在欧洲排名第 6 位，居于西班牙、法国、意大利、土耳其和葡萄牙之后，世界排名第 10 位。

2017～2022 年，罗马尼亚服务业增加值呈现出持续增长的态势，但增长率有所起伏。2017 年的服务业增加值为 1195.94 亿美元，2018 年增长至 1385.99 亿美元，显示出强劲的增长势头。2019 年服务业增加值稳步增长至 1467.32 亿美元。2020 年，尽管全球经济形势复杂多变，罗马尼亚服务业增加值依然实现了小幅增长，达到 1507.57 亿美元，但增长率下滑至-1.39%。

2021年罗马尼亚服务业迅速恢复活力，产业增加值攀升至1653.39亿美元，增长率也反弹至6.63%。这一显著的增长不仅弥补了前一年的小幅下滑，而且彰显了服务业在罗马尼亚经济中的核心作用。

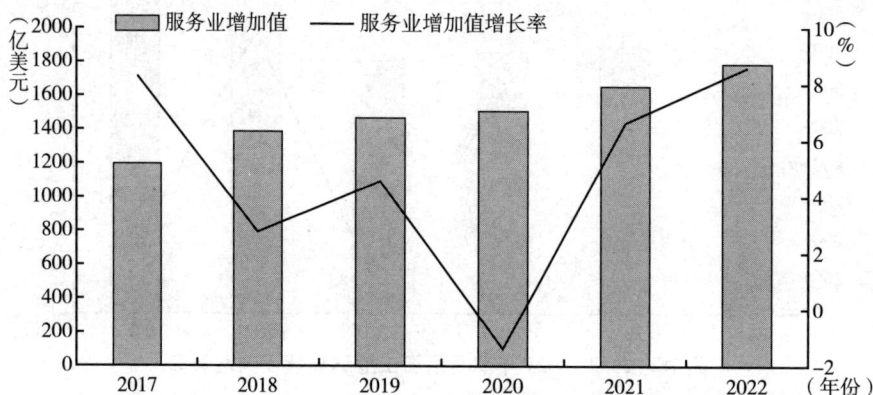

图16　2017~2021年罗马尼亚服务业增加值及其增长率

资料来源：笔者根据世界银行数据计算而得，参见"Services, Value Added (Current US $) -Romania""Services, Value Added (Annual % Growth) - Romania", The World Bank, https://data. worldbank. org. cn/country/romania?view=chart, accessed April 10, 2024.

零售业和电商市场潜力十足。受增值税下调、居民收入增加等因素影响，零售业成为拉动罗马尼亚经济增长的重要行业。新的购物城、超市拔地而起，移动支付、网上购物发展迅猛，"黑色星期五""圣诞购物节"等线上线下促销活动不断；消费结构也日趋多元化。新冠疫情加快了罗马尼亚电商市场的发展。2023年，罗马尼亚网购人数突破1020万人，其中23~34岁年龄段的人数最多，占比接近1/4。2023年，罗马尼亚是中东欧地区第三大电商市场，仅次于波兰（2023年市场规模约为278亿美元）和捷克（130亿美元），但远超匈牙利和保加利亚（各60亿美元）。

四　外贸外资

（一）进出口

如图17所示，2018~2022年，罗马尼亚货物贸易进出口总额呈现出先下降后上升的发展态势。2018 年，罗马尼亚的货物贸易进出口总额为 1779.12 亿美元，2019 年略微下滑至 1739.51 亿美元。2020 年，受新冠疫情和国际贸易环境的不确定性增加影响，货物贸易进出口总额显著下降，跌至 1631.08 亿美元，国际供应链的混乱和市场需求的大幅下滑对罗马尼亚的对外贸易造成了严重冲击。然而，罗马尼亚的对外贸易展现出强大的恢复力。2021 年，货物贸易进出口总额强劲反弹至 2047.7 亿美元，这主要得益于全球经济的逐步复苏以及罗马尼亚对外贸易政策的灵活调整。2022 年，罗马尼亚货物贸易进出口总额继续攀升至 2294.99 亿美元，呈现出强劲增长势头。

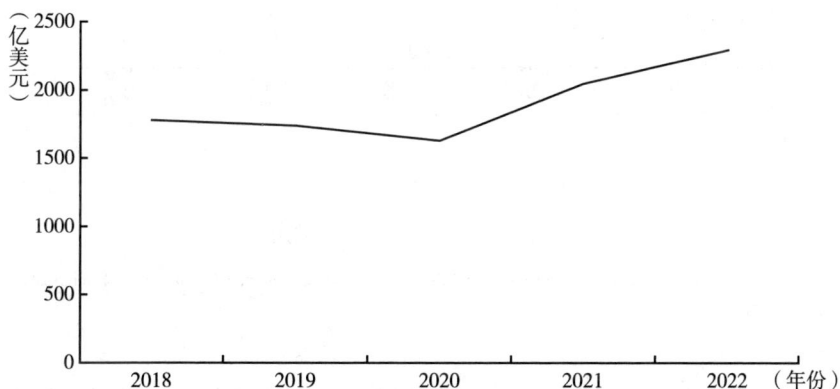

图 17　2018~2022 年罗马尼亚货物贸易进出口总额

资料来源：Romanian Institute of Statistics, *Romania Statistical Yearbook*, Bucharest, January 2022。

　　如图 18 所示，2018 年，罗马尼亚的 FOB 出口额达到 677.23 亿欧元，2019 年略上升至 690.02 亿欧元。2020 年，由于国际流动性限制导致供应链中断和外部需求崩溃，罗马尼亚 FOB 出口额降至 621.74 亿欧元，导致其贸易平衡恶化。2021 年和 2022 年罗马尼亚的出口业务逐渐复苏，FOB 出口额分别为 747.05 亿欧元和 919.45 亿欧元。与此同时，罗马尼亚的 CIF 进口额也呈现出增长趋势，从 2018 年的 828.4 亿欧元增长至 2022 年的 1260.34 亿欧元。这表明罗马尼亚的进口需求持续增强，反映出其国内市场的活跃和对外部资源的依赖。

2018~2022 年，罗马尼亚的进出口净额始终为负值，且呈现出逐年扩大的趋势，从 2018 年的-151.17 亿欧元扩大至 2022 年的-340.89 亿欧元，贸易逆差较为显著。这反映出罗马尼亚对外贸易的结构性问题，罗马尼亚政府应进一步优化贸易结构，提高出口竞争力。

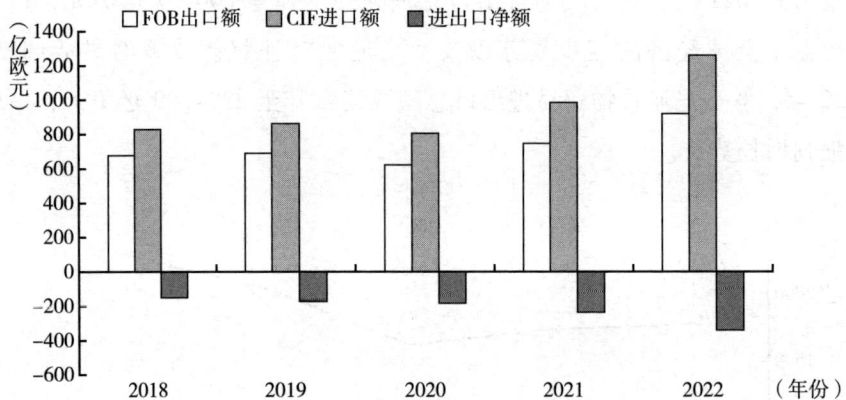

图 18　2018~2022 年罗马尼亚进出口额

资料来源：Romanian Institute of Statistics，*Romania Statistical Yearbook*，Bucharest，January 2022。

罗马尼亚进出口贸易对象主要是欧盟成员。2022 年，罗马尼亚的主要出口国依次为德国、意大利、匈牙利、法国、保加利亚（见图 19），主要进口来源国依次为德国、意大利、保加利亚、匈牙利、波兰（见图 20）。

2022 年，罗马尼亚的出口产品呈现出多元化特征。其中，机械和运输设备出口额占比高达 42%，凸显了罗马尼亚高端制造业的实力与竞争力。按原料分类的制成品占比为 17.00%，化学品及有关产品占比 13%，矿物燃料、润滑油和相关原料的出口占比相对较低，为 5%（见图 21）。

主要进口产品方面，机械和运输设备占比为 33%。按原料分类的制成品占比为 18%，矿物燃料、润滑油和相关原料的进口占比 14%，化学品及有关产品占比为 11%，杂项制成品和其他商品占比均为 12%（见图 22）。

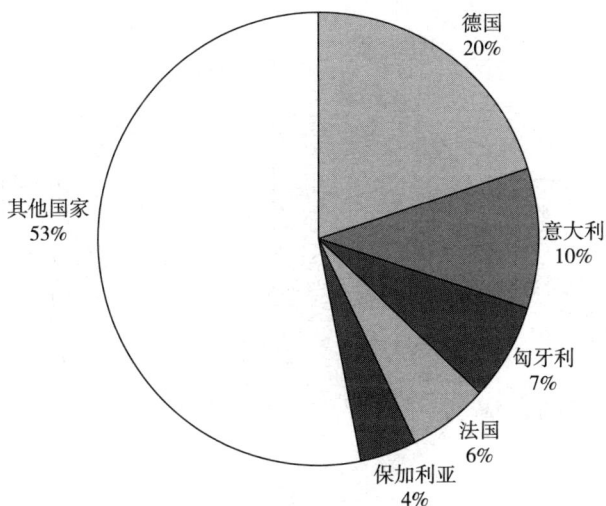

图 19　2022 年罗马尼亚主要出口伙伴

资料来源：Romanian Institute of Statistics, *Romania Statistical Yearbook*, Bucharest, January 2022。

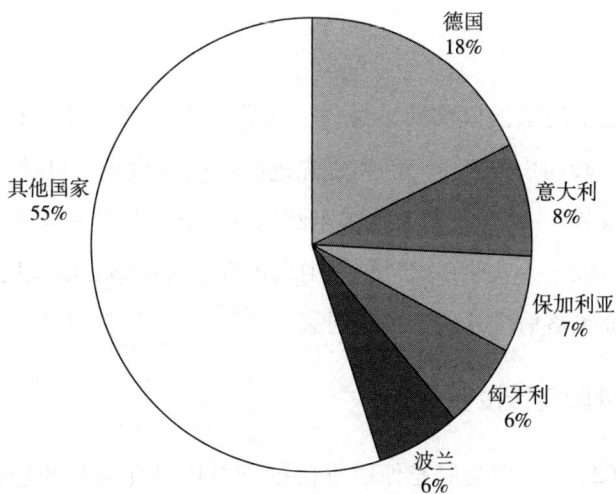

图 20　2022 年罗马尼亚主要进口伙伴

资料来源：Romanian Institute of Statistics, *Romania Statistical Yearbook*, Bucharest, January 2022。

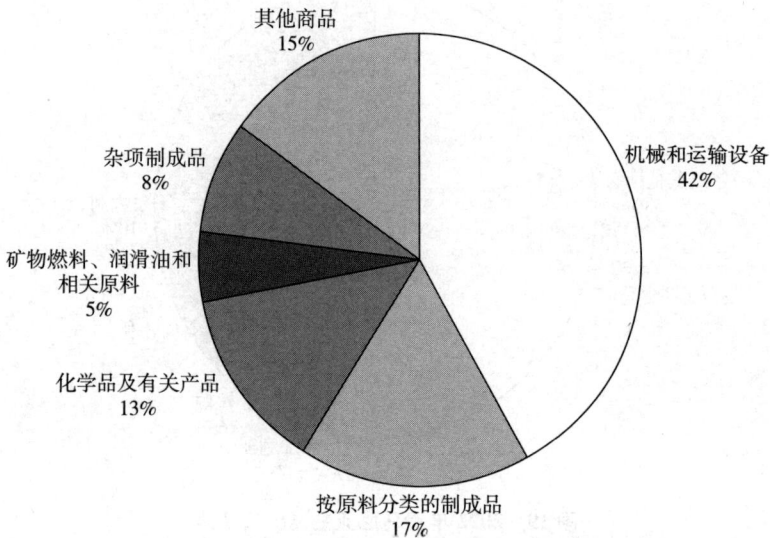

图21　2022年罗马尼亚主要出口产品

注：分类标准根据《国际贸易标准分类》第4版。

资料来源：Romanian Institute of Statistics, *Romania Statistical Yearbook*, Bucharest, January 2022。

罗马尼亚实现了出口贸易多样化，从劳动密集型、低技术部门（纺织业、原材料）转向中等技术产品和更先进的部门（汽车、机械和电子设备，信息和通信服务）。然而，与其他中东欧国家相比，罗马尼亚向高附加值活动的转变较为缓慢，农业在出口贸易中仍占有很大份额。罗马尼亚在融入全球价值链方面也落后于其他中东欧国家。

（二）外国直接投资

2018～2022年，罗马尼亚外国直接投资总体呈现增长的趋势，除2020年受新冠疫情的影响下降了51.09%，但在罗马尼亚政府和欧盟强有力的政策支持下，2021年增长了225.84%，达到117.4亿美元，2022年小幅度上涨至118.8亿美元（见表5）。根据罗马尼亚国家银行的数据，吸引外国直接投资的主要部门是制造业、建筑业和房地产交易、贸易、金融中介和保险

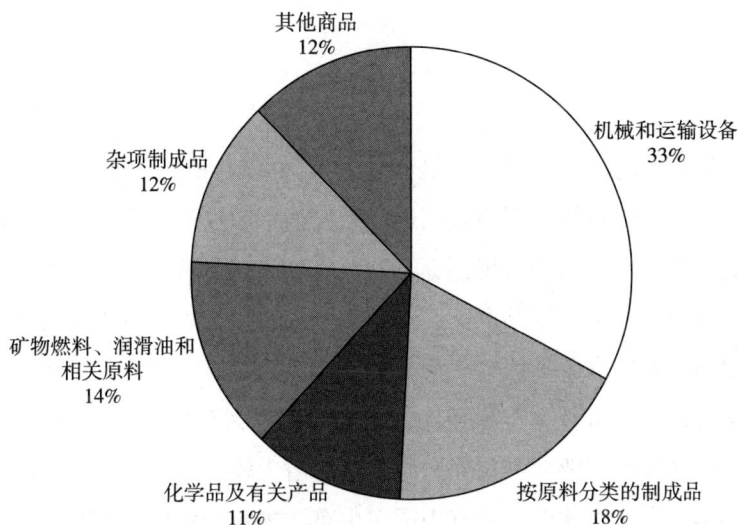

图22　2022年罗马尼亚主要进口产品

注：分类标准根据《国际贸易标准分类》第4版。

资料来源：Romanian Institute of Statistics, *Romania Statistical Yearbook*, Bucharest, January 2022。

业。主要投资国是荷兰、德国、奥地利、意大利和塞浦路斯。首都布加勒斯特是全国吸引外资最多的地区。

表5　2018~2022年罗马尼亚外国直接投资金额和占比

单位：美元

项目	2018年	2019年	2020年	2021年	2022年
对外直接投资(净流出)	1503441003	1923634040	198628789.7	1339509607	1733919383
外国直接投资(净流入)	7343560129	7365441774	3602418172	11738217410	11882525849
对外直接投资净额（现价）	−5840119127	−5441572773	−3403789383	−10398707803	−9254795831
外国直接投资净流入占GDP比重(%)	3.02	2.93	1.43	4.11	3.95

资料来源：笔者根据世界银行数据计算而得，参见"Foreign Direct Investment, Net Outflows（BoP, Current US$）- Romania""Foreign Direct Investment, Net Inflows（BoP, Current US$）- Romania""Foreign Direct Investment, Net（BoP, Current US$）- Romania""Foreign Direct Investment, Net Inflows（% of GDP）- Romania", The World Bank, https：//data.worldbank.org.cn/country/romania?view = chart, accessed April 10, 2024。

结　语

　　罗马尼亚作为欧洲新兴市场经济体，其 2022 年的经济总量保持了相对强劲的增长势头。尽管内部面临高通胀，但消费和投资呈上升态势，体现了其经济的强韧性。在欧盟常规预算与欧洲复苏和恢复基金的支持下，罗马尼亚市场信心得到提振。罗马尼亚产业结构持续转型升级，但相较其他中东欧国家，罗马尼亚向高附加值经济活动的转型较为缓慢。罗马尼亚拥有多样化的能源结构，重视可再生能源开发，能源部门成为其经济发展的重要动力。罗马尼亚信息技术行业、零售业和电商市场潜力较大。中国是罗马尼亚在亚洲地区的第一大贸易伙伴。随着中国—中东欧国家合作机制不断优化，两国可以在巩固政治、经济、文化、旅游、教育等领域合作的基础上，继续深化有关基础设施建设、工业去碳化、智慧农业、数字化教育等主题的交流，推动数字经济与绿色经济协同发展，促进民心相通。

B.9
2022年爱沙尼亚经济发展报告

高晶一　连家茜*

摘　要： 2018~2022年，爱沙尼亚经济稳健增长，失业率不断下降，平均工资不断上升，但也存在一定发展风险。经济结构方面，第三产业为爱沙尼亚经济主要组成部分，第二产业和第一产业整体约为第三产业一半。经济动力方面，消费为GDP主要拉动力量，对外贸易的拉动作用不强且在下降。经济增速方面，爱沙尼亚经济增速出现下滑，增速为波罗的海三国中最低。通货膨胀方面，爱沙尼亚受能源价格影响，物价水平不断攀升。政府债务方面，爱沙尼亚政府债务规模不断上升，且增速高于税收收入增速。外资外贸方面，爱沙尼亚进出口额保持增长，货物贸易逆差和服务贸易顺差扩大，外国直接投资和对外直接投资存量均增加，但增速放缓。

关键词： 爱沙尼亚　宏观经济　通货膨胀　对外贸易　外国直接投资

一　宏观经济

（一）经济总量及增长速度

如图1所示，根据世界银行数据，2018~2022年爱沙尼亚国内生产总值（GDP）呈上升趋势。2018~2020年GDP低于320亿美元，2021年GDP快

---

* 高晶一，北京第二外国语学院欧洲学院教授，主要研究方向为语源、音韵、历史语言学；连家茜，北京第二外国语学院区域国别学院（中国"一带一路"战略研究院）硕士研究生，主要研究方向为"一带一路"国际合作。

速增长，超过 370 亿美元，这与爱沙尼亚逐渐适应疫情所带来的挑战以及通胀高企有关。

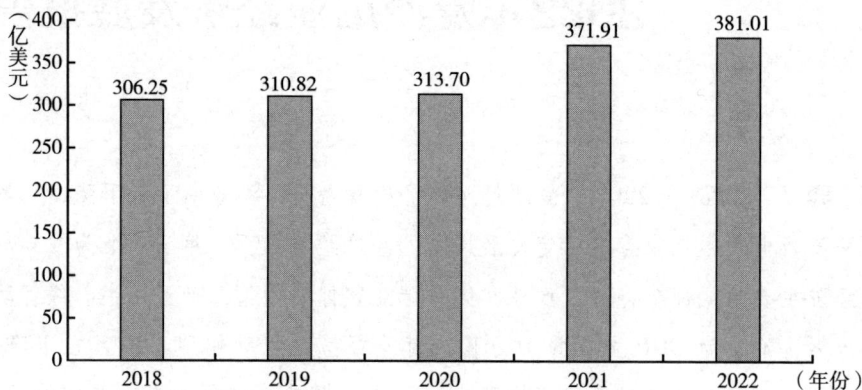

图 1　2018~2022 年爱沙尼亚国内生产总值

资料来源："GDP（Current US\$）"，The World Bank，https：//data. worldbank. org/indicator/NY. GDP. MKTP. CD？locations＝EE，accessed March 3，2024。

如图 2 所示，爱沙尼亚 GDP 增速在 2018~2022 年波动较大。2019~2020 年经济增速下降，2021 年经济增速达到 5 年间峰值，实现 8.01% 的经济增长，这与 2020 年新冠疫情背景下经济负增长后的复苏有关。2022 年爱沙尼亚 GDP 再次负增长，并且达到 5 年间最低值，这与乌克兰危机下能源成本上升以及爱沙尼亚减少与俄罗斯、白俄罗斯贸易往来相关。[①]

如图 2 所示，波罗的海[②]三国经济增速总体上趋势一致，但爱沙尼亚经济增速波动幅度相对更大。2018~2020 年三国经济增速均出现下滑，爱沙尼亚经济增速处于中间位置，2021 年爱沙尼亚经济增速大幅上升并超过拉脱

[①] Alfred Kammer, Jihad Azour, Abebe Aemro Selassie, Ilan Goldfajn, Changyong Rhee, "How War in Ukraine Is Reverberating across World's Regions", IMF Blog, March 15, 2022, https：//www. imf. org/zh/Blogs/Articles/2022/03/15/blog－how－war－in－ukraine－is－reverberating-across-worlds-regions-031522, accessed March 3, 2024.

[②] 波罗的海三国指位于波罗的海沿岸的爱沙尼亚、拉脱维亚和立陶宛，三国地理位置邻近，资源禀赋具有一定的相似性，因此将三国 2018~2022 年的经济增长情况进行对比分析。

维亚和立陶宛，2022 年受乌克兰危机等宏观环境影响，三国经济增速均再次下降，并且爱沙尼亚下降幅度最大，出现负增长。

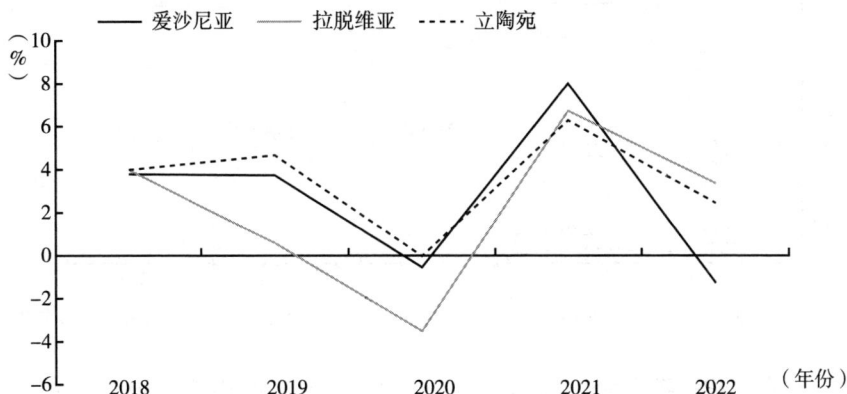

图 2　2018～2022 年波罗的海三国 GDP 增速

资料来源："GDP Growth（Annual ％）"，The World Bank，https：//data. worldbank. org/indicator/NY. GDP. MKTP. KD. ZG？locations = EE，https：//data. worldbank. org/indicator/NY. GDP. MKTP. KD. ZG？locations＝LV，https：//data. worldbank. org/indicator/NY. GDP. MKTP. KD. ZG？locations＝LT，accessed March 3，2024。

（二）经济增长结构

从消费、资本形成总额和净出口额占 GDP 比重来看，消费为爱沙尼亚 GDP 增长的主要驱动力。如图 3 所示，2018～2022 年，消费对 GDP 的贡献均超过 65％，呈现先上升后下降再上升的趋势，2020 年达到峰值，贡献超过 70％。资本形成总额是爱沙尼亚经济发展的第二大驱动力，2018～2022 年资本形成总额占 GDP 比重在 30％上下波动，2020 年达到峰值 31.33％。2018～2022 年净出口额占 GDP 比重整体呈下降趋势，2018～2020 年货物及服务贸易出现顺差，2021～2022 年货物及服务贸易出现逆差，这可能与乌克兰危机引发的国际经济形势变化有关。如图 4 所示，消费也是欧盟经济发展的主要驱动因素，2018～2022 年的占比较为稳定，在 73％上下波动。2018～2022 年欧盟的资本形成总额占比总体呈上升趋势。

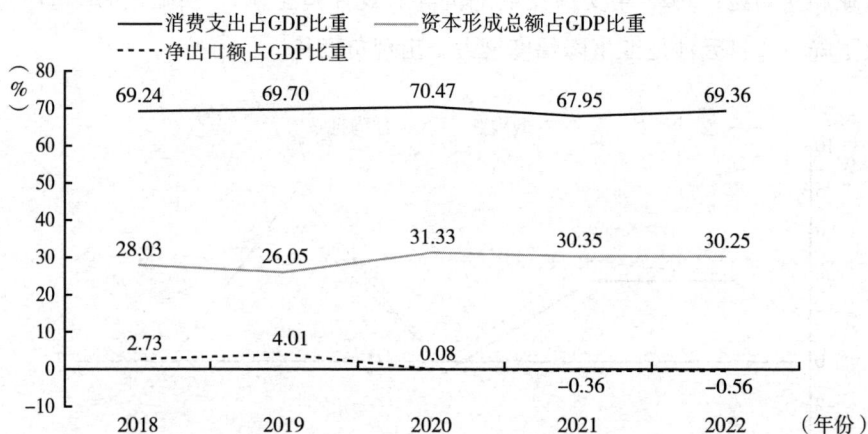

图3　2018~2022年爱沙尼亚消费、资本形成总额、净出口额占GDP比重

资料来源："Final Consumption Expenditure（% of GDP）""Gross Capital Formation（% of GDP）""Exports of Goods and Services（% of GDP）", The World Bank, https：//databank. worldbank. org/reports. aspx？source＝2&country＝EST, accessed March 4, 2024。

图4　2018~2022年欧盟消费、资本形成总额、净出口额占GDP比重

资料来源："Final Consumption Expenditure（% of GDP）""Gross Capital Formation（% of GDP）""Exports of Goods and Services（% of GDP）", The World Bank, https：//databank. worldbank. org/reports. aspx？source＝2&country＝EU, accessed March 4, 2024。

总体来看，对外贸易对欧盟经济的贡献高于爱沙尼亚，但贡献率呈现下降趋势。

消费、投资、对外贸易为爱沙尼亚和欧盟经济的三大驱动力，但与欧盟整体水平相比，爱沙尼亚的消费占比较低，资本形成总额占比较高，净出口额占比较低，且出现逆差。整体而言，三大驱动因素占比波动比欧盟大。

从不同产业对经济增长的贡献来看，第三产业增加值对爱沙尼亚经济增长的贡献最大，其次是第二产业，最后是第一产业。如图5所示，2018~2022年爱沙尼亚第三产业增加值占GDP比重在60%上下波动，呈现先上升后下降的趋势，第二产业则呈现先下降后上升的变化态势，第一产业占比最低，但2022年有所上升。对比图6，与欧盟2018~2022年三大产业增加值占GDP比重相比，爱沙尼亚第三产业增加值对经济增长的贡献低于欧盟水平，第二产业和第三产业增加值对经济增长的贡献均高于欧盟整体水平。

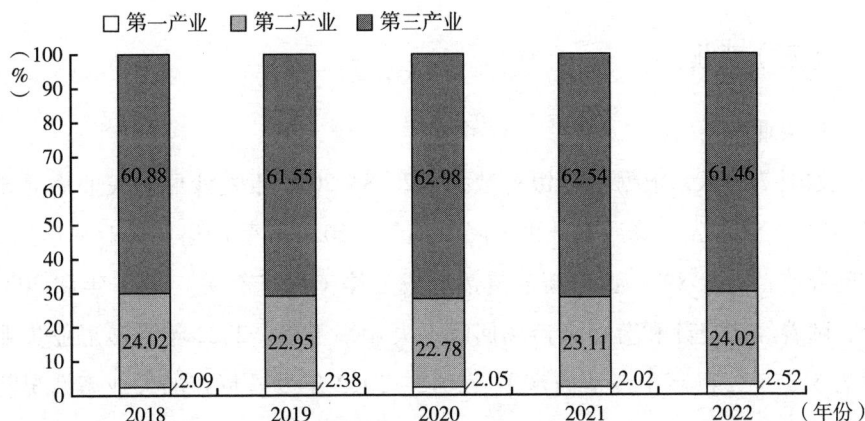

图5　2018~2022年爱沙尼亚三大产业增加值占GDP比重

资料来源："Agriculture, Forestry, and Fishing, Value Added（% of GDP）""Industry（Including Construction）, Value Added（% of GDP）""Services, Value Added（% of GDP）", The World Bank, https://databank.worldbank.org/reports.aspx? source=2&country=EST, accessed March 4, 2024。

□ 第一产业增加值占GDP的比重   ▨ 第二产业增加值占GDP的比重

■ 第三产业增加值占GDP的比重

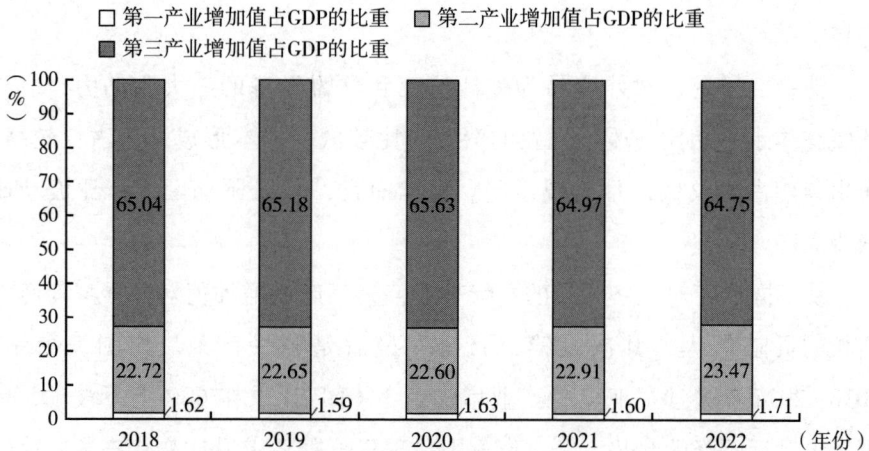

图6 2018~2022 年欧盟三大产业增加值占 GDP 的比重

资料来源："Agriculture, Forestry, and Fishing, Value Added（% of GDP）" "Industry（Including Construction）, Value Added（% of GDP）" "Services, Value Added（% of GDP）", The World Bank, https：//databank.worldbank.org/reports.aspx? source = 2&country = EU, accessed March 4, 2024。

（三）就业

1. 失业率

如图 7 所示，根据世界银行数据，2018~2022 年爱沙尼亚失业率介于 4%~7%，呈现先下降后上升再下降的趋势。2020 年爱沙尼亚失业率达到 5 年间峰值，为 6.8%，这与新冠疫情造成的停工停产有关。2021 年和 2022 年，随着经济复苏和劳动力市场回暖，失业率下降。2022 年爱沙尼亚失业率为 5.57%，仍高于疫情前水平。2018~2022 年爱沙尼亚的失业率情况相较欧盟表现较好，但欧盟的劳动力市场稳定性更强。

爱沙尼亚和欧盟不同性别的失业率的表现存在差异。如表 1 所示，2018~2022 年欧盟女性失业率高于男性失业率，两者差额在 0.6 个百分点上下波动。除 2019 年外，爱沙尼亚男性失业率均高于女性失业率。

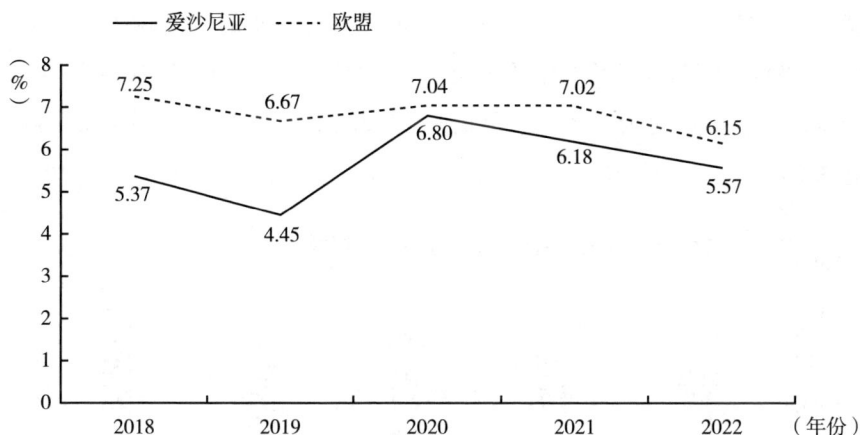

图7 2018~2022 年爱沙尼亚和欧盟失业率

资料来源："Unemployment, Total（% of Total Labor Force）（Modeled ILO Estimate）", The World Bank, https：//databank. worldbank. org/reports. aspx?source = 2&country = EU, https：//databank. worldbank. org/reports. aspx?source = 2&country = EST, accessed March 9, 2024。

表1 2018~2022 年爱沙尼亚和欧盟分性别失业率

单位：%，百分点

指标	2018 年	2019 年	2020 年	2021 年	2022 年
爱沙尼亚女性失业率	5. 32	4. 85	6. 62	5. 55	5. 06
爱沙尼亚男性失业率	5. 41	4. 08	6. 97	6. 78	6. 07
欧盟女性失业率	7. 56	7. 01	7. 34	7. 35	6. 51
欧盟男性失业率	6. 99	6. 39	6. 78	6. 73	5. 83
爱沙尼亚女性和男性失业率之差	-0. 09	0. 77	-0. 35	-1. 23	-1. 01
欧盟女性和男性失业率之差	0. 57	0. 62	0. 56	0. 62	0. 68

资料来源：" Unemployment, Female（% of Female Labor Force）（Modeled ILO Estimate）" " Unemployment, Male（% of Male Labor Force）（Modeled ILO Estimate）", The World Bank, https：//databank. worldbank. org/reports. aspx?source = 2&country = EST, https：//databank. worldbank. org/reports. aspx?source = 2&country = EU, accessed March 9, 2024。

2. 平均工资

根据爱沙尼亚统计局数据，2018~2022 年爱沙尼亚月平均工资呈不断上涨趋势，2022 年月平均工资为 1685 欧元，不同行业的月平均工资存在差异。月平均工资最高的为信息和通信业，2022 年月平均工资为 3035 欧元；月平均工资最低的为住宿和餐饮业，2022 年月平均工资为 1058 欧元（见图 8）。

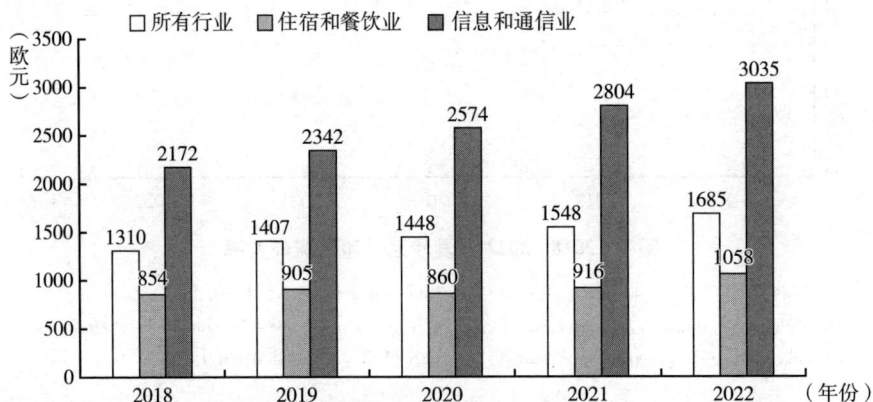

图 8　2018~2022 年爱沙尼亚月平均工资

资料来源："Average Monthly Gross Wages（Salaries），Euros"，Statistics Estonia，https：//andmed. stat. ee/en/stat/Lepetatud_tabelid_Majandus. %20Arhiiv_Palk%20ja%20toojeukulu. %20Arhiiv/PA001，https：//databank. worldbank. org/reports. aspx? source = 2&country = EU，accessed March 9，2024。

（四）物价

如图 9 所示，用 GDP 平减指数衡量物价水平，2018~2020 年，爱沙尼亚物价水平呈下降趋势；2020~2022 年，爱沙尼亚物价水平快速上升，这与应对新冠疫情所采取的宽松货币政策和乌克兰危机下能源价格攀升有关。2018~2022 年，欧盟物价水平整体呈现上升趋势，2020~2021 年欧盟物价水平上升幅度较小，2021~2022 年欧盟物价水平大幅攀升，但远低于爱沙尼亚物价水平。这种物价水平变动差异是因为爱沙尼亚相较德国、意大利等欧盟国家经济体量更小且属于开放型国家，本国物价水平受外部因素影响较大且政府的政策调控能力较弱。

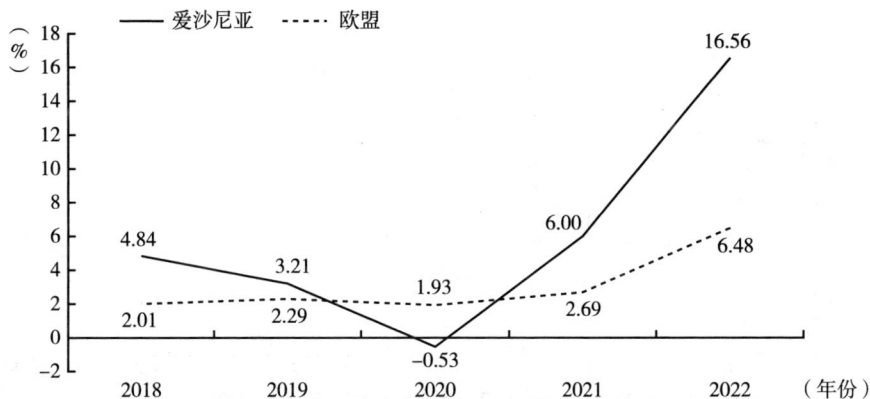

图9　2018~2022年爱沙尼亚和欧盟通货膨胀率

资料来源："Inflation, GDP Deflator（Annual %）", The World Bank, https：//data. worldbank. org/indicator/NY. GDP. DEFL. KD. ZG？end = 2022&locations = EE - EU&start = 2018, accessed March 9, 2024。

二　财政与金融

（一）债务

2018~2022年，爱沙尼亚政府债务规模不断上升。如图10所示，2018~2019年爱沙尼亚政府债务规模小幅增加，2020年快速攀升至50. 94亿欧元，2021年政府债务规模较为稳定，2022年政府债务规模大幅增加。2020年债务大幅增长主要是因为应对新冠疫情的医疗保健系统支出增加以及实施经济刺激计划所需资金增加，爱沙尼亚政府增加向国际金融机构借款以满足资金支出需求。① 2022年政府债务水平上升是受乌克兰危机影响，爱沙尼亚政府推出补充预算，通过增加借款和发行国库券等方式筹集资金以维护其国家安全、能源安全，并为来自乌克兰的难民提供初级服务。②

---

① Ministry of Finance of Estonia, *Estonia Government Borrowing and Debt in* 2020, Tallinn, March 2021.

② Ministry of Finance of Estonia, *Estonia Government Borrowing and Debt in* 2022, Tallinn, January 2023.

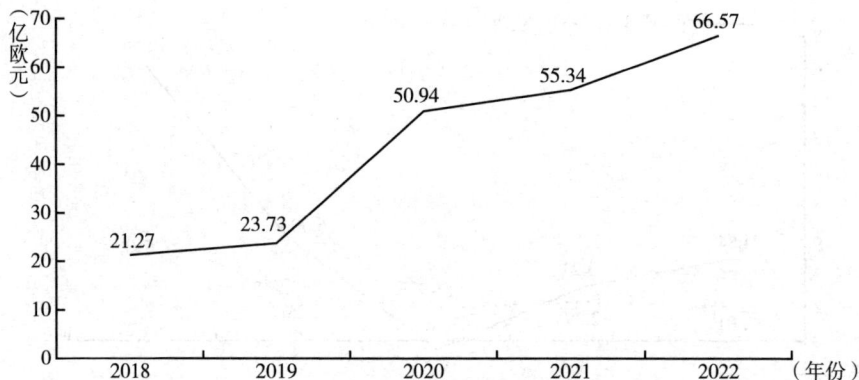

图 10　2018~2022 年爱沙尼亚政府债务规模

资料来源："General Government Consolidated Debt, 31 December（ESA 2010）by Year and Indicator", Statistics Estonia, https：//andmed. stat. ee/en/stat/majandus_ rahandus_ valitsemissektori - rahandus_valitsemissektori-tulud-kulud/RR058, accessed March 11, 2024。

（二）税务

爱沙尼亚税收可以分为直接税和间接税，直接税包括个人所得税、企业所得税、微型企业家特别税、社会税、土地税，间接税包括增值税、消费税、博彩税、重型货车税、关税等。如图 11 所示，2018~2022 年爱沙尼亚税收收入整体呈上升趋势，2020 年税收收入下降是因为新冠疫情对经济活动造成不利影响。2020~2022 年税收收入不断增长，但税收占 GDP 比重下降，这是疫情后的经济复苏以及通胀率高企叠加的结果。

爱沙尼亚税收结构稳定。如图 12 所示，2018~2022 年社会税、增值税和个人所得税是爱沙尼亚税收的前三大税种，贡献超过 80% 的税收收入，其中社会税的比重超过 35%。企业所得税、消费税、土地税和其他税种收入占比较低，合计占比不足 20%。

（三）资本市场

1. 银行

爱沙尼亚商业银行提供广泛的金融服务，除贷款、存款、财富管理外，

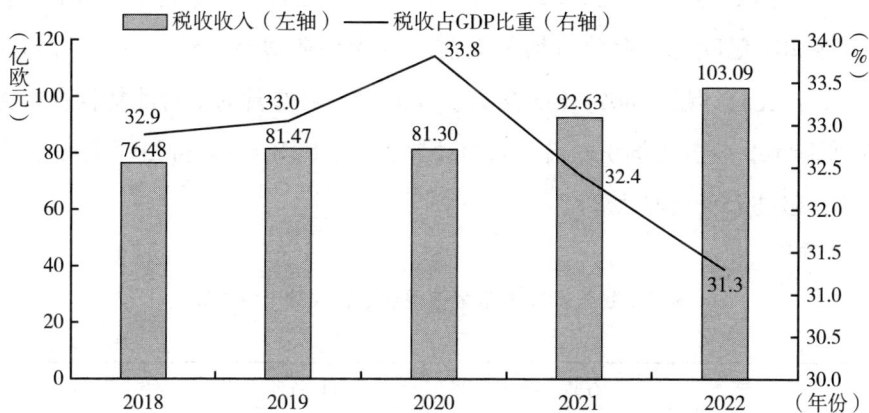

图11　2018～2022 年爱沙尼亚税收收入和税收占 GDP 比重

资料来源："State Budget Tax Revenues by Indicator and Year", Statistics Estonia, https://andmed. stat. ee/en/stat/majandus__rahandus__valitsemissektori-rahandus__valitsemissektori-tulud-kulud/RR058, accessed March 11, 2024。

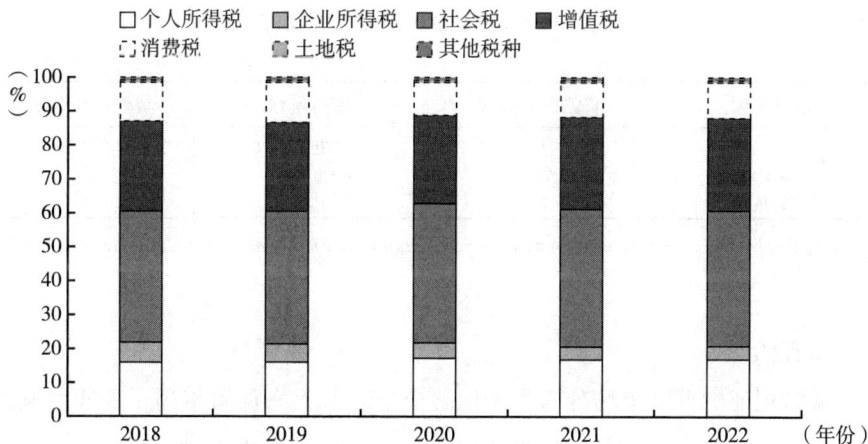

图12　2018～2022 年爱沙尼亚税收结构

资料来源：Ministry of Finance of Estonia, *Estonia Taxes and Tax Structure*, Tallinn, September 2020。

商业银行也是租赁和保理服务的最大提供商。根据爱沙尼亚中央银行数据，截至 2022 年 12 月 31 日，爱沙尼亚共有 13 家信贷机构，64 个银行办事处和

807 个其他服务点。截至 2022 年 12 月 31 日，在爱沙尼亚经营的银行的存款存量为 281 亿欧元。存款市场份额前三名为瑞典银行、SEB Pank 和 LHV Pank，占比合计超过 80%（见表 2）。在爱沙尼亚经营的银行的贷款存量为 251 亿欧元，贷款市场份额前三名为瑞典银行、SEB Pank 和 LHV Pank，占比合计超过 75%（见表 3）。

表 2　截至 2022 年底爱沙尼亚银行存款市场份额

单位：%

银行名称	存款市场份额	银行名称	存款市场份额
瑞典银行	42	Coop Pank	5
SEB Pank	22	Bigbank	4
LHV Pank	17	Inbank	2
Luminor 银行	5	其他	3

资料来源：FSA，*The Estonian Financial Services Market as at 31 December 2022*，Tallinn，March 2023。

表 3　截至 2022 年底爱沙尼亚银行贷款市场份额

单位：%

银行名称	贷款市场份额	银行名称	贷款市场份额
瑞典银行	38	Luminor 银行	10
SEB Pank	25	Coop Pank	5
LHV Pank	13	其他	9

资料来源：FSA，*The Estonian Financial Services Market as at 31 December 2022*，Tallinn，March 2023。

2. 保险

爱沙尼亚的保险市场分为人寿保险市场和非人寿保险市场。爱沙尼亚的人寿保险服务由在爱沙尼亚注册的保险公司和外国保险公司在爱沙尼亚分支机构提供。根据爱沙尼亚金融监督管理局数据，2022 年，爱沙尼亚新签人寿保险合同 29872 份，相比 2021 年的 31322 份有所下降；爱沙尼亚的人寿保险公司从已签订的新合同和旧合同中获得了 7900 万欧元的保险费，比上一年减少了 9%。根据保费收入，爱沙尼亚人寿保险市场份额前三名为瑞典银行人寿保险、SEB 人寿和养老保险爱沙尼亚分公司以及 Compensa Life 维也纳保险集团。爱沙尼亚的非人寿保险服务则由在爱沙尼亚注册的保险公司、外国保险公司在爱沙尼亚的分支机构和在国际上经营的外国保险公司提供。根据爱沙尼亚金融监督管理局数据，2022 年，爱沙尼亚新签 3391485 份非人寿保险合同，保费达 4.71 亿欧元。根据保费收入，非人寿保险市场份额前四名为 P&C 保险、瑞典银行 P&C 保险、ERGO 保险和 AB Lietuvos Draudimas 爱沙尼亚分公司。

3. 股票市场

纳斯达克塔林交易所是爱沙尼亚唯一受监管的二级证券市场，由爱沙尼亚金融监督管理局授权和监督。纳斯达克塔林交易所于 2004 年加入北欧和波海证券交易联盟（NOREX），实现与芬兰、瑞典、丹麦、挪威、爱尔兰、拉脱维亚和立陶宛证券市场的连接互通。[①] 截至 2022 年，在纳斯达克塔林交易所上市的企业有 20 家，其中 18 家在主要清单上，2 家在附加清单上。[②] 根据纳斯达克波罗的海指数数据，截至 2022 年最后一个交易日，爱沙尼亚证券市场上交易工具的市值约为 51 亿欧元，其中可再生能源企业 Enefit Green 占 22.7%。2022 年，爱沙尼亚证券市场的股票交易规模为 964739 笔，交易额为 4.11 亿欧元，相比 2021 年下降 22%，其中 Enefit Green 贡献了交易额的 28%，达 1.15 亿欧元。

（四）利率

1. 存款利率

爱沙尼亚的存款利率可以分为家庭存款利率和非金融企业的存款利率。如图 13 所示，家庭存款的活期和隔夜利率、1 年及以下定期存款利率和 1 年以上定期存款利率存在差异。2018~2022 年，爱沙尼亚家庭活期和隔夜利率略高于 0 且较为稳定。1 年及以下定期存款利率整体呈现先上升后下降再上升的变化态势，第一轮上升出现在 2018 年第四季度，此后利率下降，到 2021 年已接近活期和隔夜利率，这与企业的悲观预期使投资减少进而对资

---

① 《爱沙尼亚金融业浅析》，中华人民共和国商务部网站，2013 年 9 月 30 日，http://ee. mofcom. gov. cn/article/ztdy/201309/20130900332330. shtml，最后访问日期：2024 年 3 月 6 日。

② FSA，*The Estonian Financial Services Market as at 31 December 2022*，Tallinn，March 2023.

金需求减少有关；2022年1年及以下定期存款利率出现第二轮上升，原因在于通胀预期上升。2018~2022年，爱沙尼亚1年以上存款利率总体呈现先上升后下降再上升的趋势，相比短期利率波动更大，在2020年第三季度达到峰值。

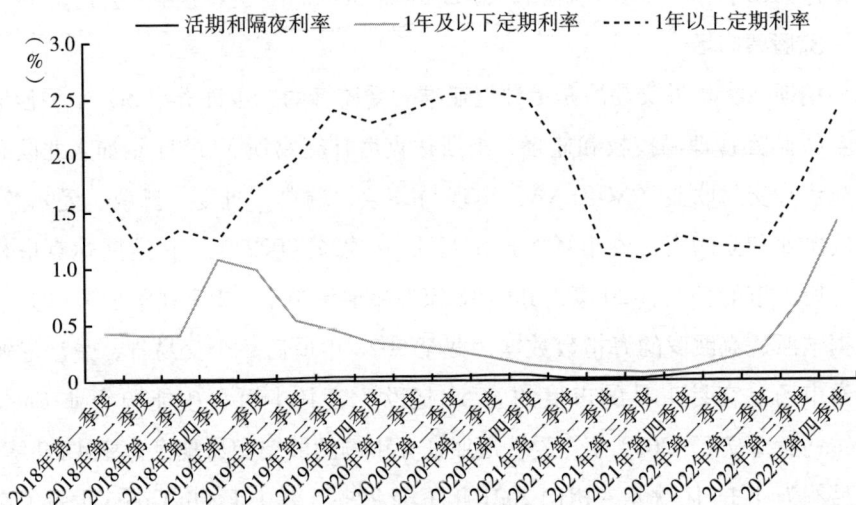

图13　2018~2022年爱沙尼亚家庭存款利率

资料来源："Interest Rates, Deposit Amounts and Balances on Deposits of Estonian Households and Non-Financial Corporations (EUR Million)", Bank of Estonia, https://statistika. eestipank.ee/#/en/p/FINANTSSEKTOR/147/979, accessed March 11, 2024。

爱沙尼亚非金融企业存款利率可以分为活期和隔夜利率、1年及以下定期利率和1年以上定期利率。如图14所示，2018~2022年非金融企业的活期和隔夜利率略高于0且保持稳定，短期和长期定期存款利率波动较大，整体呈现先上升后下降再上升的变化态势，相较短期存款利率，长期存款利率波动更大，并且2020年第一季度之前出现利率倒挂。

2. 贷款利率

爱沙尼亚贷款分为非金融企业贷款和家庭贷款。非金融企业贷款分为透支便利和其他循环信贷、短期贷款（1年及以下）和长期贷款（1年以上），家庭贷款有住房抵押贷款、消费贷款等，本文主要关注住房抵押贷款的

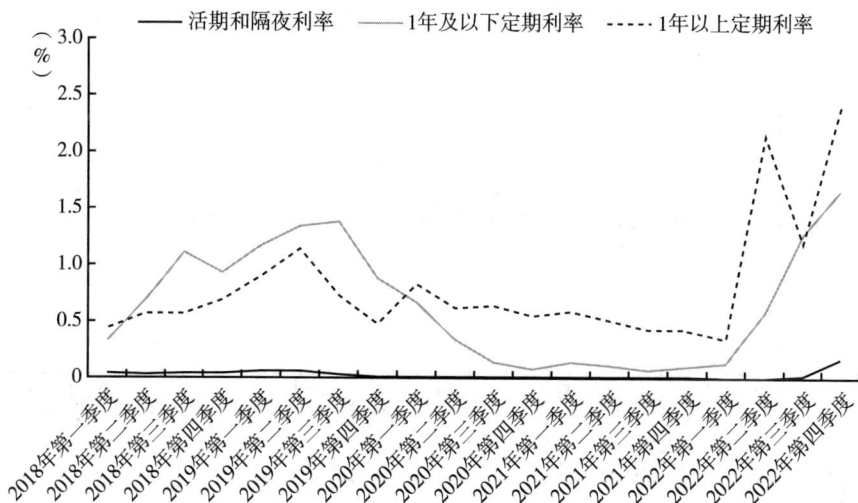

图14　2018~2022年爱沙尼亚非金融企业存款利率

资料来源："Interest Rates, Deposit Amounts and Balances on Deposits of Estonian Households and Non-Financial Corporations (EUR Million)", Bank of Estonia, https://statistika. eestipank.ee/#/en/p/FINANTSSEKTOR/147/979, accessed March 11, 2024。

变化。

如图15所示，2018~2022年，非金融企业贷款中，透支便利和其他循环信贷以及长期贷款利率波动较小，短期贷款利率波动较大。具体而言，透支便利和其他循环信贷利率在2.75%上下波动，短期贷款利率在2018年第四季度降到1.5%的最低值。3种贷款利率在2022年第一季度均呈现上升趋势，这与国际宏观环境影响下能源价格上涨引起的通胀预期上升有关。

2018~2021年，爱沙尼亚信贷机构发放的住房抵押贷款利率小幅波动，整体较为稳定，2022年住房抵押贷款利率上升。如图16所示，2022年之前长期住房抵押贷款利率介于1.75%~2%，短期住房抵押贷款利率在2.25%上下波动，2022年两者均上升，并且在第三季度上升速度加快。

（五）汇率

爱沙尼亚于2011年1月1日加入欧元区，其货币汇率即欧元汇率。如

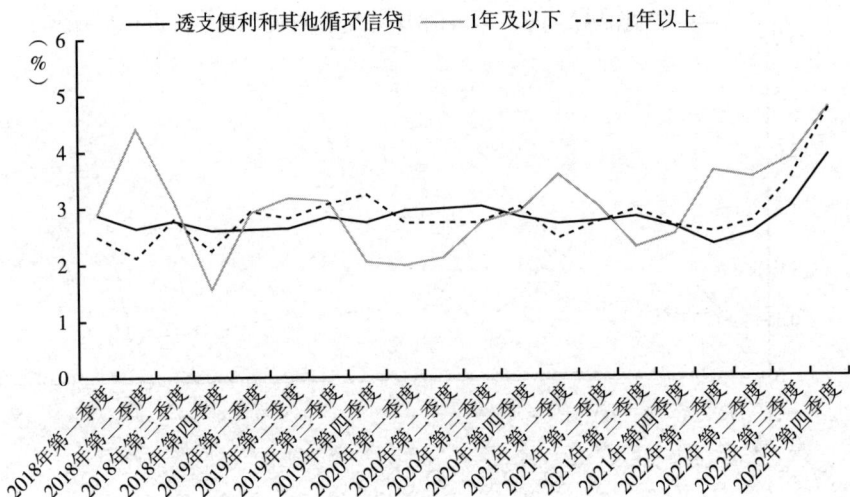

图15　2018~2022年爱沙尼亚非金融企业贷款利率

资料来源："Interest Rates，Loan Amounts and Balances on Loans and Leasing of Estonian Households and Non-Financial Corporations（EUR Million）"，Bank of Estonia，https：//statistika. eestipank. ee/#/en/p/FINANTSSEKTOR/147/979，accessed March 11，2024。

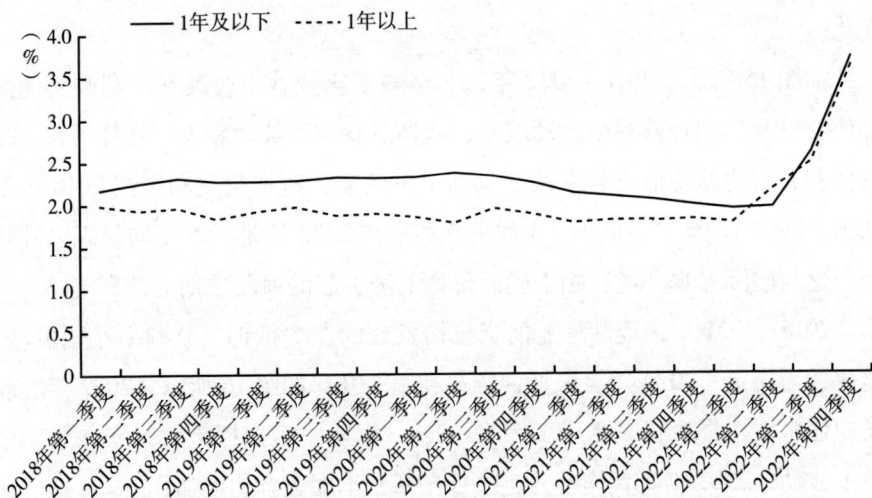

图16　2018~2022年爱沙尼亚住房抵押贷款利率

资料来源："Interest Rates，Loan Amounts and Balances on Loans and Leasing of Estonian Households and Non-Financial Corporations（EUR Million）"，Bank of Estonia，https：//statistika. eestipank. ee/#/en/p/FINANTSSEKTOR/147/979，accessed March 11，2024。

图 17 所示，2018~2022 年美元兑欧元年平均汇率先上升后下降再上升，2018~2019 年欧元相对美元贬值，2019~2021 年欧元相对美元升值，2021~2022 年欧元再次贬值。2018~2019 年欧元贬值主要与 2018 年法国抗议政府加征燃油税的大规模社会运动、意大利组阁和债务危机等相关。2019~2021 年新冠疫情背景下美国的货币宽松政策使美元持续贬值。2021~2022 年，能源供给短缺等因素使欧元区物价水平上升，经济不确定性增强，欧盟的相应货币政策滞后于美国，导致欧元贬值。

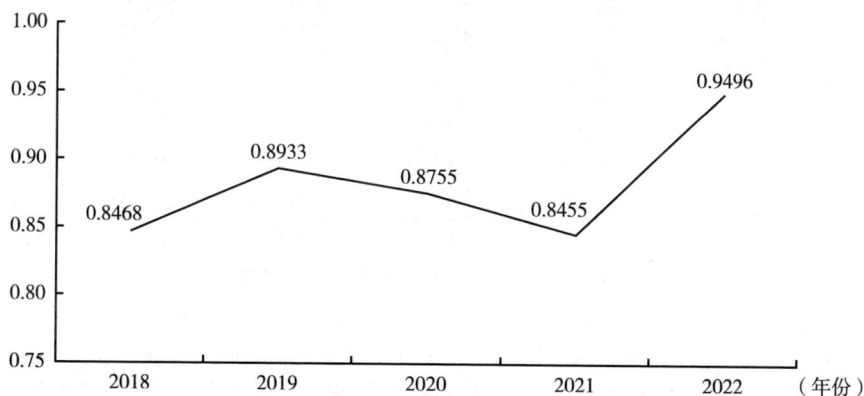

图 17　2018~2022 年爱沙尼亚汇率水平

资料来源："Official Exchange Rate（LCU per US$，Period Average）"，The World Bank，https：//data. worldbank. org/indicator/PA. NUS. FCRF？end = 2022&locations = XC&start = 2018，accessed March 11，2024。

三　产业发展

（一）产业结构

如图 18 所示，2018~2022 年，爱沙尼亚产业结构较为稳定，服务业和工业增加值对 GDP 的贡献超过 80%。服务业增加值占 GDP 比重在 60% 上下波动，2020 年达到峰值，为 62.98%；工业增加值占 GDP 比重在 22% 上下波动，呈现先下降再上升的趋势；农林渔业增加值占 GDP 比重在 2% 上下波动，占比较为稳定。如图 19 所示，2018~2022 年，欧盟产业结构也较为稳定，第二、三产业增加值之和占 GDP 比重相较爱沙尼亚更高，农林渔业增加值占比与爱沙尼亚相比较低。

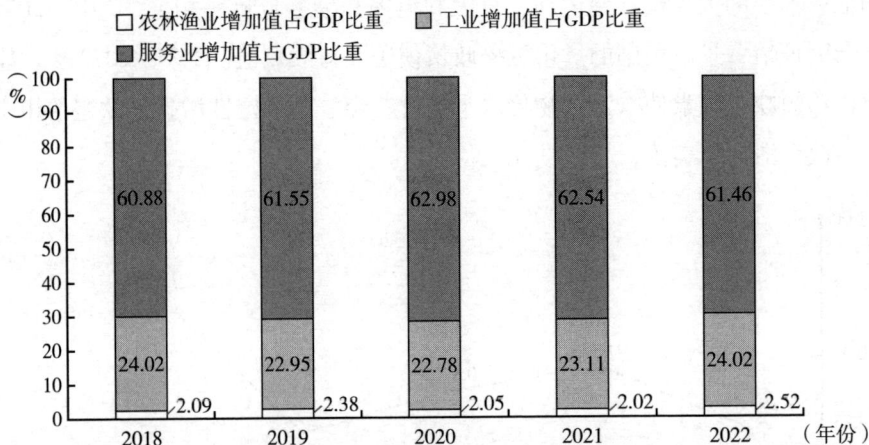

图 18 2018~2022 年爱沙尼亚产业结构

资料来源："Agriculture, Forestry, and Fishing, Value Added（% of GDP）", The World Bank, https://data.worldbank.org/indicator/NV. AGR. TOTL. ZS?end = 2022&locations = EE&start = 2018; "Industry（Including Construction）, Value Added（% of GDP）", The World Bank, https://data.worldbank.org.cn/indicator/NV. IND. TOTL. ZS?end = 2022&locations = EE&name_desc = false&start = 2018; "Services, Value Added（% of GDP）", The World Bank, https://data.worldbank.org.cn/indicator/NV. SRV. TOTL. ZS?end = 2022&locations = EE&name_desc = false&start = 2018, accessed March 12, 2024。

（二）第一产业

2018~2022 年，爱沙尼亚农林渔业实际增加值呈现先上升后下降的趋势，2019 年农林渔业实际增加值达到峰值 5.86 亿美元，2022 年农林渔业实际增加值下降至 3.3 亿美元。农林渔业实际增加值增长率也呈现先上升后下降的趋势，2019 年增长率达到峰值，为 22.8%，自 2020 年开始增长率均为负值，且下降速度不断加快（见图 20）。

爱沙尼亚农业以畜牧业和种植业为主，畜牧业主要饲养奶牛、肉牛和猪，主要农作物有小麦、黑麦、大麦、马铃薯、油菜籽、蔬菜、玉米、亚

□ 农林渔业增加值占GDP比重　■ 工业增加值占GDP比重
■ 服务业增加值占GDP比重

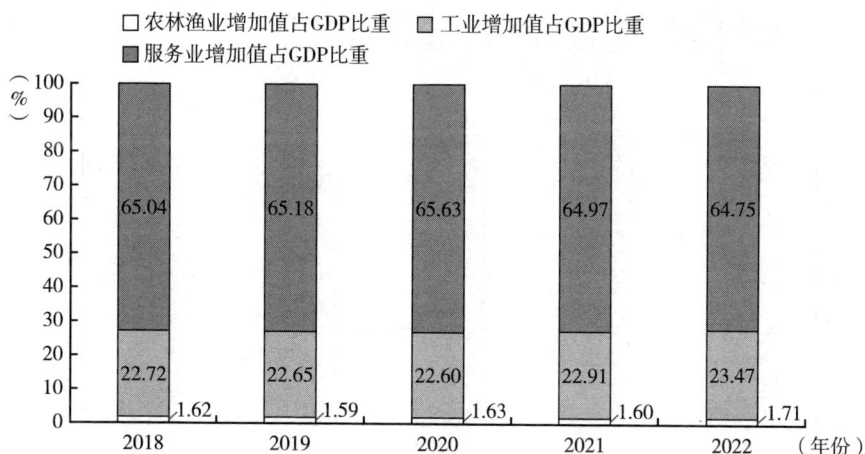

图19　2018～2022年欧盟产业结构

资料来源："Agriculture, Forestry, and Fishing, Value Added（% of GDP）", The World Bank, https：//data. worldbank. org/indicator/NV. AGR. TOTL. ZS？end = 2022&locations = EU&start = 2018；"Industry（Including Construction）, Value Added（% of GDP）", The World Bank, https：//data. worldbank. org. cn/indicator/NV. IND. TOTL. ZS？end = 2022&locations = EU&name＿ desc = false&start = 2018；"Services, Value Added（% of GDP）", The World Bank, https：//data. worldbank. org. cn/indicator/NV. SRV. TOTL. ZS？end = 2022&locations = EU&name＿ desc = false&start = 2018, accessed March 12, 2024。

麻和饲料作物。根据爱沙尼亚统计局数据，2022年爱沙尼亚牛奶人均产量为637千克，肉人均产量为60千克，鸡蛋人均产量为126个；2022年谷物人均产量为1148千克，土豆人均产量为59千克，蔬菜人均产量为33千克。此外，爱沙尼亚的森林覆盖率为51%，2021年总采伐量为86800公顷。

（三）第二产业

爱沙尼亚工业主要有制造业、矿业和电力、天然气及热力供应等。整体而言，如图21所示，2018～2022年，爱沙尼亚工业实际增加值增长情况整体较为平稳，2021年达到峰值，为68.63亿美元。2018～2022年，工业实际增加值增长率呈现先下降后上升再下降趋势，2021年增长率达到最大值，为8.15%，这与疫情后期企业恢复生产有关。

■ 农林渔业实际增加值（2015年不变美元）（左轴）
—— 农林渔业实际增加值增长率（右轴）

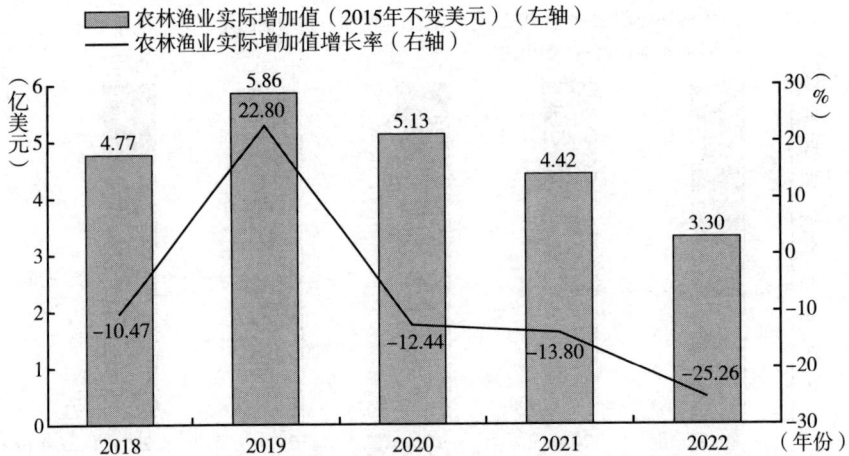

图20　2018~2022年爱沙尼亚农林渔业增加值和增长率

资料来源："Agriculture, Forestry, and Fishing, Value Added（Constant 2015 US＄）", The World Bank, https：//data. worldbank. org/indicator/NV. AGR. TOTL. KD？end＝2022&locations＝EE&start＝2018；"Agriculture, Forestry, and Fishing, Value Added（Annual ％ Growth）", The World Bank, https：//data. worldbank. org/indicator/NV. AGR. TOTL. KD. ZG？end＝2022&locations＝EE&start＝2018, accessed December 23, 2024.

■ 工业实际增加值（2015年不变美元）（左轴）
—— 工业实际增加值增长率（右轴）

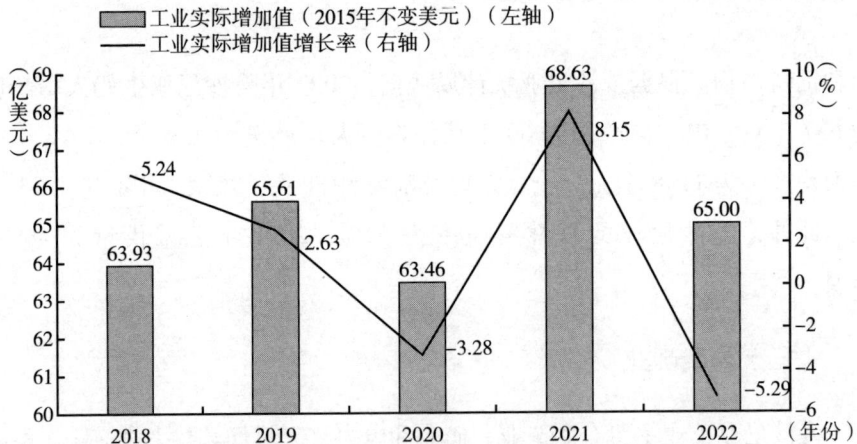

图21　2010~2022年爱沙尼亚工业增加值和增长率

资料来源："Industry（Including Construction）, Value Added（Constant 2015 US＄）", The World Bank, https：//data. worldbank. org/indicator/NV. IND. TOTL. KD？end＝2022&locations＝EE&start＝2018；"Industry（Including Construction）, Value Added（Annual ％ Growth）", The World Bank, https：//data. worldbank. org/indicator/NV. IND. TOTL. KD. ZG？end＝2022&locations＝EE&start＝2018, accessed December 23, 2024.

2021 年，爱沙尼亚工业企业生产比上年增长 6.7%，67% 的产品用于出口。爱沙尼亚制造业主要包括机械制造，木材加工，电子、光学仪器制造，食品加工，以及金属材料加工与生产。其中，机械制造、木材加工等行业占比较大。爱沙尼亚缺少铁矿、有色金属和煤炭等自然资源，因此没有相关上游产业，也没有专门的主管部门和行业协会。在钢铁下游产业中，有部分金属加工业，在国民经济中占有一席之地。爱沙尼亚金属加工企业，主要使用进口钢材制造船舶、钢结构件、钢管等金属制品或 2 吨以下的铸造件。还有一些企业从事废金属回收、打包、出口业务。金属加工业主管部门为爱沙尼亚经济部。虽然没有专门的行业协会，但主要金属加工企业均为爱沙尼亚机械工业协会的会员。建筑业是爱沙尼亚经济的重要组成部分。2022 年，爱沙尼亚建筑企业在国内外的建筑活动营业总额达 75 亿欧元。爱沙尼亚最大的建筑企业是 Merko Ehitus Eesti AS。

（四）第三产业

爱沙尼亚第三产业中电信和信息技术业发达，旅游业、交通运输业等也占有重要地位。整体来看，如图 22 所示，2018～2022 年，爱沙尼亚服务业实际增加值呈现先上升后下降再上升的趋势，2022 年达到峰值，为 179.16 亿美元；服务业实际增加值增长率呈现先下降再上升后下降趋势，2020 年增长率最低，为-2.13%。

爱沙尼亚的电信和信息技术业发达，是其经济增长的主要推动力，在欧盟处于领先地位。2021 年，电信和信息技术业增加值为 22.98 亿欧元，比上年增长 21.5%，对 GDP 的贡献率为 1.5%。全国最大的三家电信运营商是 Telia、Elisa、Tele 2。

爱沙尼亚有很多保存完好的中世纪古迹、田园风光和海边度假胜地，每年都会吸引大批其他欧洲国家游客前来观光，入境外国游客人数超过爱沙尼亚本国人口，极大地带动了爱沙尼亚的旅游业、运输业和零售业的发展。

交通运输业在爱沙尼亚国民经济发展中起着举足轻重的作用。2021 年，全国货运量为 5220 万吨，比 2020 年增加 1310 万吨，增长 33.5%，恢复到

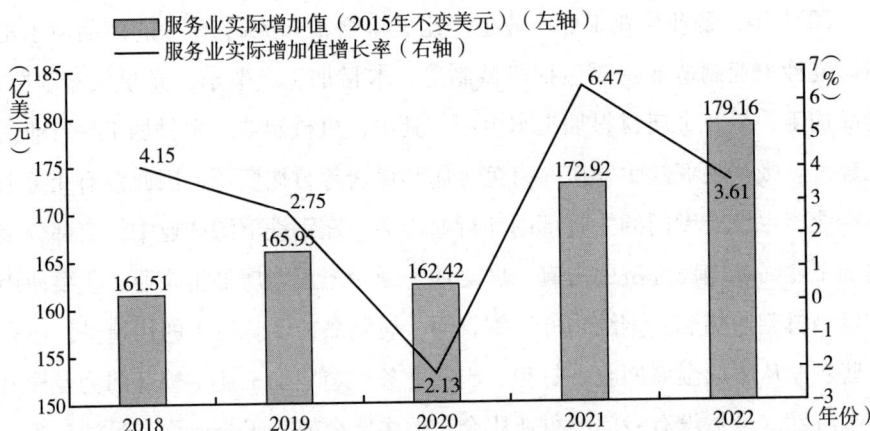

图 22　2010~2022 年爱沙尼亚服务业增加值和增长率

资料来源："Services, Value Added (Constant 2015 US＄)", The World Bank, https://data.worldbank.org/indicator/NV.SRV.TOTL.KD?end＝2022&locations＝EE&start＝2018;"Services, Value Added (Annual ％ Growth)", The World Bank, https://data.worldbank.org/indicator/NV.SRV.TOTL.KD.ZG?end＝2022&locations＝EE&start＝2018, accessed December 23, 2024.

疫情前水平。2022 年爱沙尼亚交通运输企业运送超过 1.59 亿人次乘客，主要交通运输企业有塔林港股份有限公司、塔林客运公司、爱沙尼亚铁路公司、爱沙尼亚航空公司等。

（五）产业政策

爱沙尼亚拥有良好的营商环境，作为欧盟成员国实施货物和服务自由流动，即欧盟内部市场的运作原则是，在一个成员国合法投放到市场上的产品可以在其他成员国自由销售和使用，这极大地消除了进出口关税、数量限制等贸易壁垒。在服务上爱沙尼亚实行欧盟《服务指令》，即欧盟成员国的公司有权在不设立公司或分支机构的情况下提供临时服务，这简化了行政程序，消除了提供服务的障碍，并促进了对内部市场的信任。爱沙尼亚设立了消费者保护和技术监管局以及出台《消费者保护法》切实保护消费者权益。

爱沙尼亚重视本国数字产业发展，经济事务和通信部（MEAC）领导制定了爱沙尼亚《2030 年数字议程》，旨在依托数字技术促进爱沙尼亚经济社会发展。爱沙尼亚营造了良好的技术学习氛围，Eest 2.0 等非营利组织鼓励爱沙尼亚青年拥抱未来技术，向学生提供多种技术工具和应用这些技术的观念。爱沙尼亚信息技术教育已从学校进入社区教育和业余教育。旅游业政策方面，新冠疫情后，爱沙尼亚制定《2022~2025 年旅游业发展战略》，指导和促进旅游业发展。通过延长游客在爱沙尼亚的逗留时间和提高平均消费金额来增加旅游服务出口是该战略的重点。

四 外贸外资

（一）对外贸易

如图 23 所示，2018~2022 年爱沙尼亚货物和服务贸易出口额和进口额均呈现先上升后下降再上升的态势，2022 年出口额为 324.61 亿美元，进口额为 326.71 亿美元。从货物和服务贸易差额来看，2018~2019 年为贸易顺差，2020~2022 年为贸易逆差，逆差额先扩大后缩小。

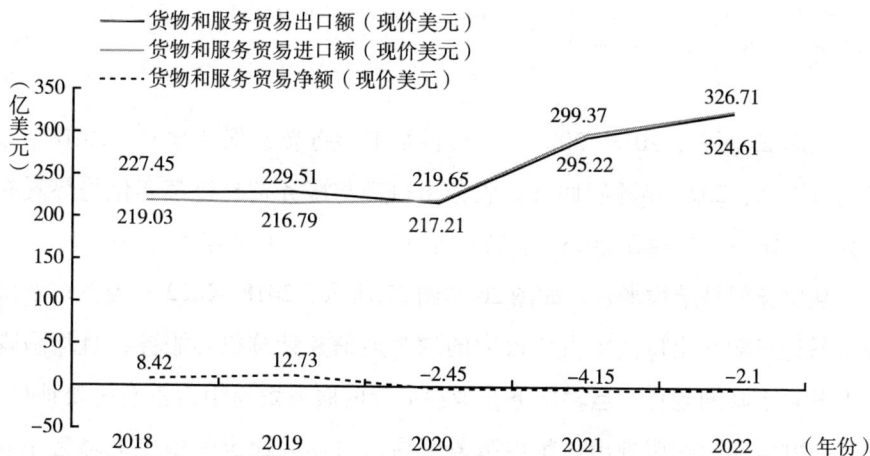

图 23　2018~2022 年爱沙尼亚对外贸易

资料来源："Exports of Goods and Services（BoP，Current US $）"，The World Bank，https：//data. worldbank. org/indicator/BX. GSR. GNFS. CD？ end = 2022&locations = EE&start = 20184；"Imports of Goods and Services（BoP，Current US$）"，The World Bank，https：//data. worldbank. org/indicator/BM. GSR. GNFS. CD？end = 2022&locations = EE&start = 2018，accessed March 12，2024。

如图 24 所示，2018~2022 年，爱沙尼亚货物贸易始终为逆差，2022 年逆差额为 27.03 亿美元；货物出口额不断上升，货物进口额呈现先下降后上升趋势，2020 年货物进口额下降与新冠疫情对国际贸易的影响有关。

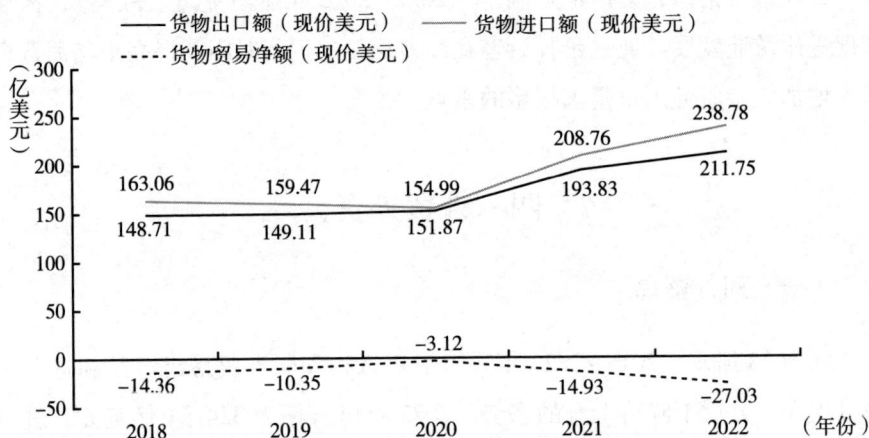

图 24　2018~2022 年爱沙尼亚货物贸易进出口额及差额

资料来源："Goods Exports（BoP，Current US$），Goods Imports（BoP，Current US$）"，The World Bank，https：//data.worldbank.org/indicator/BX.GSR.MRCH.CD? end = 2022&locations = EE&start = 2018，accessed March 12，2024。

如图 25 所示，2018~2022 年，爱沙尼亚服务贸易保持顺差，2020 年差额大幅下降，2021 年开始回升；服务出口额与服务贸易差额变化趋势具有一致性，服务进口额在 2018~2021 年呈上升态势，2022 年小幅下降。

从服务贸易结构来看，如图 26 和图 27 所示，2018~2022 年爱沙尼亚服务贸易进口额和出口额中占比最大的均为通信、计算机等服务，且均呈现先上升再下降的趋势。运输服务在爱沙尼亚的服务贸易中也占有重要地位，2018~2022 年运输服务出口额占服务贸易出口额的比重呈现先下降后小幅回升又下降的趋势；运输服务进口额占比先下降后上升，2020 年占比最低，为 22.86%。2018~2022 年爱沙尼亚服务贸易中旅游服务占比变化最大，2020 年旅游服务出口额占比快速下降，2021 年占比最低，为 6.24%。2022 年旅游服务出口额占比小幅回升至 2018 年占比的一半；2022 年旅游服

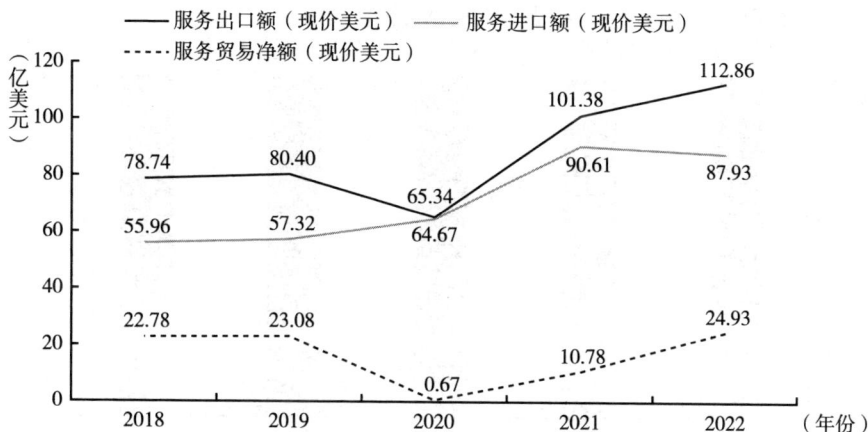

图25　2018~2022年爱沙尼亚服务贸易进出口额及差额

资料来源："Service Imports（BoP，Current US$），Service Exports（BoP，Current US$）"，The World Bank，https：//data. worldbank. org/indicator/BX. GSR. NFSV. CD？end = 2022&locations = EE&start = 2018，accessed March 12，2024。

务进口额也恢复至2018年水平的一半。可见，在服务贸易中旅游服务受全球公共卫生事件的影响最大。

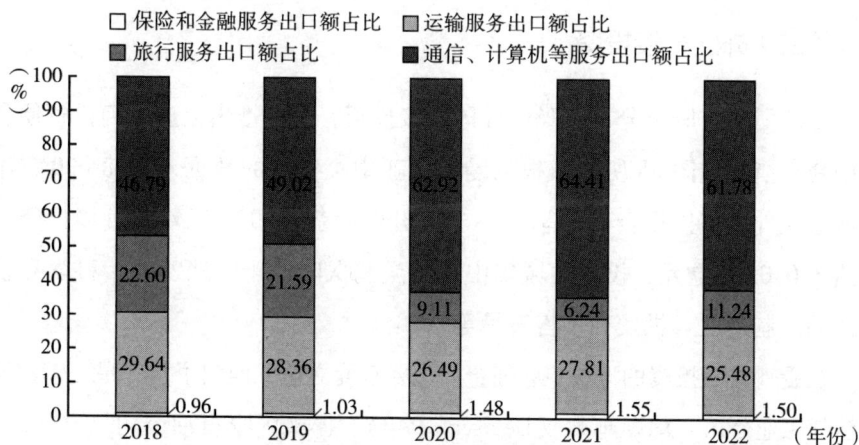

图26　2018~2022年爱沙尼亚服务出口结构（占服务出口额比重）

资料来源："Insurance and Financial Services（% of Service Exports，BoP）；Transport Services（% of Service Exports，BoP）；Travel Services（% of Service Exports，BoP）；Communications，Computer，etc.（% of Service Exports，BoP）"，The World Bank，https：//data. worldbank. org/indicator/BX. GSR. INSF. ZS？end = 2022&locations = EE&start = 2018，accessed March 12，2024。

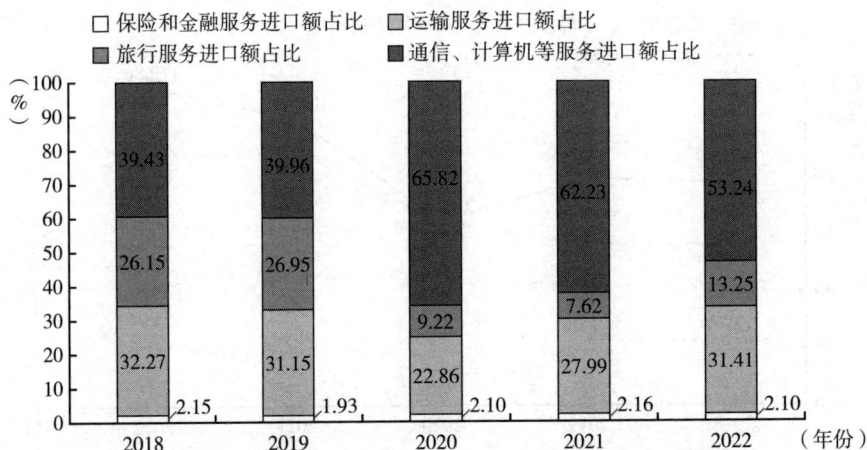

图 27　2018~2022 年爱沙尼亚服务进口结构（占服务进口额比重）

资料来源："Insurance and Financial Services（% of Service Imports, BoP）; Transport Services（% of Service Imports, BoP）; Travel Services（% of Service Imports, BoP）; Communications, Computer, etc.（% of Service Imports, BoP）", The World Bank, https://data. worldbank. org/indicator/BM. GSR. INSF. ZS?end = 2022&locations = EE&start = 2018, accessed March 12, 2024。

（二）外国直接投资

爱沙尼亚政府十分重视吸引外国直接投资，不断推出促进外商投资便利化的新举措。如图 28 所示，根据爱沙尼亚中央银行的数据，2018~2022 年爱沙尼亚外国直接投资存量呈现不断上升的趋势，2022 年外国直接投资存量达 330.01 亿欧元，投资领域集中在金融和保险业、房地产业、科学和技术活动、制造业、批发和零售贸易等。

在爱沙尼亚投资的世界 500 强企业主要有爱立信、西门子、三星、俄罗斯天然气工业公司、德国邮政（Deutsche Post）、挪威国家石油公司（Statoil）、富士通、ABB、Bertelsmann、瑞士斯堪斯卡公司（Skanska）等。近十年来，外商对爱沙尼亚直接投资的年均收益率为 11%，高于立陶宛、拉脱维亚和波兰的投资收益率。在欧盟国家中，爱沙尼亚的外资收益率仅次于捷克（12%），甚至在 2009 年金融危机期间爱沙尼亚的外资收益率也达到 6%，这反

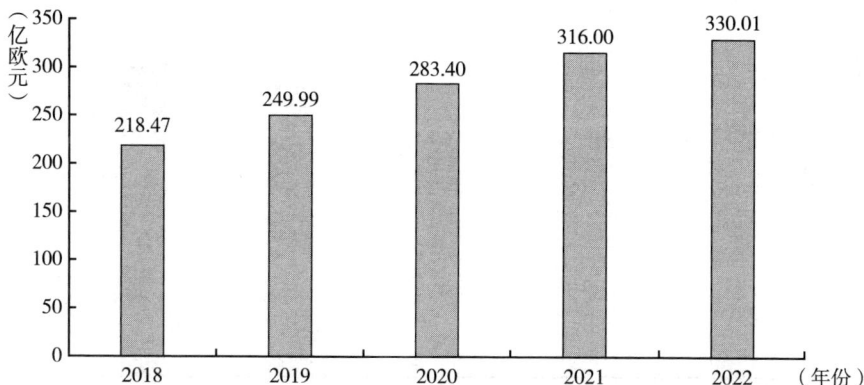

图 28　2018~2022 年爱沙尼亚外国直接投资存量

资料来源："Direct Investment Position in Estonia and Abroad by Country（EUR Million）"，Bank of Estonia，https：//statistika. eestipank. ee/#/en/p/146/r/4593/4342，accessed March 12，2024。

映出爱沙尼亚拥有良好的投资环境。

　　爱沙尼亚对外直接投资规模较小。如图 29 所示，根据爱沙尼亚中央银行的数据，2018~2022 年爱沙尼亚对外直接投资存量呈现不断上升趋势，截至 2022 年末，爱沙尼亚对外直接投资存量为 120. 46 亿欧元。从投资目的国来看，爱沙尼亚对外直接投资主要集中于欧盟成员国，立陶宛、拉脱维亚、芬兰、塞浦路斯和英国是投资存量前五名。从投资领域来看，爱沙尼亚对外直接投资主要集中于金融和保险业、房地产业、制造业、批发和零售贸易以及行政和支助服务活动等领域。

结　语

　　爱沙尼亚拥有稳定的政治环境、可信的财政政策、良好的营商环境，也是数字治理和创新的领跑者，人均独角兽数量居世界首位。爱沙尼亚经济发展也面临一些挑战，如劳动力技能与岗位需求不匹配造成的劳动力短缺和能源价格上升引起的高通胀。为了应对这些挑战，爱沙尼亚实施技能提升和再培训计划，加强失业工人与劳动力市场的联系，疏通职业教育到高等教育的

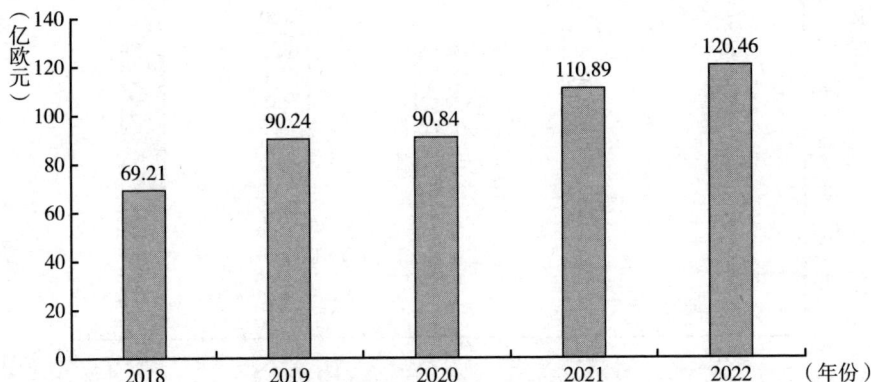

图 29　2018~2022 年爱沙尼亚对外直接投资存量

资料来源："Direct Investment Position in Estonia and Abroad by Country（EUR Million）"，Bank of Estonia, https：//statistika. eestipank. ee/#/en/p/146/r/4593/4342, accessed March 12, 2024。

升学通道；提高能源利用率，鼓励清洁能源产业发展和绿色技术创新，实现燃料来源多样化，以降低进口依赖，提高能源价格的稳定性。

受乌克兰危机影响，能源成本上升造成爱沙尼亚通货膨胀率高企，名义工资增长率低于通货膨胀水平将导致民众实际购买力下降，消费疲软，出口机会萎缩，投资减少。

为了促进经济可持续发展，爱沙尼亚将继续推进本国数字化和绿色转型进程，运用财政政策工具减轻高通胀造成的负面影响，鼓励清洁能源发展，完善能源供给结构，积极开拓新的贸易和投资机会。此外，重视劳动力市场建设，提高劳动力技能与岗位供给的匹配度，注重数字化和绿色转型相关领域人才培养。

中国与爱沙尼亚双边关系具有良好的基础，两国可进一步加强数字化、绿色转型、信息和通信技术、旅游业等领域的合作，鼓励两国相互投资，优势互补，促进两国经济发展。同时通过鼓励留学、访学等方式加强教育合作和人文交流，增进两国相互了解。

Abstract

In recent years, the Central and Eastern European (CEE) region has experienced rapid economic development and has become increasingly important in the world economic landscape. Relying on the advantages of location, the strategic position of CEE countries has become more and more prominent under the framework of the "Belt and Road" initiative and the Eurasian Economic Union and other trans-regional cooperation frameworks; by virtue of lower labor costs and relatively high levels of technology and education, the CEE region has become the manufacturing and service bases of many multinational corporations, with world-class competitiveness in areas such as automobiles, electronics, IT services and outsourcing services. In recent years, the CEE region has made great progress in scientific and technological innovation, and has become a center for R&D in some high-tech fields in Europe and the world.

With the outbreak of the Ukraine crisis in early 2022, which had a great impact on Europe's economic recovery process, the economic development of Central and Eastern Europe has shown a differentiated situation. In terms of regional economic development, the energy crisis, high inflation and soaring fiscal deficits are the most notable negative features, and the related chain reaction has strongly hit regional production and consumption, resulting in the widening of the trade deficit and the relocation of enterprises, which has hampered the process of economic development in Central and Eastern Europe. In terms of the regional business environment, the accelerated digital transformation, the European integration process and green development provide opportunities for investment and trade facilitation in related areas, but the optimization of the regional business environment is still constrained by corruption, insufficient infrastructure construction and political stability. From a country-specific perspective, labor supply is tight in Poland and the Czech Republic, the public debt burden continues to increase in Greece, and the devaluation of Hungary's local currency has intensified. The relevant unfavorable situation affects the economic cooperation between China and Central and Eastern Europe to a certain extent, superimposed on the adjustment of China－EU relations and the widening of policy differences between Central and Eastern Europe, which makes the environment facing the economic cooperation between China and Central and Eastern Europe more complicated and volatile.

Under the influence of various unfavorable factors, China's economic and trade cooperation with Central and Eastern Europe in 2022 continued to advance, which achieved a series of fruitful results, and showed strong resilience. In particular, China's investment flows to Hungary and Poland have increased significantly. In terms of connectivity construction, the Belgrade－Novi Sad section of the Hungarian－Serbian Railway officially opened for operation in 2022, the priority section of the Montenegro North－South Highway and the Peljesac Bridge in Croatia were opened to traffic successively. The amount of engineering contracting contracts signed by Chinese enterprises in Central and Eastern European countries reached 9. 36 billion U. S. dollars; China－European liner trains opened 16,000 columns in 2022, a year-on-year increase of 9%, and the Southbound Corridor has been successfully opened; the construction of the China－Europe Land－Sea Express has been actively promoted, and the cooperation in port logistics between China and Poland, Slovenia, Croatia and other countries has become increasingly close. This series of cooperation results show that China and Central and Eastern European countries have huge potential for economic and trade cooperation, with a wide range of space.

At present, the international situation is changing, and the challenges of cooperation are endless. In the face of multiple challenges, China and CEE countries should adhere to pragmatic cooperation, consolidate the foundation of traditional cooperation, continue to promote bilateral investment and trade exchanges, and deeply explore the development opportunities of green economy, digital economy, and emerging service industry, so as to jointly meet the challenges of global economic development.

Keywords: Central and Eastern Europe; Macroeconomics; Labor Market; Services; Economic and Trade Cooperation

Contents

I General Report

Abstract : In 2022, the crisis in Ukraine broke out and became an important factor affecting the economic situation and the direction of economic policies in the CEE region. This paper briefly introduces the internal and external environment of the economic development of the CEE region in 2022, and describes in detail the economic development of the CEE region in 2022 from the multi-dimensions of macroeconomic indicators, finance, industrial development, foreign trade and foreign investment, etc. In 2022, the economic development of the CEE region externally faces the multiple risks such as the energy crisis brought about by the Ukrainian crisis and the pressure of inflation, and internally, there are multiple problems such as corruption, political party fragmentation, worsening fiscal deficits, and many other problems. The overall economic development of CEE shows an upward trend of fluctuation, with the main risks coming from worsening fiscal deficits, high inflation and currency depreciation. However, location advantages, industrial structure and high-quality labor force support the region's future economic development. China can deepen its economic cooperation with the CEE region in emerging service trade, infrastructure construction and digital fields.

II Special Report

Abstract: In recent years, the economic and trade cooperation between China and Central and Eastern European countries has been deepened, the trade volume has continued to grow, and the scale of investment has continued to expand. An in-depth analysis of the business environment in Central and Eastern Europe can provide references for Chinese enterprises to better invest and trade in the region and deepen bilateral cooperation. Based on the existing research results and practical experience, this paper constructs a business environment assessment model including 4 first-level indicators and 10 second-level indicators, scores the business environment of Central and Eastern European countries, and analyzes its changing trend in recent years. On this basis, the paper analyzes the impact of the business environment in Central and Eastern Europe on the investment and trade of Chinese enterprises in Central and Eastern Europe, and provides guidance for Chinese enterprises.

Keywords: Central and Eastern Europe; Business Environment; Tax Reform; Infrastructure; Labor Quality

Ⅲ Country Reports

B.3 Poland Economic Development Report 2022

Cao Yang, *Pan Yubing* / 079

Abstract: In 2022, the Polish economy remains generally stable but faces many challenges. At the macroeconomic level, the Polish economy is gradually recovering from the epidemic, with domestic consumption, exports and investment picking up as the main drivers, and economic growth maintaining good momentum. However, the crisis in Ukraine and the rise in global energy prices constrained growth, and inflationary pressures intensified, resulting in a sharp rise in price levels. Nevertheless, Poland's labor market remained relatively stable and the unemployment rate was low. On the fiscal and financial front, the Polish banking system performed solidly, with an increase in lending and deposit rates, a depreciation of the Polish zloty against the euro and the US dollar, and significant volatility in the foreign exchange market. The industrial structure remained stable, but the growth rate of the three pillar industries-manufacturing, services and agriculture-slowed down. In terms of foreign trade and foreign investment, Poland's exports and imports continued to grow, foreign direct investment (FDI) and the stock of outward foreign direct investment (OFDI) increased, and the attractiveness of foreign investment was solid, but the growth rate of OFDI showed signs of slowing down.

Keywords: Poland; Macroeconomics; Inflation; Manufacturing; Tourism

B.4 Czech Economic Development Report 2022

Chen Huanhuan, *Zheng Xiaohan* / 109

Abstract: In 2022, the Czech economy grew, and unemployment remained low. However, the impact of the energy crisis has led to high inflation and high prices. The Czech government's total debt has risen, and the fiscal deficit has become more pronounced. The Czech Central Bank has raised interest rates continuously to boost economic growth. The Czech Republic's three major industrial structures and the distribution of labor force in various industries have maintained stability, and the industrial structure has developed to a high level. The Czech Republic experienced its first trade deficit since 2010 in 2022 due to the energy crisis, but the volume of foreign direct investment and investment returns have maintained solid growth.

Keywords: The Czech Republic; Inflation; Energy Crisis; Economic Structure; Services

B. 5 Slovak Economic Development Report 2022

Li Hang, Pan Yubing and Wang Jiaxin / 131

Abstract: In 2022, the Slovak economy grew amidst internal and external challenges, but at a slower rate. At the macroeconomic level, GDP per capita and consumer spending grew, reflecting the economy's inherent dynamism. The total labor force and participation rate in the job market increased, and the overall employment situation remained stable despite a slight increase in the unemployment rate. Inflation rose in response to the global economy, and the fiscal position remained solid, with total tax revenues increasing. In the industrial structure, the three major industries of agriculture, manufacturing, and services are maintaining development momentum. In terms of foreign trade, the volume of trade in goods continued to grow, with trading partners mainly being Germany and the Czech Republic. Net inflows of foreign direct investment (FDI) increased significantly, demonstrating the attractiveness of Slovakia to investors.

Keywords: Slovakia; Employment; Taxes; Manufacturing; Investment

B . 6   Hungarian Economic Development Report 2022

Duan Shuangxi , Li Xinyan / 156

Abstract: From 2018 to 2022, in macroeconomic terms, Hungary's GDP and GDP per capita have maintained stable growth, unemployment has continued to decline, but inflation has continued to rise, which is significantly higher than the EU and world average. In terms of government finances, Hungary's government revenue as a share of GDP is declining, but government spending as a share of GDP is rising, so government debt is growing. In terms of foreign investment and foreign trade, Hungary's imports and exports of goods and services have achieved steady growth, and Hungary's foreign direct investment has also grown steadily, showing strong economic resilience.

Keywords: Hungary; Economic Growth; Inflation; Government Debt; Foreign Exchange Management

B . 7   Serbian Economic Development Report 2022

Ma Yuanya , Wang Jiaxin / 174

Abstract: In 2022, the economic situation in Serbia was relatively stable, gradually recovering. Specifically, in terms of macroeconomics, the government implemented an economic recovery plan, leading to slow growth in the Serbian economy. However, the inflation rate increased, prices rose, and ultimately, residents' final consumption expenditure decreased. In terms of finance and fiscal matters, Serbia's total external debt increased in 2022, with a significant decrease in net financial flows and a notable increase in the official exchange rate. Regarding industrial development, Serbia's three major industries maintained stability in their structure in 2022, showing an overall growth trend. In terms of foreign trade and foreign investment, Serbia's imports and exports continued to grow in 2022, with a widening trade deficit in goods. Foreign direct investment remained relatively stable, while net outward investment showed a negative value.

Keywords: Serbia; Economic Situation; Inflation; Manufacturing Industry; Service Industry

B. 8   Romanian Economic Development Report 2022

Wu Xiaoyu, Qi Shi / 203

Abstract: Romania's economic growth rate is among the highest in the Central and Eastern Europe countries. The economy is continuing growing at a modest pace, but there are also risks that cannot be ignored. This paper uses relevant data from the Romanian National Institute of Statistics, the World Bank, the International Monetary Fund and others' to provide an objective description of Romania's economic situation, to analyze the causes of macroeconomic development in terms of environment and strategy, finance and monetary policy, industrial development and foreign trade and investment. In 2022, Romania's unemployment rate has been effectively controlled. The per capita personal income has continued to grow, although the inflation rate and price level are still high. The population's propensity to consume has recovered significantly, with household spending being the main driver of growth. Romania's debt-to-GDP ratio has declined slightly year-on-year, state tax revenues are still low, banks are better capitalized, return on assets ratio is above the OECD average, and the NPL ratio remains high. The structure of the primary, secondary and tertiary sectors was relatively stable, with the tertiary sector accounting for the largest share of GDP. The value of imports and exports of goods continued to increase, with a trade deficit. The share of foreign direct investment (FDI) decreased compared to the previous year.

Keywords: Romania; Macroeconomics; Inflation; Service Export Sector

B.9 Estonian Economic Development Report 2022

Gao Jingyi, Lian Jiaqian / 225

Abstract: The Estonian economy is growing steadily from 2018 to 2022, with declining unemployment and rising average wages, but there are some risks to development. In terms of economic structure, the tertiary sector is the main component of the Estonian economy, and the secondary and primary sectors as a whole are about half of the tertiary sector. In terms of economic dynamics, consumption is the main driving force of GDP, and the driving force of foreign trade is weak and declining. In terms of economic growth, Estonia's economic growth rate has declined, and the growth rate is the lowest among the three Baltic States. Inflation, Estonia by the impact of energy prices, price levels continue to rise. Government debt, Estonia's government debt scale continues to rise, and the growth rate is higher than the growth rate of tax revenue. In terms of foreign investment and foreign trade, Estonia's import and export volume keeps growing, the deficit of trade in goods and the surplus of trade in services widen, and the stock of foreign direct investment (FDI) and outward foreign direct investment (OFDI) both increase, but the growth rate slows down.

Keywords: Estonia; Macroeconomy; Inflation; Foreign Trade; Foreign Direct Investment

社会科学文献出版社

皮 书

智库成果出版与传播平台

❖ 皮书定义 ❖

皮书是对中国与世界发展状况和热点问题进行年度监测，以专业的角度、专家的视野和实证研究方法，针对某一领域或区域现状与发展态势展开分析和预测，具备前沿性、原创性、实证性、连续性、时效性等特点的公开出版物，由一系列权威研究报告组成。

❖ 皮书作者 ❖

皮书系列报告作者以国内外一流研究机构、知名高校等重点智库的研究人员为主，多为相关领域一流专家学者，他们的观点代表了当下学界对中国与世界的现实和未来最高水平的解读与分析。

❖ 皮书荣誉 ❖

皮书作为中国社会科学院基础理论研究与应用对策研究融合发展的代表性成果，不仅是哲学社会科学工作者服务中国特色社会主义现代化建设的重要成果，更是助力中国特色新型智库建设、构建中国特色哲学社会科学"三大体系"的重要平台。皮书系列先后被列入"十二五""十三五""十四五"时期国家重点出版物出版专项规划项目；自2013年起，重点皮书被列入中国社会科学院国家哲学社会科学创新工程项目。

皮书网

（网址：www.pishu.cn）

发布皮书研创资讯，传播皮书精彩内容
引领皮书出版潮流，打造皮书服务平台

栏目设置

◆ 关于皮书

何谓皮书、皮书分类、皮书大事记、
皮书荣誉、皮书出版第一人、皮书编辑部

◆ 最新资讯

通知公告、新闻动态、媒体聚焦、
网站专题、视频直播、下载专区

◆ 皮书研创

皮书规范、皮书出版、
皮书研究、研创团队

◆ 皮书评奖评价

指标体系、皮书评价、皮书评奖

所获荣誉

◆ 2008 年、2011 年、2014 年，皮书网均
在全国新闻出版业网站荣誉评选中获得
"最具商业价值网站"称号；

◆ 2012 年，获得"出版业网站百强"称号。

网库合一

2014 年，皮书网与皮书数据库端口合
一，实现资源共享，搭建智库成果融合创
新平台。

皮书网

"皮书说"
微信公众号

权威报告·连续出版·独家资源

皮书数据库
ANNUAL REPORT(YEARBOOK)
DATABASE

分析解读当下中国发展变迁的高端智库平台

所获荣誉

- 2022年，入选技术赋能"新闻+"推荐案例
- 2020年，入选全国新闻出版深度融合发展创新案例
- 2019年，入选国家新闻出版署数字出版精品遴选推荐计划
- 2016年，入选"十三五"国家重点电子出版物出版规划骨干工程
- 2013年，荣获"中国出版政府奖·网络出版物奖"提名奖

皮书数据库　　"社科数托邦"
　　　　　　　微信公众号

成为用户

　　登录网址www.pishu.com.cn访问皮书数据库网站或下载皮书数据库APP，通过手机号码验证或邮箱验证即可成为皮书数据库用户。

用户福利

- 已注册用户购书后可免费获赠100元皮书数据库充值卡。刮开充值卡涂层获取充值密码，登录并进入"会员中心"—"在线充值"—"充值卡充值"，充值成功即可购买和查看数据库内容。
- 用户福利最终解释权归社会科学文献出版社所有。

数据库服务热线：010-59367265
数据库服务QQ：2475522410
数据库服务邮箱：database@ssap.cn
图书销售热线：010-59367070/7028
图书服务QQ：1265056568
图书服务邮箱：duzhe@ssap.cn

社会科学文献出版社 皮书系列
SOCIAL SCIENCES ACADEMIC PRESS (CHINA)

卡号：148984564728
密码：

S 基本子库
SUB DATABASE

中国社会发展数据库（下设 12 个专题子库）

紧扣人口、政治、外交、法律、教育、医疗卫生、资源环境等 12 个社会发展领域的前沿和热点，全面整合专业著作、智库报告、学术资讯、调研数据等类型资源，帮助用户追踪中国社会发展动态、研究社会发展战略与政策、了解社会热点问题、分析社会发展趋势。

中国经济发展数据库（下设 12 专题子库）

内容涵盖宏观经济、产业经济、工业经济、农业经济、财政金融、房地产经济、城市经济、商业贸易等 12 个重点经济领域，为把握经济运行态势、洞察经济发展规律、研判经济发展趋势、进行经济调控决策提供参考和依据。

中国行业发展数据库（下设 17 个专题子库）

以中国国民经济行业分类为依据，覆盖金融业、旅游业、交通运输业、能源矿产业、制造业等 100 多个行业，跟踪分析国民经济相关行业市场运行状况和政策导向，汇集行业发展前沿资讯，为投资、从业及各种经济决策提供理论支撑和实践指导。

中国区域发展数据库（下设 4 个专题子库）

对中国特定区域内的经济、社会、文化等领域现状与发展情况进行深度分析和预测，涉及省级行政区、城市群、城市、农村等不同维度，研究层级至县及县以下行政区，为学者研究地方经济社会宏观态势、经验模式、发展案例提供支撑，为地方政府决策提供参考。

中国文化传媒数据库（下设 18 个专题子库）

内容覆盖文化产业、新闻传播、电影娱乐、文学艺术、群众文化、图书情报等 18 个重点研究领域，聚焦文化传媒领域发展前沿、热点话题、行业实践，服务用户的教学科研、文化投资、企业规划等需要。

世界经济与国际关系数据库（下设 6 个专题子库）

整合世界经济、国际政治、世界文化与科技、全球性问题、国际组织与国际法、区域研究 6 大领域研究成果，对世界经济形势、国际形势进行连续性深度分析，对年度热点问题进行专题解读，为研判全球发展趋势提供事实和数据支持。